经济法语境下的企业社会责任研究

本书为北京市优秀人才培养资助项目

王 玲 著

企业社会责任不仅是纯粹的道德责任，更是法律义务或责任。企业社会责任不仅是企业和社会双方的互动，更是一个涉及国家、企业和社会三方关系的论题。企业在追求利润最大化之外应当履行社会责任的理念已根植于人们的思想之中。随着市场经济的繁荣、企业忽视社会责任的严重后果逐渐显现，重新认识企业社会责任的真正内涵，强化企业社会责任意识，倡导企业社会责任非常必要和迫切。本书从经济法的观察角度，在经济法的理念和价值观指导下展开对企业社会责任问题的研究和探讨，为企业如何承担社会责任指出有效途径。

中国检察出版社

图书在版编目（CIP）数据

经济法语境下的企业社会责任研究/王玲著．—北京：中国检察出版社，2008. 8
ISBN 978－7－80185－981－5

Ⅰ. 经…　Ⅱ. 王…　Ⅲ. 企业－社会－职责－研究－中国　Ⅳ. F279. 2

中国版本图书馆 CIP 数据核字（2008）第 128012 号

经济法语境下的企业社会责任研究

王　玲　著

出 版 人： 袁其国
出版发行： 中国检察出版社
社　　址： 北京市石景山区鲁谷西路 5 号（100040）
网　　址： 中国检察出版社（www. zgjccbs. com）
电子邮箱： zgjccbs@ vip. sina. com
电　　话： (010)68639243(编辑)　68650015(发行)　68636518(门市)
经　　销： 新华书店
印　　刷： 北京鑫海金澳胶印有限公司
开　　本： A5
印　　张： 9. 75 印张　插页 4
字　　数： 243 千字
版　　次： 2008 年 10 月第一版　　2008 年 10 月第一次印刷
书　　号： ISBN 978－7－80185－981－5/D · 1957
定　　价： 28. 00 元

序

企业的社会责任是一个涉及法学、经济学、管理学、伦理学等众多学科的课题，也是一个实践中非常复杂，理论上尚存争议的问题。我国计划经济时代，将企业视为单纯执行国家经济计划和实现社会福利的机构，虽然理论上没有企业社会责任的概念，事实上企业却负担着较多的社会责任，制约了企业的经济活力。改革开放以后，随着经济体制改革的深化，企业成为自主经营生产单位，企业以及股东的利益受到充分的尊重。然而，在完成这一转变后，企业究竟还要不要承担社会责任的问题却长期被学术界忽略，法学界也少有对企业社会责任问题专门和系统的研究、探讨。可以说，在国内，企业社会责任真正引起学术界的关注只是近些年来的事。

市场经济在一定意义上说是法治经济。早在20世纪80年代中期，我就提出经济法是社会责任本位法，经济法的社会责任本位思想，就是要求国家、企业都要对社会负责，用这种思想来确定和调整国家与企业间的关系。[①] 事实上，改革开放30年来，在“效率优先，兼顾公平”的价值观指导下，我国经济发展取得巨大成就的同时，企业单纯追求经济效率已经导致了大量社会问题的产生，重新认识企业社会责任的真正内涵，强化企业社会责任意识，倡导企业社会责任已显得非常必要和迫切。因此，作为导师，当我的学生选择企业社会责任研究作为博士论文题目的

① 刘文华著：《中国经济法基础理论》，学苑出版社2002年版。

时候，我感到这个选题非常有价值。

《经济法语境下的企业社会责任研究》一书，以经济法的观察角度、基本立场，在经济法的理念和价值观指导下展开对企业社会责任问题的研究和探讨，我认为是找到了一个非常恰当的研究企业社会责任问题的角度。企业社会责任绝不是纯粹的道德问题，企业社会责任不仅是企业和社会双方的互动，同时也是一个涉及国家、企业和社会三方关系的论题。因而，在经济法语境下研究企业社会责任，其理论意义和实践意义是十分明显的，可以说本书作了一个非常有意义的尝试。作者认为，强化和落实企业社会责任要寄希望于一种以社会公共利益为本位，内蕴社会责任的伦理要求的正式的制度安排。企业社会责任与经济法之间具有内在密切联系，两者具有共同的法益追求和一致的价值取向。经济法作为兼顾协调国家、社会、个人等各方利益，以社会责任为本位之法，在倡导和实现企业社会责任方面承担着不可推卸的历史使命。尽管企业社会责任关系到多方利益，涉及企业组织、劳工、契约、环境等多方法律机制，但是，经济法与企业社会责任关系最为密切。倡导企业社会责任，从立法和具体制度上进行科学的设计和安排，是经济法贯彻科学发展观和构建和谐社会的题中应有之义。作者的上述观点，我是完全赞同和支持的。作为社会责任本位法，经济法是研究企业社会责任的基本理论，也是实现和落实企业社会责任的主要法律机制和途径。

企业社会责任所涉及的问题非常宽泛，作者对经济法领域内企业社会责任的若干具体问题进行了论证，包括：企业社会责任与共同治理、企业社会责任信息披露、环境公益诉讼、企业对消费者的责任、企业慈善捐助、企业社会责任的监督、滥用及其防御等等，这些探讨都很有意义，也表明作者对企业社会责任问题的研究和思考达到了一定的广度和深度，这些探讨对企业社会责任的立法以及执法、司法实践都有一定的参考价值和意义。

社会主义市场经济体制的建立和完善是一项庞大的系统工程，建立现代企业制度，重塑适应社会主义市场经济要求的微观基础，是其中的一项重要工作。由于对计划经济时代“企业办社会”的弊端记忆犹新，现在仍有许多人对企业社会责任避之犹恐不及，但随着企业社会责任问题的日益显现，企业在追求利润最大化的同时必须履行社会责任的理念已开始根植于人们的思想之中，越来越多的国内立法也开始涉及企业社会责任，经济法学界应该深入研究企业社会责任的有关问题，为企业履行社会责任创造良好的法律环境。《经济法语境下的企业社会责任研究》一书在这方面作出了有益的探索，作为作者的导师我感到非常欣慰。

此为序。

二〇〇八年六月于中国人民大学

目　录

导　言

一、选题的理论意义和实践意义

企业的社会责任是一个由法学家提出，涉及法学、经济学、管理学、伦理学众多学科的重要命题，亦是构建现代企业与社会和谐关系的一种基本思想。企业社会责任概念的表达方式尽管各有不同，但其要旨大都包括：在现代社会中企业的经营者除了为股东利益负责外，还应该考虑其他非股东利益相关者的利益，企业不应仅仅是谋求股东利润最大化的组织体系和制度安排，同时也负有维护和增进社会公共利益的义务。作为一种建设性的思想，企业社会责任自20世纪20年代问世以来，风靡不衰，赢得了众多追随者的青睐，同时也因其挑战传统而备受责难，时至今日仍争论不断，依然是理论界的热点和焦点。

我国计划经济时代，企业被视为单纯执行国家经济计划的工具和实现社会福利的机构，不存在独立的企业利益。尽管理论上没有企业社会责任概念，事实上企业却负担着较多的社会责任，以至于这种社会责任成了国企繁重的负担，制约了企业的经济活力。改革开放以后，随着经济体制改革的深化，特别是社会主义市场经济体制的确立，我国的经济主体获得了前所未有的解放，企业成为自主经营、自负盈亏、独立核算的生产经营单位，企业以及股东的利益受到充分的尊重。然而在完成这一转变后，企业究竟还应否承担社会责任这一问题却一直未引起学术界的足够重视，特别是法学界，对企业社会责任问题少有专门、系统和深入的研究和探讨。

当代中国的社会转型，在最本质的意义上表现为经济范畴的制度变迁。制度的调整带来了利益结构的变化，构成了体制转型中的社会和谐问题，现实中的利益不均衡状况正在受到政府与社会的普遍关注。从某种意义上讲，有效供给利益均衡制度，已经成为营造现代社会和谐环境的重要条件，进而也使社会对相应的经济法律制度呈现出了两个方面的期望：一是通过权利义务的设定，合理分配社会经济资源，打下利益均衡的制度基础；二是建立抑制利益独占的“激励—约束”机制，通过自律和他律实现均衡利益的理性诉求。创设这样的经济法律制度是当代法学家的历史任务，而企业社会责任就是这种利益均衡制度的重要组成部分。

由于对计划经济时代企业社会责任过重的弊端记忆犹新，许多人对企业社会责任唯恐避之不及。也有不少人认为，由于市场经济的不够发达，加上中国传统的集体主义伦理价值观的影响深远，社会本位（实为国家本位）思想根深蒂固，因而在中国现阶段提出并讨论企业社会责任问题有些不合时宜，中国现在的问题是政企分开，减轻企业负担，而不是强化企业社会责任。然而事实上，在当下中国，经过30年的改革开放，在“效率优先”的价值观指导下，经济发展取得巨大成就的同时，也付出了较大的社会代价，企业单纯追求经济效率导致了大量社会问题的产生。如，企业较少考虑环境保护和资源的合理利用，短期行为，为了利润不惜破坏和污染环境；侵犯消费者权益，制假贩假、发布虚假信息；规避国家劳动法规，压榨雇员收入和福利，拖欠民工工资已成“公害”；无视企业在社会保障方面应尽的法律义务，尽量逃避税收以及社保缴费；公用企业大量侵吞垄断利润，并极力排斥市场竞争；普遍缺少诚信，恶意违约、破产逃债、虚假信息披露屡见不鲜，侵害中小股东和债权人利益；社会良知淡漠，对公益事业少有热情；等等。

目前，企业忽视社会责任的严重后果已逐渐显现，一些学者已经认识到这一问题的严重性，他们呼吁国家除在宏观上调整、组织、引导经济的运行外，在微观上也要约束、激励和规范市场主体，尤其是企业的行为，以期实现整个社会经济的高效、协调运行和发展。鉴于以上现象，在当下中国，重新认识企业社会责任的真正内涵，强化企业社会责任意识，倡导企业社会责任已显得非常必要和迫切。

社会主义市场经济体制的建立和完善是一项庞大的系统工程，建立现代企业制度，重塑适应社会主义市场经济要求的微观基础，是其中的一项重要工作。在构建现代企业制度体系的过程中，我们无法回避西方学者激烈讨论过的，我国企业和学者已经切实面临的企业社会责任问题。企业社会责任已深深根植于社会经济生活实践和人们的理念之中，我国实行的是社会主义市场经济，企业社会责任将会是一个被政府、学术界以及社会公众长期广泛关注的热门话题，对企业社会责任的研究和探讨具有不可忽视的实践意义。可以说，科学发展观和建设和谐社会目标的提出为企业社会责任理念的普及以及企业社会责任法律制度的构建展现了广阔的前景，深入研究企业社会责任的有关问题，具有重要的理论意义和现实意义。

二、国内外研究状况

企业社会责任思想的萌芽可以追溯到古希腊的商人社会责任观，然而现代意义的企业社会责任概念则于 1924 年由美国学者谢尔顿提出。长期以来，美国学者对此进行了有益的探讨，一些学者向传统的企业理论和公司法理论提出挑战，提出了著名的利益相关者理论。英国学者对企业社会责任的关注要晚一些，20

世纪70年代，受美国企业社会责任运动成功经验的启示，相对保守的英国理论界和实务界才开始接受企业社会责任观念。此外，德国、荷兰等欧洲大陆法系国家的理论界和立法界也相继涉及了企业社会责任问题。欧洲共同体（欧盟）的政策体系和法律框架向成员国提出了各种需要通过企业落实的社会目标要求。日本在20世纪50年代至70年代，鉴于企业引发的诸多社会问题，包括企业家在内的各界人士呼吁确立企业社会责任，公害、环境等诸多问题成为学者讨论企业社会责任时关注的事项。总之，几十年来，西方学者对企业社会责任或公司社会责任进行了广泛的研究和探讨，相关的学术成果举不胜举，企业社会责任的理论不断得以深化和拓展。尽管理论界对能否接纳企业社会责任尚存不同看法，但相当多的人士还是持肯定的态度，并被立法和司法实践确定下来。

企业的社会责任虽说有不计其数的追随者，但也受到了许多来自传统企业理论和现代自由市场学派的反对和责难，企业社会责任思想迄今尚未成为主流理论，企业社会责任现在仍然是发达市场经济国家理论界论争的热点和焦点问题之一，对它的探讨和争论将会在一个相当长的时期内持续。西方学者对于企业社会责任的研究对我们无疑具有重要的参考价值和启迪意义。

我国学术界对企业社会责任的研究和论述不多。迄今为止，仅有经济学、管理学在研究企业生产经营的目的、企业的性质、企业伦理时涉及这一问题，法学界只有少量的理论文献和研究对这一问题予以关注。综合来看，我国学术界对企业社会责任的观点在不同的历史时期具有不同的特点。计划经济时代，我国全面接受并片面理解前苏联经济学观点，企业被视为单纯执行国家经济计划的工具和实现社会福利的机构，不存在独立的企业利益，理论上也没有企业社会责任的概念。改革开放以后，奉行“效率优先，兼顾公平”的价值观念，企业究竟还应否承担社会责任的问题长期被学术界忽略。在国内，企业社会责任真正引起学术界的关注只是近年来的事，随着经济学和法学研究的不断深入和发展，企业社会责任开始进入经济学者和法学家的研究视野，他们对企业社会责任提出了一些颇具启发性的观点和看法。如刘连煜在《公司监控与公司社会责任》一书中主张，现代公司除追求经济利益外，亦应善尽其对社会之责任，并力图从公司治理结构的构造上寻求落实公司社会责任的路径。刘俊海博士在其博士学位论文《强化公司的社会责任》以及其后出版的《公司的社会责任》一书中，在考察西方国家公司社会责任的基础上，力倡公司社会责任，认为确立公司社会责任是建立我国现代企业制度的一项重要内容。卢代富博士在《企业社会责任的经济学与法学分析》一书中，通过对企业主流理论和企业社会责任理论的经济学和法学分析，揭示了企业社会责任的正当性基础，并对未来我国企业社会责任的学术研究及法制建设作出了前瞻性展望。

上述研究成果无疑是国内法学界企业社会责任学术研究的开拓之作，但是，这些著作都倾注了大部分的努力和篇幅介绍西方国家企业社会责任理论与实践的发展概貌，而少有回答和解决中国企业社会责任的现实问题，刘俊海博士和卢代富博士都意识到了寻求一种与企业社会责任相适应的有实效的法律制度安排的重要性，却未能全面探讨我国企业社会责任法律制度的构建以及企业社会责任的实现问题。这些都意味着，我国对企业社会责任的研究尚处于起步阶段，对于企业社会责任，尚有着宽广的探索和研究空间。

企业社会责任不仅仅是企业和社会双方的互动，而是一个涉及国家、企业和社会三方关系的论题。从某种意义上讲，企业社会责任的实现应寄希望于一种正式的制度安排，此种制度安排一方面要以社会公共利益为本位，内蕴社会责任的伦理要求，另一方面能够为企业提供具体化的明示的行为规范，唯此，企业社会责任才不致成为一种宣言。这一任务唯经济法能够担当和完成。经济法作为兼顾协调国家、社会、个人各方利益，以社会责任为本位之法，在倡导和实现企业社会责任方面承担着不可推卸的历史使命。特别在实行社会主义市场经济的中国，倡导企业社会责任，从立法和具体制度上进行科学的设计和安排，是经济法贯彻科学发展观和构建和谐社会的题中应有之义。因此，在经济法的语境下研究企业社会责任具有重大的理论意义和实践意义。

三、本书的基本思路和所要探讨的主要问题

首先，研究企业社会责任，必须要明确企业社会责任这一概念的含义，笔者拟对企业社会责任思想的提出、历史发展、国内外企业社会责任理论的发展及法律实践状况进行概括性的综述，然后探讨企业社会责任的性质、特征、内容等理论问题，并给出本书对企业社会责任的界定：所谓企业社会责任，是指企业及其经营者在传统的追求企业利润最大化以确保股东利益最大化的经济责任之外，对企业的非股东利益相关者所负有的，旨在维护和增进社会公共利益的社会义务，既包括法律上的义务，也包括道德上的义务。

其次，本书要回答企业为什么要履行社会责任，即企业社会责任正当性的问题，寻找和挖掘企业社会责任的理论依据以及强化企业社会责任在当代中国的现实意义。企业社会责任的正当性，可从许多学说和理论中找到支持，本书将主要讨论利益相关者理论、所有权社会化理论、国家干预经济理论和企业公民理论。至于倡导和强化企业社会责任在当代中国的现实意义，作者拟从增强企业竞争力、适应经济全球化、实现可持续发展以及贯彻科学发展观、构建和谐社会等方面进行论述。

企业社会责任的法理基础是一个不容忽视的问题，也是法学界探讨不多的问题。企业社会责任与经济法之间具有内在的密切联系，经济法强调平衡协调，兼顾国家、社会、个人各方利益，以社会责任为本位，在倡导和实现企业社会责任方面承担着不可推卸的历史使命，特别是在实行社会主义市场经济的中国。笔者认为，企业社会责任与经济法具有共同的法益追求、一致的价值取向，企业社会责任体现了经济法的基本原则和精神。尽管企业社会责任关系到多方利益，涉及企业组织、劳工、契约、环境等多方法律机制，但是经济法与企业社会责任关系最为密切。经济法是倡导企业社会责任观的法理基础，是研究企业社会责任的基本理论和全新理念，也是实现和落实企业社会责任的主要法律机制和途径。

法学上探讨企业的社会责任必然涉及企业社会责任的法制化。企业社会责任不是纯粹的道德问题，强化和落实企业社会责任不能仅靠企业家的社会良知，而要寄希望于一种基于法律权威之上的正式制度安排。本书将对中国现行法律体系尤其经济法体系中有关企业社会责任的相关制度和规定进行全面梳理，并对其制度缺欠和困境进行分析，指出构建企业社会责任法律制度的必要性和紧迫性。笔者无意主张单独的企业社会责任立法，而是建议充分挖掘现行法律体系尤其是经济法体系中的企业社会责任法律资源，对现行相关法律进行以企业社会责任为导向的解释、修改和完善，从执法和司法等多个方面建立企业社会责任的落实机制和监督机制，在非常必要的领域进行适当的专门立法。作者建议构建一个以企业公司法为核心，经济法为主干，其他社会法（劳动法、环境法等）相配合的有实效的企业社会责任法律制度体系，对企业社会责任的立法以及执法司法实践将有一定的参考价值和意义。

本书最后拟对企业社会责任的若干具体问题或制度建构进行

初步的讨论，包括企业社会责任与共同治理问题，企业社会责任信息披露问题，企业社会责任公益诉讼问题，企业不履行消费者责任的法律责任（不利后果）承担问题，企业慈善捐赠问题。作者最后还要讨论企业社会责任的监督、滥用及其防御问题，尤其是政府的监督职责和对政府滥用企业社会责任的防御。

四、本书采取的研究方法

语境是什么？很难对其下一个“共识性”的定义，因为定义容易框住人们的思维，限制人们的想象。有学者认为，语境是多向度的，是指一种知识背景，是构成某种事物特质的文化台面（包括社会政治、意识形态、价值观念、时代精神），它是设置和深藏于该事物后面的“根据和意义”，它还指一种我们观察事物所持的角度、立场和文化眼睛，是附属于我们观察者身上的一种无形的文化积淀物，或者说是我们分析事物时所能调动的一切文化资源和复杂材料。[①] 也有学者认为，“语境论”是一种法律制度研究的进路和方法，这一进路坚持以法律制度和规则为中心关注，力求语境化地即设身处地的、历史的理解任何一种相对长期存在的法律制度、规则的历史正当性和合理性。[②]

语境不等同于语言或语言环境，更不等同于语句、语词。语句、语词相同，语境却不一定相同。比如，“权力”一词，在宪法、行政法的语境下，我们说限制政府权力，防止权力滥用，这里的“权力”是作为“政治权力”的含义被使用；而在经济法语境下，我们说合理配置、规范政府权力，这时的“权力”意味着政府的经济权力。人们对于“权力”一词的理解与思想沟

---

① 田成有：《歧义与沟通——法律语境论》，载《法律科学》2001 年第 2 期。

② 苏力：《语境论——一种法律制度研究的进路和方法》，载《中外法学》2001 年第 1 期。

通，不是基于语词的精确定义或概念陈述，而是基于在特定语境中具有默契性质的约定俗成的“共同理解”。① 据此，《经济法语境下的企业社会责任研究》这一命题意味着，本书在对企业社会责任问题进行研究和讨论时，是以经济法知识为背景的，是从经济法的观察角度、基本立场，在经济法的理念和价值观指导下展开的。因此，许多词语和语句被认为是具有默契性的、约定俗成的、共同理解的，如公私融合、社会本位、社会公共利益、经济法精神、实质正义、平衡协调、国家干预等等。

鉴于本书的论题和范围，作者拟在经济法语境下，主要采用法经济学和法社会学的基本分析框架和某些具体方法来进行研究。

（一）法经济学方法

法经济学是一门法学和经济学有机结合的新兴边缘学科与重要方法论，它主要是借鉴经济学的原理和方法以研究法律制度的形成、结构、过程、效率及未来发展，具有突出的实用性和鲜明的时代特色。法经济学自 20 世纪 60 年代在美国诞生以来，已汇聚而成国际性的法律经济学运动，扩展至全球不同国家和领域，展现出对法治实践的独特分析思路。法经济学提供了一套与传统法学迥然不同的分析方法，如利益均衡、成本效益分析、外部性概念等等，经济分析中的数量分析和行为理论的量化实现了法律理性的确定性要求，以帮助我们建构最有效率的行为方式和制度模式。法经济学理论的核心在于，所有法律活动，包括一切立法和司法以及整个法律制度事实上是在发挥着分配稀缺资源的作用，因此，所有的法律活动都可以用经济的方法来分析和指导。

---

① 单飞跃、李莉：《语境中的经济法》，载《南京大学学报（哲学、人文科学、社会科学版）》2005 年第 3 期。

以经济学的视角考察法律问题，必然会有许多新的启示，尤其在经济法领域，法律的经济分析具有一种方法论革新的意义。企业社会责任作为一个涉及多方利益关系的论题，法经济学分析方法必将增加研究的科学性。

（二）法社会学方法

法社会学研究的不断发展，促使法律日益成为社会变革和制度构建的途径和手段，社会法学强调法律要为社会目的服务，注重立法与社会需要的一致性，这无疑为企业社会责任问题的研究提供了宽广的视角、明确的目的和多样化的方法。企业社会责任及企业社会责任立法是历史的范畴，在不同时期、不同国家具有不同的特点。本文从法社会学的角度考察企业社会责任的历史发展，以及企业社会责任与其他社会现象的现实联系，以揭示企业社会责任及其立法的历史和现实必然。

（三）跨学科研究

企业社会责任是一个涉及法学、经济学、管理学、伦理学、社会学众多学科的命题，各个学科均从不同的角度将企业社会责任作为研究对象，并在概念和理论上相互借用。就法学领域而言，企业是民事主体、商事主体、经济法主体，其在社会生活中角色复杂身份多样，几乎为各个部门法研究所涉及。本书在探讨企业社会责任问题时，将会借鉴其他学科的概念、理论与范式。

第一章　企业社会责任的缘起、发展

第一节　企业社会责任思想的提出及含义

一、企业社会责任思想的提出

企业社会责任（Corporate Social Responsibility）① 问题，其产生的历史并不久远，真正进入理论和实践的视野，也不过是近几十年的事情。关于企业社会责任（CSR）思想的起源，一般认为是始于20世纪20年代的美国。"企业社会责任"概念最早于1924年由美国的谢尔顿（Oliver Sheldon）提出。谢尔顿在他的《管理的哲学》一书中指出，工业的目标不单纯是生产商品，而且是生产在社会上一部分人眼中有价值的商品。他把公司社会责任与公司经营者满足产业内外人类需要的各种责任联系起来，并且认为公司社会责任含有道德因素在内。主张公司经营对社区的服务有利于增进社区利益，而社区利益作为一项衡量尺度，应该

---

① 在西方发达国家，企业社会责任主要是针对大公司，特别是上市公司而言的，故 Corporate social responsibility，也常常被译为"公司社会责任"。笔者认为，尽管公司是企业的基本形式，但是公司形式的企业只是企业的一部分，Corporate social responsibility 并不仅仅是指公司制企业的社会责任，而是指所有企业的社会责任，因此称其为"企业社会责任"更为准确。但是，由于公司已成为现代企业的主要形式，对企业社会责任问题的研讨主要是针对公司企业，因此许多学者依研讨情形的需要分别使用"企业社会责任"或"公司社会责任"，其实质内容并无区别。本书也是如此，有时不加区分地使用这两个术语。同理，本书有时也不加区分地使用"企业"和"公司"。

远远高于公司的盈利。[①] 谢尔顿对"公司社会责任"内涵的阐述明确地表达了对"公司社会责任"的认可。

国内也有学者认为"公司社会责任"概念的提出是在19世纪晚期。1899年美国钢铁集团公司的创始人安德鲁·卡内基第一次提出了"公司社会责任"。安德鲁·卡内基出版了一本名为《财富福音》的书，第一次提出了"公司社会责任"的观点。这个观点建立在两个原则之上：一是慈善原则；二是管家原则。两个原则的初始含义都是把员工和顾客看成缺乏使自己获得最佳利益能力的小孩，而业主起类似家长的作用。慈善原则要求比较幸运的社会成员帮助那些不幸运的社会成员，包括失业者、残疾人和老年人。最初慈善被当作是个人的义务，然而到了20世纪20年代，社会慈善的需要超过了最乐善好施的有钱人的财产，为慈善事业出资帮助不幸的人们的责任就落到了工商企业的肩上。而"管家原则"源于《圣经》，它要求企业和有钱人把自己看成财产的管家或照管者。[②]

一般认为，企业社会责任观念最初主要流行于实务界而非理论界。当时，鉴于企业引发的社会问题日趋严重以及由此在民众中产生的不满情绪不断高涨，一些明智的企业领导人开始对企业的所有利益相关者的权益给予全面关注。1929年，通用电器公司的一位经理杨（Owen D. Young）在他的一次演说中指出，不仅股东，而且雇员、顾客和广大公众在公司中都有一种利益，而公司的经理们有义务保护这些利益。[③] Young认为其作为公司的受托人，得对股东负责，对雇员负责，对顾客和社会公众负责，

---

① 刘俊海：《公司的社会责任》，法律出版社1999年版，第2—6页。

② 田祖海：《美国现代企业社会责任理论的形成与发展》，载《武汉理工大学学报（社会科学版）》2005年第3期。

③ 刘俊海：《强化公司的社会责任——建立我国现代企业制度的一项重要内容》，载王保树主编：《商事法论集》（第2卷），法律出版社1997年版，第82页。

公司应当承担其公共义务，履行其公共责任。概言之，公司势力如此之大，应当成为一个好公民。[①] Young 的上述看法，是有关企业对其利益相关者负责的观念中最早和最为典型的表达之一。此类观点一经提出，立即获得了理论界的激烈回应。

在 20 世纪 20 年代、30 年代的美国学术界，有关企业社会责任最著名的事件莫过于哥伦比亚法学院伯尔（Berle）教授与哈佛法学院多德（Dodd）教授的论战了。正是在这场论战中，学术界首次提出了企业社会责任理论。

1929 年，美国陷入了历史上罕见的大萧条时期，以纽约股市崩盘为标志，企业纷纷破产，失业率急剧上升，政府税收锐减，社会问题空前恶化。在此后的若干听证会上，不断提到美国公众长期以来担心的公司权力滥用问题，对于企业社会责任的讨论也就成了当时美国大众传媒和学术界的热门话题。在这种背景下，伯尔（Berle）1931 年在《哈佛法学评论》上发表了题为《公司权力乃信托权力》的文章，针对伯尔（Berle）的文章，多德（Dodd）教授 1932 年 5 月在《哈佛法学评论》上发表了《公司管理者作为受托人为谁?》，伯尔（Berle）迅速作出回应，在 1932 年 6 月又发表了《公司管理者作为受托人为谁：短评》。[②]

伯尔（Berle）与多德（Dodd）论战的焦点是：公司管理者究竟是谁的受托人？伯尔（Berle）认为：现代公司所有权与控制权的分离，带来了私有财产制度的危机。公司管理者作为股东的受托人应仅为股东利益负责。一切赋予公司、公司管理层或者公司内部任何部门、团体的权力，不管源于法律或者章程，其行

---

① 王文钦著：《公司治理结构之研究》，中国人民大学出版社 2005 年版，第 100 页。

② 王文钦著：《公司治理结构之研究》，中国人民大学出版社 2005 年版，第 98 页。

使必须总是只为所有股东的、可以估算的利益。[①] 多德（Dodd）不赞同伯尔（Berle）的观点，认为公司独立于股东而存在，公司管理者受雇于公司，是公司的受托人，而不是股东的受托人。公司管理者作为受托人不应仅为股东利益，而且要为雇员利益、消费者利益以及公共利益。多德（Dodd）指出："现在过于强调公司存在仅以为股东谋利益为目标的观点是不可取的。笔者相信，最终上升为法律的公众意见，已经并且正在认识到，公司作为经济机构，既有盈利功能，也有社会服务功能。这种认识已经对法学理论产生影响，在不久的将来很有可能越来越产生更大的影响。……公司经营者的应有态度是树立自己对雇员、消费者和社会公众的社会责任感。"[②] 一言蔽之，公司应当承担社会责任。多德（Dodd）无疑表现出了某种程度的激进，力图在理论上说明企业应对所有利益相关者负责，并认为法律将对此趋势作出积极反应。

事实上20世纪30年代末的美国立法并未朝着多德（Dodd）的思路发展，企业非股东利益相关者的利益保护，不是经由企业管理者受托责任之设置实现的，而是通过专门立法而实现的。有学者因此认为多德（Dodd）后来放弃了自己的主张转而同意伯尔（Berle）的观点。[③] 对此看法笔者并不认同。尽管在企业管理者受托责任问题上公司立法没有朝着多德（Dodd）预见的思路发展，但并不能因此而否认多德（Dodd）主张企业应当履行社会责任这一判断。通过专门立法实现非股东利益相关者利益的做法，更加说明了企业社会责任的必要性和重要性。多德（Dodd）

---

① See A. A. Berle, Corporate Powers as Powers in Trust, 44 Harvard Law Review1049 (1931).

② See E. Merrick Dodd, For Whom are Corporate Managers Trustees, 45 Harvard Law Review 1145 (1932).

③ 卢代富：《企业社会责任经济学与法学分析》，法律出版社2002年版，第49页；刘俊海：《公司的社会责任》，法律出版社1999年版，第44页。

的所谓“放弃先前主张的承认”只不过是对历史事实进行了一个比较“谦逊”的说明而已。多德（Dodd）说，这些立法“贯彻企业对劳动者的义务不是通过在某些措施上将企业经营者看作其雇员的受托人的方式而实现的。他是部分的赋予劳动者特定的、商事公司及其经营者有义务尊重的法定权利，部分地通过鼓励劳动者组织起来以便和按照某种对等的条件同经营者谈判的方式而实现的”。[①] 笔者认为在企业应当履行社会责任这一问题上，多德（Dodd）并没有认输。

伯尔（Berle）当时立即对多德（Dodd）的观点进行了反驳，伯尔（Berle）认为：“在你还不能提供一套清晰而且能够给予合理落实的对他人负责的方案以前，你就不能抛弃对如下观点的强调，及‘商事公司存在的唯一目的是为其股东们赚钱’。否则，现在以公司形式动员和聚积的经济力量就会轻易地、低效率地转移到现在的管理者之手，他们虔诚地希望会有好事从此而来。”[②]显然，伯尔（Berle）代表了传统的企业和企业法理论。他认为，企业乃营利性组织，企业管理者只受股东委托为股东利益而管理和控制企业，法律的功能也在于保护股东利益，防止管理层利用不受控制的权力侵占股东利益。

伯尔（Berle）与多德（Dodd）的论战表面上着眼于企业管理者受托责任，但实际上是关于公司性质、目标或者说企业（公司）要不要承担社会责任的争论。他们的论战 20 年后终于有了分晓，伯尔（Berle）在 1954 年坦言自己认输：“20 年前，笔者同已故的哈佛法学院的多德教授进行了一次辩论。当时，我认为公司的权力是为了众股东的利益而予以信托的，而多德教授则认为这些权力是为了整个社区的利益而予以信托的。这场辩论

---

① Dodd, Book Review, 9 U, Chi. Law Review (1942).

② See A. A. Berle, For Whom are Corporate Managers Trustees: A Note, 45 Harvard Law Review, 1365, 1367 - 68 (1932).

已经以多德教授的观点为优胜而宣告终结了。”①

二、企业社会责任的含义

不可否认，对于中国学术界而言，企业社会责任（CSR）是一个舶来品。企业社会责任（CSR）的概念虽然自20世纪20年代至30年代起，人们就开始讨论，但学者们对企业社会责任的表述差异很大，至今仍莫衷一是。正如博登海默所言：“概念是解决法律问题所必须和必不可少的工具。没有限定严格的概念，我们便不能清楚地和理性地思考法律问题。”② 研究企业社会责任必须首先界定企业社会责任这一概念。

尽管企业社会责任并没有一个单一的定义，但从本质上，其大致要旨还是较为明确的。以多德为代表的企业社会责任的早期倡导者认为：股东利润最大化仅仅是企业目标之一，除此之外，企业及其经营者还应对企业的所有非股东利益相关者负有义务，以维护和提升社会公益。企业法律制度也需在企业的这两个目标之间维持平衡。因非股东利益相关者具有广泛的社会性，企业社会责任（或公司社会责任）便成为企业在利润最大化目标之外对非股东利益相关者所负义务的概括和表达。③ 美国学者伯文（H. Bowen）在1953年曾将企业社会责任定义为：商人按照社会的目标和价值，向有关政策靠拢、作出相应的决策、采取理想的

---

① Adolph Berle, The 20th Century Capitalist Revolution, 169, New York: Harcourt Brace (1954).

② 〔美〕E. 博登海默著：《法理学——法律哲学与法律方法》，邓正来译，中国政法大学出版社1999年版，第486页。

③ 卢代富：《企业社会责任经济学与法学分析》，法律出版社2002年版，第66—67页。

具体行动的义务。[①] 可以说，多数美国学者认为，所谓企业社会责任，是指营利性的企业，在其决策机关确认某一事项为社会上多数人所希望者后，该营利性企业便应该放弃盈利的意图，以符合多数人对该企业的期待。换言之，企业的社会责任，除了必须依照法令行事外，亦必须实践企业的伦理责任。

目前，国际上普遍认同企业社会责任（CSR）理念认为，企业社会责任是指企业在创造利润、对股东利益负责的同时，还要承担对员工、对社会和环境的责任，包括遵守商业道德、生产安全、职业健康、保护劳动者的合法权益、节约资源等。总部设在美国的社会责任国际（Social Accountability International，简称SAI）对企业社会责任概念的表述为：企业社会责任区别于商业责任，它是指企业除了对股东负责，即创造财富之外，还必须对全体社会承担责任，一般包括遵守商业道德、保护劳工权利、保护环境、发展慈善事业、捐赠公益事业、保护弱势群体等等。[②]

世界银行定义企业社会责任（CSR）为：企业与关键利益相关者的关系、价值观、遵纪守法以及尊重人、社区和环境有关的政策和实践的集合。它是企业为改善利益相关者的生活质量而贡献于可持续发展的一种承诺。

韩国著名商法学者李哲松教授认为：公司因其合理的经营结构而积蓄了如今庞大的经济力量，超出了一介商人的地位，成为重要的社会实体，因此可以让它承担部分带有公共性质的责任。又由于公司对利润的极端追求成为生产财富不均等种种病理现象的原因，所以应该让公司主动作出将积蓄的财富返还给社会等行

---

① Howard Bowen, Social Responsibilities of the Businessman (1953), p. 31. 转引自刘俊海：《公司的社会责任》，法律出版社 1999 年版，第 2 页。

② 周国银、张少标：《SA8000：2001 社会责任国际标准实施指南》，海天出版社 2002 年版，第 24 页。

为，为公益事业作出贡献。这就是社会责任的主要宗旨。[①]

在我国法学界，近年来也开始探讨企业社会责任问题，有不少学者也试图给企业社会责任下一个较为确切的定义。

刘俊海认为："所谓公司社会责任，是指公司不能仅仅以最大限度地为股东们营利或赚钱作为自己的唯一存在目的，而应当最大限度地增进股东利益之外的其他所有社会利益。这种社会利益包括雇员（职工）利益、消费者利益、债权人利益、中小竞争者利益、当地社区利益、环境利益、社会弱者利益及整个社会公共利益等内容，既包括自然人的人权尤其是《经济、社会和文化权利国家公约》中规定的社会、经济、文化权利（可以简称为社会权），也包括自然人之外的法人和非法人组织的权利和利益。"[②]

卢代富指出："所谓企业社会责任，乃指企业在谋求股东利润最大化之外所负有的维护和增进社会利益的义务。"[③]

《中国企业管理年鉴》对企业社会责任概念的定义是："企业社会责任，可表述为，企业为所处社会的全面和长远利益而必须关心、全力履行的责任和义务，表现为企业对社会的适应和发展的参与。企业社会责任的内容极为丰富，既有强制的法律责任，也有自觉的道义责任。"[④]

中国劳动科学研究所所属的一个课题组将企业社会责任定义为："企业社会责任，是指企业在为股东谋取最大利润的同时，

---

① 〔韩〕《韩国公司法》，李哲松著、吴日焕译，中国政法大学出版社 2000 年版，第 49 页。

② 刘俊海：《公司的社会责任》，法律出版社 1999 年版，第 6—7 页。

③ 卢代富：《企业社会责任经济学与法学分析》，法律出版社 2002 年版，第 96 页。

④ 《中国企业管理年鉴》(1990)，企业管理出版社 1990 年版，第 778 页。

应当充分考虑利益关系人的利益。”①

其他的表述还有：“公司的社会责任，意味着重新定义公司的目标，除了利润最大化外，还要加入一些社会价值。也就是，公司的经营者应当将他们有关公司目标的看法扩及公司的决定对于其他成员所导致的影响，如雇员、社区和环境等。换言之，公司被期望带着社会良心活动。”②

企业社会责任是企业除经济责任、法律责任之外的“第三种责任”，它是企业在社会领域内对自身行为后果的“回应义务”。企业社会责任最本质的特征在于它的“内生性”，即这种责任是由于企业在社会领域内其自身行为引起的必然结果，而非任何外在压力推促下的企业义务。……企业的社会责任和经济责任、法律责任是同时存在的，且是企业必须承担的责任……③

可见，“企业社会责任”是一个含义模糊、范围不很确定的概念。

1972 年，美国法学家曼恩教授说：“时下非常时髦的公司社会责任的概念，仍未获得一个清楚的界说。”但是，“公司社会责任的理论被许多人用于许多目的。政治家们把它视为确立对公司公共控制的有力工具，而商人们则可为那些本不受欢迎的慈善和利他主义的行为寻求合理的根据”。时至今日，各国学者间对公司社会责任至今仍然缺乏一个能广为接受、经得住推敲的定义。以致有学者说，要对公司社会责任下一个准确定义简直是不可能的，只能对公司社会责任进行非定义性的描述。④

---

① 劳动科学研究所课题组：《企业社会责任运动应对策略研究》，载《新华文摘》2004 年第 24 期。

② 王红一著：《公司法功能与结构法社会学分析——公司立法问题研究》，北京大学出版社 2002 年版，第 129 页。

③ 李立清、李燕凌著：《企业社会责任研究》，人民出版社 2005 年版，第 30 页。

④ 刘俊海：《公司的社会责任》，法律出版社 1999 年版，第 4 页。

正是因为“企业社会责任”概念内涵的不确定性，企业社会责任的倡导者们干脆直接罗列出一些可视为是履行企业社会责任的行为，来勾画企业社会责任的轮廓。如美国经济开发委员会（The Committee for Economic Development）在1971年发表的题为《商事公司的社会责任》（Social Responsibility of Business Corporations）的报告中，列举了为数众多的（达58种）旨在促进社会进步的行为，并要求公司付诸实施。这些行为涉及10个方面的领域，它们是：（1）经济增长与效率；（2）教育；（3）用工与培训；（4）公民权利与机会均等；（5）城市改建与开发；（6）污染防治；（7）资源保护与再生；（8）文化与艺术；（9）医疗服务；（10）对政府的支持。[①]

近年来，作为世界上最大的政治经济协调组织，联合国在推动企业发挥社会责任方面也作出重大举措。1999年1月，在瑞士达沃斯世界经济论坛年会上，联合国秘书长科菲·安南提出了“全球契约（Global Compact）”计划，并于2000年7月在联合国总部正式启动。经过2004年的补充，现在的“全球契约”从人权、劳工标准、环境和反腐败4个方面概括了10项企业社会责任基本原则，强调企业必须承担。这10项基本原则是：（1）企业应该尊重和维护国际公认的各项人权；（2）绝不参与任何漠视与践踏人权的行为；（3）企业应该维护结社自由，承认劳资集体谈判的权利；（4）彻底消除各种形式的强制性劳动；（5）消除童工；（6）杜绝任何在用工与行业方面的歧视行为；（7）企业应对环境挑战未雨绸缪；（8）主动增加对环保所承担的责任；（9）鼓励无害环境技术的发展与推广；（10）积极采取各种手段来杜绝腐败，包括勒索和贿赂。分析“全球契约”，所

① Social Responsibility of Business Corporations, A Statement on National Policy by the Research and Policy Committee of the Committee for Economic Development, June 1971, pp. 36—40.

谓企业社会责任，从企业内部看，就是要保障员工的尊严和福利待遇；从外部看，就是要发挥企业在社会环境中的良好作用。

第二节　国外关于企业社会责任的理论和法律实践概况

随着企业引发的社会问题日益突出，人们指责企业对越来越多的社会问题负有责任，随之而来的是政府加强对企业的控制。在实践中，制定和实施保护环境、自然资源，维护消费者和劳动者权益等方面的法律规范在各国均有着比企业社会责任理论更为悠久的历史①，在某种意义上，可以说企业社会责任立法和司法实践先于企业社会责任理论。然而，明确以企业社会责任为导向的法律变革运动，却是20世纪以来伴随着企业社会责任理论的争论而发生发展的，企业社会责任理论及其法律实践是在学者们的争论和实践中不断丰富、成熟的。

一、美国的企业社会责任理论和法律实践

美国企业社会责任运动的重点，主要集中于为企业社会责任活动提供法律依据上。一般认为，发生于美国且在企业社会责任演进史上具有划时代意义的重大事件有两项：一项是20世纪30年代伯尔（Berle）与多德（Dodd）关于“公司管理者究竟是谁的受托人”的论战，在这场论战中，学术界首次提出企业社会责任理论；另一项是20世纪80年代初到90年代末的企业社会责任法律化浪潮，即以宾夕法尼亚为代表的29个州修改公司法，

---

① 卢代富：《企业社会责任经济学与法学分析》，法律出版社2002年版，第223页。

在公司法中规定“其他利益相关者条款”，要求公司经理为公司的利益相关者（stakeholders）服务，而不仅为股东（stockholders）服务。

总体而言，美国企业素有参与社会责任活动的传统，但对于此类活动的合法性，理论上存在较大的争议。20世纪30年代以前，在美国，对企业社会责任行动合法性的主要挑战来自传统的“越权原则”。美国法院历来把董事的义务理解为给公司赚钱，在早期的判例法中，一项未经企业组织章程授权实施的企业社会责任行动如欲获得法律的支持，必须证实该行动（以慈善捐赠为典型）在事实上不是基于利他主义的考虑，而是出于对企业产生直接经济利益的合理预期。最为经典的判例当推1919年的道齐诉福特汽车公司一案。在该案中，作为福特汽车公司大股东的亨利福特运用其影响力，制止公司分发股利，以启动一家竞争性企业，并计划降低汽车价格，提高汽车质量。事后，作为公司小股东的道齐就此提起诉讼。亨利福特辩称，公司需要资金扩大规模，而且他想为了社会及利他主义的原因而降低汽车价格。法院认为，他要追逐一种特定的慈善政策，就应当使用自己的钱，而不是别人的钱。判决指出：“不能把福特先生认识到的他和股东们对社会公共利益所负的义务，和他及其同僚董事在法律上对异议的小股东们所负的义务混淆起来。商事公司主要是为了股东的赢利目的而组织和运营的。董事会的权力应当为达此目的而运用。董事会的自由裁量权应当被用于选择达此目的的手段，而不应及于目的本身之变更、赢利之削减、或为了将赢利用于其他目的而不在股东间分配股利。”因此，法院判决福特继续分发股利。①

随着企业所引发的社会问题日趋严重，公众要求企业践行社

① 刘俊海：《公司的社会责任》，法律出版社1999年版，第56—57页。

会责任的呼声日渐高涨，同时也因为企业社会责任行动对社会和企业自身所产生的积极效应的不断明显，作为一种回应，判断企业社会责任行动适当性的司法标准出现了较大的松动，其集中表现是，“直接经济利益”的要求被冲淡，一些更有利于促进企业社会责任行动的新标准应运而生。但整个20世纪上半叶，美国法院在企业社会责任问题上仍大多采取一种实用主义的态度，有利于股东之外第三人利益的行为是否可以对抗股东的异议，要看该行为是否有利于维护股东的利益，特别是长远利益。公开明确要求董事会放弃仅以股东利益最大化作为唯一行为指南的判例也有出现，如1953年新泽西州法院史密斯公司诉巴楼一案(A. P. Smith Manufacturing Co. v. Barlow)，可视为美国企业社会责任法运动史上一个具有里程碑意义的判例。在该案中，法院支持了一家新泽西公司向普林斯顿大学捐赠1500美元的行为，尽管公司组织章程的目的条款并未明确授予公司从事此类捐赠的权利。法院认为：“现代形式要求公司作为其所在社区的一员，在承认和履行私人责任的同时，亦承认和履行社会责任。”① 显然，这与法院一贯奉行的“利益原则”有所不同，“利益”已被赋予了新的含义。

20世纪30年代起，另一个有利于企业社会责任发展的现象表现在公司所得税立法方面。1936年，国会修改《国内税收法典》，明确规定公司慈善、科学、教育等方面的捐赠可予扣减所得税，扣减数最高可达公司应税收入的5%，只要捐赠是为了实现公司有关的营业目标且向社会公共机构作出，或者是为了雇员的利益，或者系建立在一项对公司产生直接收益的合理预期之上。这就进一步为企业社会责任的落实给予了利益上的法律激励

① A. P. Smith Manufacturing Co. v. Barlow, 13N. J. 145, 98 A. 2d 581, appeal dismissed 346 US. 86 (1953).

机制。①

但是，并非所有学者都支持企业承担社会责任，其中有两位持反对意见的代表人物。一是哈耶克，他认为企业唯一的目的是作为出资人的受托者赚取长期利润，如果将资金作为追求长期最大利润之外的用途，就会赋予企业危险的权力。他主张企业应只对股东尽义务，认为由经营者承担社会责任，除了破坏自由社会不会有别的好处。二是美国哈佛大学教授赖维特，他认为企业及经营者对社会责任关注并付诸实践，大部分是基于营利的动机。而营利原则依然支配着现代资本主义，部分经营者以社会责任为目标并加以实践是危险的……在1958年，赖维特说社会责任运动是“幼稚而相当朴实的”，但是一旦它获得了动力将变得非常危险，它将带来麻烦。②

到了20世纪80年代，关于企业社会责任的争论在美国再度掀起。这次争论主要集中在公司对于利益相关者（stakeholders）承担责任的问题上。一派仍旧坚持股东本位主义，另一派则主张雇员、债权人、消费者、供应商和企业所在社区，都与企业有一种利害关系，他们有权利要求其利益在企业的经营决策中受到应有的考虑。可见，这实际上是伯尔与多德论战的延续。

自20世纪80年代以来，美国大多数州的公司法陆续经历了一次革命性的变迁，通过了保护非股东的其他利害关系人的立法，认为股东只不过是各类公司利害关系人中的一类，要求公司经营者不仅要为公司股东谋利益，也要顾及其他公司利害关系人（Stakeholders）的利益。这些立法首次在公司立法史上对一元化股东利益最大化的传统理念提出了挑战，公司社会责任的观念首

---

① 卢代富：《企业社会责任经济学与法学分析》，法律出版社2002年版，第230—231页。

② Theodore Levitt. “The Dangers Of Social Responsibility” Harvard Business Review, 1958, (9-10): 41—45.

次在美国历史上得到了大规模州级立法者的首肯。学说与立法相互影响，推动有关公司社会责任的争鸣跨上了一个新台阶，并持续到20世纪的90年代末。

具体说来，这次立法改革起因于立法者们对20世纪80年代公司收购浪潮的效果的关注。美国在20世纪80年代兴起了一股公司之间“敌意收购”（hostile takeover）的浪潮。所谓敌意收购，是指目标公司经营者不喜欢的市场主体，先以重金购买目标公司的股票，然后对目标公司的董事会进行重新组阁，对公司经营战略和经营计划予以调整，对职工进行大量裁员。由于被收购公司的股东可以高价将股票卖给收购者，他们往往同意“敌意收购者”的计划。据统计，许多目标公司的股东在80年代大发横财。如果按照传统的公司法理念，那么公司经营者就有义务接受“敌意收购”。哥伦比亚大学法学院教授贝纳德·布莱克（Bernard Black）当时曾风趣地说：“本杰明·富兰克林（Benjamin Franklin）在1789年曾断言，死亡和税收是生活中最确定的两件事。如果他活到今天，他会加上第三件确定无疑的事实，即股东从收购中获利。”① 目标公司的董事会一般对敌意收购采取敌视态度，当然，问题不仅在于敌意收购不合乎董事会和高级经营者的个人利益，公司收购后许多的公司利害关系人、团体会因被收购而蒙受不测。首当其冲的受害者就是目标公司的职工，许多公司被收购后，接踵而至的往往是大量的裁员和工人失业，并且公司的随意关闭和终止还会对公司所在地的居民、公司债权人、政府税收和社会经济状况产生负面影响。显然，这种股东接受“敌意收购”的短期获利行为，往往是和企业的长期发展相违背的。一个企业在发展中，已经建立起一系列的人力资本、供

① 崔之元：《美国二十九个州公司法变革的理论背景及对我国的启发》，载《经济研究》1996年第4期。

销网络、债务关系等等，这些安排如果任意被股东短期获利动机所打断，必将影响到企业的经济效率。

据哈佛大学经济学家施莱弗（Andrei Shleier）和撒漠斯（Lawrence Summers）对美国“环球航空公司”（TWA）被“敌意收购”的个案研究，TWA 原来股东收益的增加是由压低工人的工资而带来的。[①] 由于敌意收购带来的不是新财富的创造，而只是财富的再分配，因此公司的非股东利益相关者反对敌意收购就不难理解了。

鉴于上述理由，美国各州立法者纷纷开始对敌意收购进行干预。1983 年，美国宾夕法尼亚州首创了以制定法的方式，特别授权公司董事在为决策行为时，可以考虑股东以外的团体的利益。之后，各州纷纷仿效。这种考虑股东以外的人的利益的条款，在美国学界通称为“其他利益相关者条款”。[②] 截至 1991 年，已有 28 个州颁布了非股东的其他利益相关者的立法。

上述被称为“其他利益相关者条款”的立法尽管产生于反“敌意收购”的特定历史条件下，但由于其为企业承担社会责任提供了制定法上的依据，在企业社会责任运动史上当然地具有里程碑意义。然而，这些立法虽然都体现了落实公司社会责任、保护非股东的其他利害关系人的基本精神，但由于此类立法还存在着概念含糊、操作性不强等诸多缺点，可以预言，美国学界关于公司社会责任的争论还要长期持续下去。尽管赞同企业社会责任的观点将会被越来越多的学者和社会公众所接受，但是要寻求更有说服力的理论依据，让更多的人接受企业社会责任的观念，同时探索落实企业社会责任的具体方法，解决企业社会责任的可操作性，仍是一项艰巨的任务。

---

① 崔之元：《美国二十九个州公司法变革的理论背景及对我国的启发》，载《经济研究》1996 年第 4 期。

② 刘连煜著：《公司治理与公司社会责任》，中国政法大学出版社 2001 年版。

1996年克林顿总统主持了“公司居民会议”，指出公司应该从五个方面约束自己的行为：1. 通过灵活的工作时间表和儿童照料，做到对工人的家庭友好一些；2. 提供更加优厚的健康与养老福利；3. 提供更佳的教育与培训；4. 为对付利润与生产能力的波动而与职工结成工作伙伴；5. 确保工作场所的安全。[①] 这实际上就是全球化时代从社会责任的角度对公司提出的要求，企业社会责任运动由此进入了一个新的时期。

二、德国和英国的企业社会责任理论和法律实践

德国关于企业社会责任的理论资源尽管较为薄弱，却是公认的较早在立法中贯彻企业社会责任观念的国家。1919年《魏玛宪法》第153条规定：“所有权包含义务，于其行使，应同时顾及公共利益。”这是所有权限制（或所有权社会性）的最早立法。《魏玛宪法》的这一规定，为德国的企业社会责任提供了法律上的根据。[②] 几乎是同一时期，1920年，企业的社会责任开始被德国公司法学者提出。当时，随着一部分学者主张所谓“企业自体思想”的理论，开始对公司赋予了公共性。

“企业自体思想”的主要内容是：将企业从其法律根基的社员中分离出来，将其把握为独立的存在。离开社员每个人的利害关系，从国民经济的立场上保护并维持公司，并赋予与此相适应的责任。以《魏玛宪法》和“企业自体思想”的理论为基础，1937年旧德意志《股份公司法》第70条第1款相关规定，董事

① 汤春来：《公司正义的制度认证与创新》，载《法律科学（西北政法学院学报）》2003年第3期。

② 卢代富：《企业社会责任经济学与法学分析》，法律出版社2002年版，第239页。

有责任根据企业和职工的福利和国家国民的共同利益的要求运营公司。此规定被一些学者视为开创了在公司法中规定企业社会责任之先河。但这一规定后来被指责为当时纳粹政权下风行一时的以全体国家的团体法思想为基础的指导者理念。随着第三帝国的灭亡以及《魏玛宪法》被废除，1965 年的《股份公司法》删除了这一规定。但是在德国，尊重雇员的利益和谋求公共福利，仍被视为是不言而喻的。[①] 德国企业社会责任运动影响最大也是最成功的努力是职工参与制度的构建。由于德国工会的力量向来比较强大，加之德国对民族特性的立法取向和化解利益冲突的决心，使得德国乐意把利益相互冲突的劳资双方融入制度化的有机体，并在立法中详细规定各方当事人的职责、权利和义务。为了体现劳资双方的公平待遇，德国形成了市场经济国家唯一规定劳资双方等额或接近等额参与企业机关的立法体例，并以职工参与企业机关的全面性而著称于世。[②]

在英国，尽管英国与美国有着相同的法律文化传统，但却没有美国那样丰富的企业社会责任理论资源和相应的制度成果，这种状况与其说和英国的民族保守性有关，不如说是英国所奉行的比较强烈的国家干预政策使然。英国学者艾普斯坦（Epstein）认为，一方面英国企业的主要任务是获取经济效益；另一方面英国政府长期介入经济和社会生活，企业在履行社会责任方面缺乏用武之地。[③]

在英国早期的司法实践中，企业社会责任实行的主要法律障碍是越权原则。按照越权原则，公司仅享有从事其组织章程所明

---

① 张利国：《论公司的社会责任》，载《贵州财经学院学报》2003 年第 2 期。

② 卢代富：《企业社会责任经济学与法学分析》，法律出版社 2002 年版，第 240 页。

③ Epstein, The Social Role of Business Enterprise in Britain: An American Perspective (1977), The Journal of Management Studies, p. 213.

定的行为之权力；超越公司组织章程目的条款的行为，即便经股东会批准，亦不产生法律效力。越权原则的确立，是为了保护公司股东和债权人的利益。在法律界看来，公司的股东和债权人是在对公司的经营目的有了正确认识后才决定向公司投资或与公司进行交易的，他们不应承担公司越权所带来的投资或交易风险。如在涉及公司捐赠的 1883 年 Hutton v. West Cork Railway Co. 案中，法院不仅适用了越权原则，而且还强调，即使是多数股东，也不得批准将公司资金用于那些不属于营业行为以及不是合理地附属于营业行为的目的。[①] 然而随着时间的推移，越权原则不仅严重损害了效率，而且其本身所追求的公平也难以真正付诸实现，英国与世界上其他国家一样，对越权原则进行了不断改革。与此相应，公司的社会责任行动也随着越权原则的式微而得到很大程度的宽容，变化之一是经营判断（Business Judgment）法则日益受到重视。按照经营判断法则，只要董事代表公司作出的社会责任行动是基于诚信和出于董事心目中的公司利益，即可获得法院的支持。

企业社会责任受到重视的另一个表现是劳动关系的改善受到关注。正常状态的企业向其退休的职工、高级管理人员乃至他们的遗孀为赠与、养老金和年金支付，大都得到了法院的认可。尽管这些付出完全是无偿的，但在法院看来，它们与和谐雇佣关系的建立有直接的关系，对于形成员工对雇主的信任以及激励员工高效地为公司服务都大有助益，因之得视为是附属于营业目的的正当行为。此外，劳动关系的改善还经常被扩大解释并出现在有关公司向科研、教学单位捐赠案件的判决中。[②]

---

① 卢代富：《企业社会责任经济学与法学分析》，法律出版社 2002 年版，第 243 页。

② 卢代富：《企业社会责任经济学与法学分析》，法律出版社 2002 年版，第 244—247 页。

英国1973年加入欧洲经济共同体之后，欧共体对社会目标的重视也在一定程度上强化了英国企业对社会责任的态度。英国产业联合会指出，企业作为社会的一部分，应当好自为之，有义务成为社区中的良好公民。20世纪70年代后，一些有识之士纷纷主张强化公司的社会责任，英国产业联合会总干事班汉姆爵士（Sir John Ban ham）指出："公司经营者的首要责任是确保公司成为良好的法人市民。不仅要照料好那些与公司具有直接利益关系的股东、职工、客户和供应商，而且要照料好最广泛意义上的社会公众和环境。"[①] 进入90年代后，公司社会责任在英国受到广泛关注。布莱尔（Margaret M. Blair）在1995年著的《所有与控制：面向21世纪的公司治理探索》中指出："公司并非简单的实物资产的集合，当然，其中包括了股东，并且，权益资本是总体投入组合中极为重要的构成部分之一。但投入并不限于股东。供应商、贷款人、顾客，尤其是企业雇员很可能具备了专业的技能，或称人力资本，这种技能主要对特定的公司具有价值。或者，供应商们可能在一个特殊的位置建起了一家工厂，仅为了满足这家公司的需要。"[②] 同年由英国皇家人文出版社出版了题为《明天的公司》的报告，声称："在未来竞争中能保持成功的公司是那些不再将精力唯一地集中在股东利益身上的公司，是那些不唯一关心财务指标的公司，是那些能顾及到利益相关者的公司，并要用这种方法思考和谈论他们的目的和业绩。"[③] 在近日发布的一份由商业咨询机构Spring point和《市场》公布的一份

---

① Working With the Community - A Guide to Corporate Social Responsibility, in D Clutter buck and Snow (eds) (1990).

② 〔美〕玛格丽·M. 布莱尔（Margaret M. Blair）：《共同的所有权》，载《经济社会体制比较》1996年第5期。转引自邹进文著：《公司理论变迁研究》，湖南人民出版社2000年版，第149页。

③ 《利益相关者的资本主义——不幸的资本主义家庭》，美国《经济学家》1996年2月10日专栏文章。

研究表明，英国企业已经普遍接受了企业社会责任（CSR）的概念，88%的企业“正在积极主动地为创造一个更美好的社会和更干净的环境而做志愿工作”。该调查涉及了120位销售高级经理和管理经理，调查的对象涉及航空、职介、运输、工业、媒体和IT行业。其中大部分是英国知名企业，还有不少是全球知名企业。菲尔拉·吉尔摩尔，Spring point的总裁说，“看来CSR已经成熟了。大量企业已经认识到他们需要担心的不仅仅是简单的经济问题，他们意识到企业对社会应负有更多的责任”。①

三、荷兰、瑞典和欧盟的企业社会责任理论和法律实践

在荷兰，作为企业社会责任运动的重要组成部分，有关职工参与的立法活动最早可以追溯到1950年颁布的《工厂委员会法》。依照该法，雇员在100人的企业可建立工人理事会。工人理事会由职工选举产生，代表企业职工参与企业决策和管理，维护职工合法权益。在此之前，企业中的职工参与是建立在雇佣双方之间达成的协议基础之上的。荷兰职工参与作为一种模式最终形成，则以1971年《结构法》的颁布为标志。按照规定，工人理事会有权推荐监事的候选人，有权否决监事的任命，有权在任命董事会成员之前被事先征求意见。当监事会出现空缺时，由监事会的其他成员在由股东、经营者和工人理事会分别提名的候选人名单中选任，任何一方认为被最终选定的人员不合格，都可以行使否决权，否决的效力如何，由企业法庭作出终局裁决。监事

① 《利益相关者的资本主义——不幸的资本主义家庭》，美国《经济学家》1996年2月10日专栏文章。

会成员无论是由哪一方推荐，都不单纯代表任何一方。[1]

作为世界上人均跨国公司最多的国家，瑞典之所以能够在经济高度发达的同时取得良好的环境效益，很大程度上要归功于企业对社会责任的不断追求。早在30年前，联合国环境大会第一次在瑞典首都斯德哥尔摩召开，环境和社会的持续性发展就成为瑞典国内从政府到民间的核心任务。1999年，瑞典议会通过了一项独特的环境法，详细地描述了瑞典今后在环境方面需要努力的15个领域的目标，从自然资源、水上利用、城建规划和人民健康诸多方面把环保问题具体化。当环保成为举国上下都重视的问题时，环境目标当然也就成了所有瑞典企业在生产和发展中必须考虑的因素。一个单纯有着“漂亮”经济报表的企业如果不能很好地遵守环境法规，在被媒体曝光后，会首先失去股民和投资商的信任，供应商和客户也会因此对未来的合作产生质疑。因此，一个不能承担社会责任的企业是很难在今后的竞争中立足下去的。今天，几乎所有的瑞典大中型企业都有一个专门的部门，负责企业社会责任的实施。2005年5月，瑞典议会出台一部新法律，要求所有瑞典企业在年终报表中除了做财政数据的呈报以外，还必须呈交一份企业持续性发展的报告。报告内容必须包括企业在环境保护、资源利用方面所做的努力及其成果。将环保作为评估企业业绩的方面，是瑞典政府在引导企业保护环境方面做的新的努力。[2]

欧盟各国的情况千差万别，各成员国在公司组织机构设置上、尤其是在对待职工参与问题的态度上存在较大的不同，为了调和欧洲国家法律制度的差异，自20世纪60年代以来，欧共体一直在为趋同各成员国的公司法而不懈努力，先后发布了多项旨

---

① 中国网 http://www.china.org.cn，2006-02-11访问。
② 王洁明：《瑞典企业的“社会责任”》，载《绿叶》2005年第6期。

在消除成员国公司立法上差异的公司法指令，要求成员国付诸实施。就企业社会责任主题而言，特别值得一提的是欧共体《第5号公司法指令草案》(The Draft Fifth Directive on Company Law)。

《第5号公司法指令草案》(以下简称《指令草案》) 最初发表于1972年，其后该指令草案又历经1975年、1983年、1990年、1991年等多次修正。该指令草案的目的是确保以下指导思想的实现：即“股东利益不应再是企业家决策背后的唯一动因。相反，公司的经营决策应当体现出股份有限公司对其构成要素(包括资本和劳动) 乃至全社会所负的责任”。[①]

《指令草案》提出了一套体现职工全面参与的双层制公司机关构造体系，但这遭到了英国等英美法系国家的反对。因为，英国公司法的传统构架是：公司被视为独立的且由其机关控制的法律上的人；股东基于其自身利益的考虑在股东会上行使表决权；董事被置之于公司的信义关系中，其行为必须是为了公司的利益，公司的利益等同于股东的利益，包括职工在内的其他相关者的利益尽管在商事领域得到认可，但不是公司利益的组成部分，因之不在公司法中加以体现。在英国，根本不存在职工参与，工人是一个对抗集团，工人应通过集体谈判的方式而非参与经营的方式来保护其权益。为了调和英国与其他欧共体成员国在公司法观念与制度上的冲突，经过修正后的指令草案为成员国提供了可供选择的两套不同的公司治理结构模式，即双层制和单层制，以及多种职工参与模式，实际上《指令草案》已经成了一个包容性很强的法律文件。[②]

《指令草案》的目的在于协调各成员国公司法有关公司治理

---

① Catherine Barnard, EC Employment Law, John Wiley and Sons, England (1995) P407. 转引自刘俊海：《公司的社会责任》，法律出版社1999年版，第249页。

② 卢代富：《企业社会责任经济学与法学分析》，法律出版社2002年版，第247—249页。

结构的规定，以便为股东和其他利害关系人提供同等程度的保护。目前，该指令草案尚未获得各成员国的批准，一旦《指令草案》生效，凡超过1000人的欧盟公司，都要建立职工参加公司机关制度，这对于促进各成员国的企业社会责任运动，无疑具有重大意义。①

四、日本的企业社会责任理论和法律实践

日本有关公司社会责任理论最早是经济学界于20世纪40年代到50年代提出的，有“有限性社会责任论”、“扩大的社会性责任论”两种观点。有限性社会责任论认为，提高利润是企业的社会性责任，决不能放弃这一责任。同时指出，如果存有纯粹公共利益的话，则将所有的东西，都可转变为企业自身的利益，而成为经营者的社会责任。这种观点很狭隘地将社会利益演变成个人利益，认为在完成了个人利益的同时就是完成了社会利益，认为利润具有社会性机能。所以，这种观点也被称为利润社会性机能论。而扩大的社会性责任论则显得很豪迈，认为企业的社会责任，已经超出了所谓朴素的企业自身公共服务论和利润的社会性机能论，而带有直接过问企业所处的社会经济环境的责任的性质，甚至指出企业经营者“必须学会具有国民社会整体意识和远见”、“必须具有解决国民问题的气概，投入于根除社会积弊的行列”、“协助政府稳定通货膨胀，并致力于自我吸收成本上升部分”等。② 从历史背景上看，18世纪近江商人就提出了“卖方、买方、社会”三方都好的理念；明治维新时期日本的企

---

① 刘俊海：《公司的社会责任》，法律出版社1999年版，第250页。

② 〔日〕金泽良雄著：《经济法概论》，满达人译，甘肃人民出版社1985年版，第151页。转引自王妍：《企业社会责任及其法理学研究》，载《哈尔滨工业大学学报（社会科学版）》2001年第3期。

业明显地抱有一种“报德思想”，二官尊德提出“社德合一”，即“事业在自己得利的同时，必须给国家和社会带来实惠”。20世纪以后，围绕公害、环境和物价滥涨以及石油危机等问题，松下幸之助等杰出的企业家又积极地倡导企业必须承担起社会责任，并于1956年召开经济同友会全国大会，通过了经营者必须自觉履行社会责任的决议《经营管理人员社会性责任的觉醒和实践》。决议提出，今天的企业，本已摆脱了单纯朴素的私有领域，而作为社会制度有力的一环，其经营不仅受到资本提供者的委托，而且也受到包括提供者在内的全社会的委托。进而提出，必须将企业利益与社会利益作出协调，企业应承担社会责任，“只有这种形态的企业经营才能称为现代化的企业，而所谓经营者的社会性责任也就不外是要完成这个任务”。[①] 日本的企业家认为，在当今人类的社会活动过程中，除了战争，工业企业的生产经营活动是占用社会资源最多、对环境影响最大的实践活动，企业在占用社会资源的同时必须给社会回报，以争取社会的支持与理解，为企业创造长远发展的环境。另外，政府的大力倡导也是日本企业重视企业社会责任的原因之一。日本政府把推进企业落实社会责任作为重要内容，由经济产业省具体负责推进和实施。如通过社会调查向企业提供社会需要等情报，对企业落实社会责任的情况进行监督等等。

日本企业在履行社会责任时突出强调五点：一是企业履行社会责任的最主要内容，就是切实实现股东和雇员（员工）的利益。二是企业履行社会责任的直接外在表现，就是为社会公众提供最好的商品和服务。三是在可能的条件下，最大限度地促进所在地区和国家的社会繁荣。四是遵守法律法规，做到及时向社会

① 〔日〕金泽良雄著：《经济法概论》，满达人译，甘肃人民出版社1985年版，第137—138页。

公布企业信息，保证经营活动的公开和透明。五是把企业发展同造福人类、保护环境、建立循环型社会统一起来。[①]

进入21世纪以后，经济同友会又把企业的社会责任提到了重要的议事日程，于2004年5月改定通过了《日本经团联关于企业行动宪章》，提出了10条企业行动准则，使企业落实社会责任的工作进一步得到强化。正是由于长期以来一些杰出的企业家的积极倡导和实践，形成了日本企业自觉履行社会责任的文化传统，这一传统引领着日本企业的发展方向，把企业使命与社会责任统一起来，成为日本企业文化发展的一个趋势。

第三节　我国企业社会责任的演进和现状

中华民族在几千年的历史发展长河中涌现出许多讲伦理、重道德的思想，伦理经营、诚信经营的理念渊源已久，“勤俭、敬业、诚信、廉平、礼仪”不仅是中国古代商业伦理的基本规范，也为当今企业社会责任的发展提供了有价值的启示。朱熹所提倡的“天人合一”系统观点正是强调企业成长及经济发展过程中对环境、对社会的责任感。“天只教我饥则食、渴则饮，何曾教我穷口腹之欲”、“世道唯人与我”等观念则强调了经济发展过程中对待他人、对待社会的态度，隐含了“君子爱财，取之有道”的思想。明清晋商讲究见利思义，“仁中取利真君子，义内求财大丈夫”，创设了“财自义生”、“因义取财”的商业经营理念。这种“义以制利，义中取利”的交换原则在长期的商业活动实践中内化为中国古代商人内在的行为准则，积淀成“遵法

① 企业文明：日本企业文化建设的六大特点，吉林信息港 http://www.jl.cninfo.net，2005－12－20访问。

守规、尽职修业、货真价实、讲求信誉”的优良传统。这些传统不仅以原则规范的形式存在于商人的职业实践中，而且植根于广大人民的心灵，并产生广泛的社会影响。正是凭借着这些思想与理念，晋商在其近500年的历史实践中以其勤劳、智慧传承富裕、文明，足迹遍布华夏，曾称雄国内商界五个多世纪，一度雄踞徽商、粤商等十大商帮之首，长期执掌内外贸易之牛耳，以雄财善贾而饮誉海内外。①

综观我国建国以来企业的发展，在企业承担社会责任这一问题上，表现出明显的曲折性，或者重视社会责任到了企业办社会的程度，或者忽视企业社会责任，将社会责任统统推给政府和社会。企业是否有必要投入成本来履行社会责任，一直是企业经营者和学者们争论不休的话题。事实上，企业和社会是不可分割的两部分，企业完全追求利润最大化与完全履行社会责任都是不现实的，企业更多的时候是在自身利益和社会责任之间寻找平衡点。

一、我国企业社会责任的演进

以1978年改革开放为分界，我国的企业社会责任发展历程大致可以分为两个阶段：第一阶段时间大致从建国后到改革开放之前，在计划经济时代；第二阶段从1978年到现在，这一阶段又可以90年代中期为界分为两个小阶段。

第一阶段：这一时期不存在真正意义上的企业，不存在独立的企业利益，也没有企业社会责任的概念。作为社会中的主要生产经营者的企业被视为单纯执行国家经济计划的工具和实现社会

---

① 张晓：《晋商商业伦理道德及其现代价值》，载《生产力研究》2005年第5期。

福利的场所。企业表现为政府的附属品，企业的资本结构是单一化的政府资本，企业的运行均来自政府指令，企业的成本、盈利是行政含义的而非市场含义的。因此，政府对社会的管理和控制一一转嫁到企业来实现，一个企业就是一个小社会，工人一旦进入了某一企业，一生就有了“保障”。企业对职工承担着本应属于政府承担的所有社会保障职能，并且还要负责举办幼儿园、中小学校、医院等公益机构以及生活后勤服务等机构。“企业办社会”以及企业吃国家的“大锅饭”便是当时的真实写照。

可见，计划经济时期，政府就是一个大企业，企业实际上是政府组织的一部分，企业不仅是生产组织和经济组织，更是行政组织甚至教育组织。计划经济体制下，社会的方方面面都是政府掌控，表面上不存在企业承担社会责任的问题，但事实上企业承担着繁重的社会责任，而且这与今天我们所讨论的企业社会责任完全不是一个概念。所谓“企业办社会”是指在计划经济体制下，国家将企业看成是一个行政单位，企业对每一个员工承担了本来应该由社会承担的福利功能；而企业社会责任则是指在市场经济条件下，企业的经济功能与社会功能相剥离的前提下，企业有目的、有计划地主动承担对员工、消费者、环境和社区的社会责任，实现企业利益和社会发展的“双赢”。

随着经济体制改革的深入和计划经济在中国的解构，政府在社会中的全能角色也在发生变化。国有企业与政府逐渐分离的同时，企业身上所肩负的许多社会责任也在不断地推卸，许多国有企业已经将职工养老金发放交给了社会，不少厂属学校、医院、服务机构也实现了社会经营。对国有企业来说，二十多年来变革的表现主要是企业减负，因为只有进行这种变革，国有企业才能轻装上阵，才能具有市场竞争力。从整个趋向看，经过多年的改革，随着外资企业、乡镇企业、个体和私营企业的蓬勃发展，我国企业的所有制结构由公有制一统天下的格局演变为多种所有制共存的格局，企业的社会责任基本由公有制企业承担的格局演变为由各种所有制共同承担。国有企业逐渐走上独立经营的道路，计划经济下形成的“企业办社会”现象逐渐消失。

第二阶段：改革开放以后，政企分开使国有企业建立了现代企业制度，资本结构的多元化使私营企业、合资企业蓬勃发展。随着经济体制改革的深化，企业逐渐成为自主经营的经济主体，企业以及股东的权益受到充分的尊重。然而，在完成这一转变后，企业究竟还应否承担社会责任这一问题却一直未引起足够的重视。由于对计划经济时代“企业办社会”的弊端记忆犹新，企业应否承担社会责任这个在成熟市场经济国家早已定论了的问题，却长期令中国的企业家和学者们困惑不已。不少人认为，目前我国市场经济不发达，要求企业履行社会责任不合时宜。中国现阶段的主要问题是鼓励竞争，追求效率，而不是强化企业社会责任。实现最大限度的盈利是企业唯一的追求，千方百计地降低成本是企业管理的重点和关键。

从 1978 年到 20 世纪 90 年代中期，这一时段的中国企业处于起步阶段，企业追求的是暂时的生存而不是长期的发展，无论当时的宏观环境、市场秩序还是企业家素质，都使得企业表现出较强的短期性，企业经营重视对自身的贡献，忽视对社会、对环境的影响。因此，表现在承担社会责任方面，突出对股东责任的重视，对管理层责任的重视，表现出对政府（纳税、就业）责任的淡化，对社会（社区关系、慈善）责任的忽视，对环境（排污、能耗）责任的摆脱等等。①

20 世纪 90 年代中期以后，一方面，国内市场经济秩序的日趋完善，国际全球经济一体化的格局初步形成；另一方面，社会

---

① 赵连荣：《我国企业社会责任的演变与趋势》，载《企业改革与管理》2005 年第 2 期。

主义市场经济的发展造就了一大批有竞争力的企业和企业家，与国际经济的接轨使我们的企业与企业家感到了与发达国家之间的差距，企业发展到一定阶段出现的停滞更带给企业与企业家以思考。很多企业和企业家开始关注企业社会责任问题。学术界也开始对企业社会责任问题给予关注，并进行相关的研究和探讨。

随着中国市场化的改革不断深化特别是加入 WTO，中国经济正式介入经济全球化，企业的社会责任运动在中国也逐步开展起来。全球 500 家大公司已有三分之二以上在中国设立了企业或机构，中国正在成为“世界工厂”。跨国公司的“工厂守则”运动，目前已在中国启动。包括麦当劳、瑞步、耐克、迪斯尼、沃尔玛等公司在内，相继开始旨在对于公司的中国供应商和分包商实施以劳工标准检查为内容的社会责任运动，一些公司还在中国公司内设立了相关的社会责任部门，并委托有关公证机构，作为审核机构对于中国的供应商和分包商的企业劳工标准执行状况进行监督审核。从事企业社会责任认证的国际组织，也相继在中国登陆。从 20 世纪 90 年代中期以来，中国沿海地区的数千家作为跨国公司供货商的企业，已经接受过跨国公司的社会责任检查。[①]

尽管在我国东南沿海省份已经有越来越多的企业介入企业社会责任运动，但从我国企业社会责任的实施效果来看，虽然通过劳工标准检查，使得劳工权益保护在企业和社会的范围内，获得了更加广泛和深入的社会认知，但是这一运动在实际当中对于提高劳工标准和保护劳工权益的作用是有限的。一些厂家为了获得订单而应付检查，使得劳工标准的监察认证中存在着严重的形式主义甚至弄虚作假的问题。有相当一部分的企业为了通过检查认

① 赵连荣：《我国企业社会责任的演变与趋势》，载《企业改革与管理》2005 年第 2 期。

证而不惜向检查认证人员提供作假的工资单和工作时间记录，甚至威胁工人必须按照企业规定口径回答检查认证人员的询问。造成这种状况的原因，就社会条件说来，企业社会责任运动作为一种外来的运动，并未融入中国的劳资关系调节体系，目前只是企业与客户或供货商与跨国公司之间的经济行为。作为中国企业，是为了获得订单而不得不接受的行为。作为跨国公司，在更大程度上是为了维护自己的社会形象。所以，目前的社会责任运动在中国具有更多的商业性质和商业目的，致使这一运动的实际效果大打折扣。①

总之，20 世纪 90 年代中期以来，我国的企业特别是走向国际的企业对社会责任有了一定程度的重视，但从整体上看，我国企业对社会责任的认识与国际上还存在着不小的差距，对社会责任在认识上、实践上表现得千差万别。

二、我国企业社会责任的现状

考察我国企业承担社会责任的历史，不难发现，在传统计划经济体制下，企业实为政府的行政隶属物，其结果是：一方面，企业承担着大量的本应属于政府或社会的责任；另一方面，企业对本应由自己承担的社会责任却没有很好地担负起来，如企业的盈利目标和资产的保值增值目标。改革开放以来，上述情况虽有所好转，但又出现了新的、更复杂的问题。对投资者、债权人、消费者、企业职工、政府这些强制性的社会责任虽然较为明确，但是企业为了自身的利益，侵吞投资者资产、拖欠债款、销售假冒伪劣商品、损害职工福利、偷税漏税等逃避社会责任的现象仍

① 常凯：《经济全球化与企业社会责任运动》，载《工会理论与实践》2003 年第 4 期。

时有发生。而对社会，诸如慈善捐助、安置职工就业、保护生态环境等自愿性社会责任则较计划体制下甚至更为弱化。[①] 有些企业只追求自身的经济效益，只看到企业社会责任给企业造成社会成本的负担，而没有看到企业社会责任给企业提供的发展机会，将企业应尽的社会责任推向政府、推向社会。在我国社会主义市场经济体制还未完善、社会保障体系尚未健全的情况下，其结果是造成了许多企业政府两不管的"真空状态"。

目前，对于企业社会责任所包含的内容，比较统一的认识是，企业社会责任包括企业基本的法律责任和高层次的社会道德责任。即企业不仅要谋取利润并分配给股东；以合理的价格为消费者提供合格、优质的产品；支付员工合理的劳动报酬；保障员工基本的生产安全、职业健康等合法权益；遵纪守法、照章纳税等，还要高度关注它赖以生存、并将继续向其索取财富的社会；不为一己之利而破坏环境；不因急功近利而浪费能源、资源；遵守商业道德、诚信经营、公平竞争，不提供虚假信息误导消费者和欺诈股民；保护弱势群体，关心社区乃至整个社会公益事业；促进经济与自然、企业与社会的健康、协调、持续发展。[②]

事实上，改革开放30年来，我国在经济发展取得巨大成就的同时，也付出了较大的社会成本，企业单纯追求经济效率导致了大量社会问题的产生。像生产安全、职业健康、劳资纠纷、超时加班、浪费资源、破坏环境等问题，在我国企业界普遍存在。突出表现为员工的生产安全和职业健康缺少保障；逃避社保缴费以及政府税收；超标排放，污染环境；唯利是图，假冒伪劣；误导消费，欺诈消费者；缺少诚信，提供虚假信息，诱骗股民；自

① 宁凌：《企业社会责任的经济、社会学分析及我国企业的社会责任》，载《南方经济》2000年第6期。

② 中国可持续发展工商委员会秘书处：《履行企业社会责任，维护社会可持续发展》，载《劳动保护》2005年第6期。

私自利，社会良知淡漠，对公益事业漠不关心；垄断经营，牟取暴利；急功近利，竭泽而渔等，均暴露出一些企业在履行社会责任上的严重缺失。

有关企业忽视社会责任的报道近年来也是频频见诸于各种媒体：《工人日报》曾报道，仅 1998 年在广东某市的外资企业打工的工人，一年里就被机器切断了 10000 多根手指。在一些企业里，工人每天在粉尘飞扬的车间工作达 16 小时，在闷热如蒸笼的宿舍里睡眠不足 5 小时的情况极为平常。在很多工厂，工作环境危机四伏，有毒化学品、火灾隐患、工伤事故处处都有；很多工人不清楚自己有休息的权利；外资企业、私营企业中有很多企业没有与员工签订劳动用工合同，员工在遇到如职业病、欠薪、辞退等问题需要投诉时，找不到任何凭据；拖欠农民工工资更是已成社会公害，以至于发展到国务院温家宝总理亲自出面为民工追讨工资的局面。社会学家们尖锐地指出，国内有为数不少的工厂已经沦落为“血汗工厂”！

此外，产品责任事故频频曝光，如一度泛滥安徽阜阳农村市场的“无营养”劣质婴儿奶粉，使 200 多名婴儿严重营养不良，成为头大、嘴小、全身浮肿的“大头娃娃”，十多名鲜花般娇嫩的幼小生命因食用劣质奶粉而死亡。环境污染事件也时有发生。有的企业环境污染严重，大肆排放有害物质，导致附近水域不能饮用，鱼虾绝迹。2004 年 2 月到 3 月，川化公司违规技改并试生产，将氨氮含量超标数十倍的废水直接排入沱江，导致沱江生态环境遭受严重破坏，内江、资阳等沿江城市近百万群众饮水中断达 26 天，直接经济损失约 3 亿元，需 5 年时间才能恢复到事故前水平。事后，川化集团被四川省政府罚款 1100 万元，用于渔业损害赔偿。[1] 因忽视安全造成的事故也时有发生。2004 年全国共发生各类事故 803571 起，死亡 136755 人，平均每天死亡 374 人。近年来煤矿安全事故更是触目惊心。2003 年全世界产煤约 50 亿吨，死亡约 8000 人。我国产煤 17.6 亿吨，死亡 6702 人。产煤量占全世界总量的 35%，而死亡人数占了全世界总量的近 80%。2004 年全国发生死亡 30 人以上的瓦斯事故 7 起，陕西铜川陈家煤矿特大瓦斯爆炸造成 166 人遇难，多人受伤；河南郑煤集团大平煤矿特大瓦斯事故造成 148 名矿工遇难。可见，中国是世界上煤炭生产最多的国家，也是矿难最多的国家。[2] 此外，职业病人数总量大，发病率高，经济损失大，社会危害面大。传统的职业病危害尚未完全消除，新的职业病危害又不断产生。有些企业老板为了逃避员工职业病造成的法律责任，三个月就换一批员工，当员工的职业病或职业中毒发作的时候，他们已经离开了原来的企业，又没有任何凭据，给职业病和中毒事件的认定造成了很大的难度。第十届职业性呼吸系统疾病国际会议披露，目前，我国有毒有害企业超过 1600 万家，受到职业病危害的人数超过 2 亿。我们的国家和社会正在为企业缺少社会责任付出沉重的代价。

总之，中国目前的企业社会责任状况不容乐观，对于诸多企业而言，如果不改变依靠牺牲劳动者利益、环境利益而换取经济高速增长的行为模式，将会影响我国正常的经济秩序和社会稳定，造成新的两极分化，而最终受到伤害的是包括企业本身在内的整个社会的利益。[3]

---

① 顾功耘、王丹：《略论现代企业的社会责任》，载《上海商业》2005 年第 3 期。

② 李立清、李燕凌著：《企业社会责任研究》，人民出版社 2005 年版，第 258 页。

③ 王大超、张丽莉：《中国企业社会责任现状与提升措施》，载《北方论丛》2005 年第 2 期。

笔者认为，20 世纪 80 年代以来我国的企业改革过分偏重对效率的追求，对企业社会责任没有给予应有的重视，缺乏协调发展意识。经济增长、技术进步固然是人类的追求，但它们只具有工具和手段意义，社会发展的最高价值追求是公平与公正，而不是以牺牲社会和谐为代价所换取的经济效率。欧美企业过去一向将“弱肉强食、利润至上和股东第一”奉为圭臬，如今，“成为一个对社会负责的公司”却是许多欧美公司的座右铭。就连世界著名的《财富》和《福布斯》商业杂志，在每年“世界财富500 强”企业排行榜评比时，都加上了“社会责任”这一标准，这足以见得西方社会对企业社会责任的重视程度。对于我国的企业来说，如果不重视社会责任，直接受害者会是我们国家劳动者的安全和健康，是我们整个国家的可持续发展和构建和谐社会的大局。

中国大多数企业的发展仍然处在一个急功近利的历史阶段。如何摆正企业与社会的关系，如何发挥企业的社会责任，企业到底应该肩负起哪些社会责任，面对这些问题我国企业还茫然无知。从国际经验看，企业社会责任提出，主要是为了解决资本与公众的矛盾，是为了解决企业与消费者的矛盾。企业如何牟利，如何与消费者争利，不仅需要法律保障，更需要一定的思想道德境界来保障。企业要不要承担社会责任，承担多少社会责任，还取决于体制因素。我国企业社会责任的承担以政府变革的程度而定。如果在经济体制上仍然实行计划经济，那么企业的社会责任既是无限的又是有限的；如果中国社会仍然是一个“大政府、小社会”的模式，那么企业的确不需要承担多少“社会责任”；如果政府向着“小政府、大社会”的方向变革，那么企业所承担的社会责任必然加大。因此，我国企业社会责任发展前景在很大程度上取决于政府的改革方向。

目前，在我国缺乏推进履行企业社会责任的社会基础和各种社会力量的情况下，企业对其社会责任的承担，不能完全寄希望于企业家的自我觉醒和良心发现。它需要政府积极的引导和推进，从而使企业认识到自身的社会责任。国家应推进企业社会责任法制化，强制企业承担基本的社会责任，建立企业社会责任监督管理和评价体系，加强企业社会责任的宣传、培训教育，引导企业关心社会问题，提高社会责任意识。

第二章　企业社会责任的性质、特征和内容

第一节　企业社会责任的性质

本书第一章第一节已述及，企业社会责任到目前尚无统一、明确的定义，但在企业社会责任的倡导者对“企业社会责任”含义所作的种种表述中可以发现，企业社会责任思想的精髓在于企业经营活动必须考虑非股东利害关系人的利益，这是对传统“股东至上主义”企业观念的修正，反映了在企业经营活动日益社会化的条件下，人们对企业对于社会利益天然的“侵略性”的警惕和抑制这种侵害性的强烈要求。然而，前述关于企业社会责任的定义有一个共同的局限性，即没能超脱伦理、道德的层面来认识企业的社会责任，只是宽泛地认为企业不能以利润最大化为唯一目标，企业应该对社会负有责任。① 笔者认为从法学的角度研究企业社会责任，应突破道德的层面对企业社会责任作出恰当的界定，首先必须要回答的一个问题是：企业社会责任的性质是什么？这种责任是道德性的还是法律性的？即企业社会责任是道德责任还是法律责任？

---

① 李平龙：《超越道德教化：公司社会责任法律内涵解读》，载《社会科学家》2005 年第 1 期。

一、对企业社会责任性质的不同认识

在中国语言文字中，对责任的解释是多义的。按照《汉语大辞典》的解释，责任的含义有三：一是使人担负起某种职务和职责；二是指分内应做的事；三是由于做不好分内应做的事，因而应该承担的过失。简言之，任职、分内事、因过失而受查处是责任的三层基本含义。

“责任”一词在英文中对应的词是 Responsibility，包含以下两层含义：一是一种尽责的品质与状态，一方面是指在道德上、法律上与精神上的尽责，另一方面指可靠的、可信赖的；二是担负责任的事情，主要是从分内事的角度说明责任是一种精神状态，是一种具体负担。在英文关于责任的含义中，除了没有因过失而受处分这层意思外，其他与中文对责任的解释是一致的。

按照法学意义上的解释，责任一词包含两个方面的语义：一是关系责任；一是方式责任。前者指一方主体基于他方主体的某种关系而负有的责任，这种责任实际上就是义务；后者为负有关系责任（即义务）的主体不履行其关系责任所应承担的否定性后果。①

在著名的德国经济伦理学者乔治·恩德勒主编的《经济伦理学大辞典》中，对责任条款作了较详细的阐释：责任的归属以行为者、行为及双方之间的一些特性为前提，主要表现如下：行为者的特性是行为者必须有责任能力，而此种责任能力以行为主体意志自由为前提；行为的特性表现为遵循或违反道德规范都属于责任范围，而这种责任又包括三种情况：消极的义务（此义务要求行为不直接伤害他人）、严格的积极义务（此义务要求

① 张文显主编：《法理学》，法律出版社 1997 年版，第 143 页。

履行已经承担的角色义务）、广义的积极义务（此义务倡导行善）。在此三种义务中，消极的义务是普遍适用的，它表达了社会群体赖以生存的最低界线；在形式上，严格的积极义务也是普遍适用的，而它的内容则依据不同的文化与角色发生变化，并且受社会变迁的制约，严格的积极义务要求行动而不是单纯的不做；而广义的积极义务不具有严格的约束力。所以，只有违反了不可违反的消极义务，以及不努力和不主动地履行严格的积极义务，而不是忽视广义的积极义务，才可以说是有责任。[①] 笔者认为，乔治·恩德勒的三种义务说很接近目前大多数学者对企业社会责任性质的理解，在乔治·恩德勒所说的三种义务中，消极的义务和严格的积极义务是已被逐渐法律化了的那部分社会责任内容，是企业社会责任中的法律义务，其中包含部分法律化了的道德义务；而广义的积极义务，则是尚未法律化的高于法律要求那部分企业社会责任内容，是纯粹的道德义务。

由于对“责任”一词的不同理解，学者对企业社会责任的性质和概念界定也就呈现出纷繁复杂的情况。

一种观点认为，公司社会责任，是指公司及公司机关的成员在作出经营决策，以及在经营活动中所负有的不威胁、不侵犯社会利益的义务，以及违反此种义务而应向社会公众承担的第二性义务，并以不利后果为表现。也就是说，企业社会责任从内容上分为两个递进的层次：第一层次，由法律所规定的公司对社会应做的事，即法律义务。具体而言，是对社会公众负有的不威胁、不侵犯社会利益的义务，简称社会义务，这是一种消极义务。第二层次，由于公司威胁、侵犯社会利益而应承担的第二性义务，既可能是补偿性的，也可能是惩罚性的，表现为对责任主体的一

① 周勇：《论责任、企业责任与企业社会责任》，载《武汉科技大学学报（社会科学版）》2003 年第 4 期。

种不利后果，它表明，公司社会责任是一种对公司违法行为的纠错机制。①

上述观点起码存在以下问题：第一，此观点实际上仅将企业社会责任理解为法律责任，这样界定企业社会责任，范围太过狭窄，无法涵盖企业社会责任的全部内容，也与事实不符。第二，其界定公司社会责任包含了两个内容：义务（第一性义务）和不利后果（第二性义务），易造成“义务”与“法律责任”的混同。第三，将第一层次的内容即法律义务（第一性义务）界定为：“公司负有不威胁、不侵犯社会公共利益的义务。”过于消极，降低了企业社会责任的价值意义。企业不仅负有不威胁、不侵犯社会公共利益的消极不作为义务，更有维护和增进社会公共利益的积极作为义务。后者才是企业社会责任的真谛。第四，尽管违反第一性义务将产生某种道义上的甚至法律上的否定性后果，但依各国学者的理解，第二性义务并未纳入企业社会责任这一范畴。可以说，企业社会责任中的“责任”仅指“第一性义务”，这在学界和实务界都是一个无可置辩的定论。②

另一种观点认为，企业社会责任是不同于企业经济责任、企业法律责任与企业道德责任的一种企业责任。美国学者布鲁曼是这种观点的主要代表人物之一。布鲁曼把企业责任划分为四种：一是企业经济责任。这是企业传统的与固有的责任，是指企业所负有的谋求股东利益最大化的责任。二是企业法律责任。这是指为法律所明定的企业义务。三是企业道德责任。四是企业社会责任。对于企业社会责任的界定，布鲁曼认为必须有一个“合理边界的存在”，也就是说，企业社会责任的界定必须承认和尊重

① 李平龙：《超越道德教化：公司社会责任法律内涵解读》，载《社会科学家》2005年第1期。

② 卢代富：《企业社会责任经济学与法学分析》，法律出版社2002年版，第97页。

其他类型的责任。[1]

国内学者中也存在类似的观点，认为企业社会责任是企业除经济责任、法律责任之外的“第三种责任”，它是企业在社会领域内对自身行为后果的“回应义务”。企业社会责任最本质的特征在于它的“内生性”，即这种责任是由于企业在社会领域内自身行为所引起的必然结果，而非任何外在压力推促下的企业义务。……企业的社会责任和经济责任、法律责任是同时存在的，且是企业必须承担的责任……[2]这类观点不能说完全没有道理，问题在于他们将企业经济责任、法律责任和企业社会责任看作是并列的、不同的责任，这显然存在一定的不合理性。而事实上，现代法制社会，大部分经济责任都表现为法律责任，并且道德责任与法律责任之间具有部分的包含关系，难以截然分开。

还有一种介于广义和狭义之间的观点。一方面，此观点赞同企业的社会责任中包含企业的经济责任、企业的法律责任、企业的道德责任与企业的慈善责任四种责任。认为这四种企业责任中，企业的经济责任与企业的法律责任体现的是社会对企业的要求；企业的道德责任体现的是社会对企业的期望；企业的慈善责任体现的是社会对企业的向往。另一方面，它又与广义的企业社会责任观不同，并不把企业社会责任与企业经济责任、企业法律责任置于同等重要的地位。而是将企业社会责任内涵分为两个层次，即基础层次的企业社会责任与高级层次的企业社会责任。基础层次的企业社会责任，是指企业的经济责任与企业的法律责任，它们体现的是企业社会责任的他律层次，是企业社会责任中的基础层；高级层次的企业社会责任，是指企业的道德责任与企

① James J Drummer, Corporate Responsibility and Legitimacy, Greenwood Press, 1991, pp. 19—30.

② 李立清、李燕凌著：《企业社会责任研究》，人民出版社 2005 年版，第 30 页。

业的慈善责任，它们体现的是企业社会责任的自律层次，是企业社会责任的核心层次。因此，企业社会责任，是指基于一定的经济责任与法律责任的企业道德责任与慈善责任，是企业在遵守法律要求而谋求利润最大化的前提下，所应担负的道德上的义务。这一观点实际上最终和狭义的企业社会责任观一样，将企业社会责任归结为道德责任。

持有类似观点的学者，还有管理学者斯蒂芬·罗宾斯与玛丽·坎特。他们认为，企业社会责任，是指超过法律和经济要求的、企业为谋求对社会有利的长远目标所承担的责任。[①] 他们区分了社会责任与社会义务，认为一个企业只要履行了经济责任与法律责任，就算履行了社会义务，而社会责任则是在社会义务的基础上加上了一个道德责任，它要求企业分清是非并遵守基本的道德准则。

二、企业社会责任的实质是社会义务

由上所述，我们发现，对于企业社会责任性质的界定在学术界存在较大的争议。归纳起来，主要有两种观点：广义的企业社会责任观和狭义的企业社会责任观。广义的企业社会责任观认为，企业社会责任包括企业责任的所有内涵，即包括企业的经济责任、法律责任、道德责任与慈善责任，而且这些企业责任处于同等重要的地位。这一观点的问题是，对企业社会责任的范围界定过于宽泛，而且这样的企业社会责任界定不符合理论家们与实践家们当初提出“企业社会责任”这一术语的初衷，也不符合历史事实。使得企业社会责任这个术语的存在变得毫无特别的意

① 〔美〕斯蒂芬·P. 罗宾斯著：《管理学》（第四版），孙健敏译，中国人民大学出版社 1998 年版，第 94 页。

义。而狭义的企业社会责任观，要么将企业社会责任看作是单纯的法律责任，要么认为企业社会责任仅仅是指企业责任中的道德责任与慈善责任，而不包括企业的经济责任与法律责任。

笔者认为，将企业社会责任看作是单纯的法律责任或者单纯的道德责任都存在一定的问题。事实上，企业从一开始，就处于一种法律的规制状态，而任何的法律规制无不体现出一种社会利益和个体利益之间的价值平衡。由于立法者和制度的设计者已经将社会责任内化为企业的法律责任，例如产品责任、环保责任等，如果不承担这部分社会责任，则意味着已经违反了游戏规则。如果仅将社会责任界定为法律责任，就不存在该不该承担的问题，从这一意义上可以说，不存在不承担任何社会责任的企业。如果把企业社会责任仅仅看成单纯的道德责任和慈善责任，是对企业的“软约束”，则企业社会责任问题也就成为一种倡议性的口号，缺乏一种强制落实的力量，使企业社会责任成为仅靠企业或企业家的良心实现的道德神话，没有实施和落实的手段与途径。没有法律的强制保障，企业的道德责任与企业的慈善责任就失去了实现的基石，也就成为无意义的空中楼阁式的空谈。同时，这种观点也忽略了世界各国在企业社会责任方面的法律实践，无视许多传统的企业道德责任内容已经法律化的事实。

笔者比较同意如下观点：企业社会责任有广义和狭义之分，广义上的社会责任包括含有社会利益内容的法定责任和含有社会利益内容的道德责任。法定的社会责任，是指由法律、行政法规明文规定的企业应当承担的对社会的责任。如《产品质量法》规定生产者、销售者应保证其生产、销售的产品的质量；《环境保护法》规定排污者承担污染治理和缴纳排污费责任；《劳动法》、《消费者权益保护法》等法律法规对企业承担社会责任的最低限度的要求。如果企业违反法定的社会责任，则应当承担相应的法律后果。道德的社会责任，是指虽然没有法律的直接规定，但道德伦理要求企业承担的对社会的责任。道德责任一般不能以强制手段保障履行，但由于这些责任合乎在人们心中根深蒂固的道德观念，所以容易被那些注重商业道德的公司（企业）自愿、主动地予以采纳。同时，强大的舆论压力也会迫使企业不得不承担相应的道德责任。由于法律规定不能包罗万象，面面俱到，道德的社会责任便成为法定的社会责任的必要补充，二者相互依存，相互促进，共同构成整个的企业社会责任。①

与广义的企业社会责任相对应，狭义的企业社会责任仅仅指企业根据伦理道德对社会所承担的责任，也就是道德责任。然而，众所周知，这种道德责任如果仅仅由没有法律强制力的道德规范来调整的话，那么它仅具有一种宣示性的意义。因此，将最基本的道德法制化，是企业社会责任本身的要求，也是从法学上研究企业社会责任的意义所在。正如有学者所言，公司社会责任概念，其本身，基本上虽是道德性的抽象观念，但在学术研究上仍应该请求如何将之具体落实的办法，否则将沦为纯粹道德化的诉求，免不了终致落空成为一项口号而已。②

本书采用广义的企业社会责任观，认为企业社会责任包括含有社会利益内容法律责任和含有社会利益内容的道德责任，两部分共同构成企业社会责任的完整概念。

综上所述，笔者认为企业社会责任实为企业的社会义务，包括法律意义上的义务和道德意义上的义务。企业社会责任的性质是社会义务，并不是说企业社会责任对企业是一种外在的、强加的社会负担，而是指企业社会责任表现为企业对社会的义务。企业不履行法律意义上的社会责任，要承担法律上的不利后果，如

① 刘素芝：《浅析强化公司社会责任的机理》，载《湖南省政法管理干部学院学报》2002 年第 6 期。

② 刘连煜著：《公司治理与公司社会责任》，中国政法大学出版社 2001 年版，第 8 页。

民事责任、行政责任等；企业不履行道德意义上的社会责任，则只能承担道德上的不利后果，如社会舆论的谴责、企业声誉下降等。因此，从法学角度探讨研究企业社会责任问题，主要是要探讨企业社会责任法制化的问题，厘清企业社会责任中法律责任和道德责任的边界（这个边界是动态的、变化的），搞清应将哪些道德责任纳入法律调整范围，以及用何种法律机制和手段具体落实企业社会责任。

第二节　企业社会责任的特证

历史地看，责任是人类社会组织为了生存和发展，在劳动与协作过程中产生的。责任与社会并存，是人类社会历史发展的结果。企业社会责任是企业作为主体在社会生活中应该承担的社会义务。当然，从整个社会组织结构的角度考虑，企业是众多社会组织中的一员，企业没有必要也不可能行使所有社会组织的功能，企业存在的意义与价值在于企业作为社会组织的一员，承担其应负有的社会责任。本文认为，企业所应承担的社会责任具有以下特征：

一、企业社会责任是股东利益最大化理念的修正

企业社会责任是对传统的股东利益最大化企业理念的修正。企业社会责任企业是内生的，是企业经济利益的要求，不是一种外在的、强加的社会负担。现代企业制度的确立，改变了整个社会结构，确立了企业在整个社会经济中的主导地位。一方面，企

业的出现改变了社会生产的组织形式，使生产力的各个要素以不同于以往的方式在企业里面结合起来并发挥巨大的作用，从而使企业成为提供社会生存条件的最主要的方式与途径。另一方面，由于企业的存在，使得在企业中工作与生活成了人们的最基本的生存方式，或者说，企业成为个体生存的重要条件。从这些意义上看，企业承担着使现代社会存续与发展的重大使命。[①] 然而，传统的企业和企业法以股东利益为出发点，认为最大限度的盈利从而实现股东利润最大化是企业最高的、唯一的目标。企业社会责任则以社会利益为出发点，认为企业的目标并不唯一而应该是二元的，除实现股东利益外，还应尽可能地维护和增进社会公共利益。对企业来说，股东利益和社会利益任一目标都受到另一目标的约束，二者在相互制约的条件下实现各自的最大化，企业在目标上便能够达到一种均衡状态。“对社会负责并非意味着企业必须放弃其传统的经济使命，也不意味着对社会负责的企业比社会责任感相对较差的企业不具有相同的营利能力。社会责任要求企业在可获得利益与取得利益的成本之间进行权衡”。[②]

显然，企业社会责任是对股东利益最大化这一传统原则的修正和补充，且这一修正和补充并不否认股东利益最大化原则，其要旨在于以企业的二元目标代替传统的一元目标。企业的利润目标和社会利益目标的冲突及其平衡问题，则正是企业社会责任理论提出和建构的出发点和归宿。[③]

---

① 周勇：《论责任、企业责任与企业社会责任》，载《武汉科技大学学报（社会科学版）》2003 年第 4 期。

② James E. Post, William C. Frederick, Anne T. Lawrence and James Weber, Business and Society: Corporate Strategy Public Policy, Ethics (Eighth Edition), Mc Graw-Hill, 1996, p. 37.

③ 卢代富：《企业社会责任经济学与法学分析》，法律出版社 2002 年版，第 101 页。

二、企业社会责任是第一性义务，不包括第二性义务

前已述及，“责任”一词常常包含两层含义：一是指一方主体基于他方主体的某种关系而负有的责任；二是指负有关系责任（即义务）的主体不履行其关系责任所应承担的否定性后果。前者为第一性义务，后者为第二性义务。尽管违反第一性义务将产生某种道义上的甚至法律上的否定性后果，但依各国学者的理解，第二性义务并未纳入企业社会责任这一范畴。企业社会责任中的“责任”仅指“第一性义务”（包括法律义务和道德义务），这在学界和实务界都是一个无可置辩的定论。[①] 此外，就第一性义务而言，企业社会责任不仅要求企业负有不威胁、不侵犯社会公共利益的消极不作为义务，更要求企业应为维护和增进社会公共利益的积极作为义务，而后者才是企业社会责任的要旨所在。从这一角度说，企业社会责任表现为一种积极责任。也就是说，企业社会责任是第一性义务，不包括不履行第一性义务所应承担的不利后果（第二性义务），同时企业社会责任的要旨是一种积极责任（积极作为的义务）。

三、企业社会责任的主体是企业及其经营者

企业社会责任研究务必弄清责任的归属问题，究竟是企业的社会责任还是企业经营者（企业家）的社会责任？笔者认为，应当将企业社会责任的主体分两个方面来讨论。

---

① 卢代富：《企业社会责任经济学与法学分析》，法律出版社 2002 年版，第 97 页。

企业作为有别于自然人的组织体，是否具有主体资格，曾经存在三种学说：法人拟制说、法人否认说和法人实在说。法人否认说和法人拟制说均不承认法人是社会真实存在且有自己的意思和独立的人格，仅将法人人格看成是管理团体财产的自然人人格，或者视法人为一种纯观念上的法律虚构实体。20世纪以来，关于法人本质的法人实在说已为法学界绝大多数学者所接受。该说认为，法人并非法律的虚构，亦并非没有团体意志和利益，而是一种客观存在的主体，这种主体具有独立于其成员个人利益和意志的团体利益和意志，具有表达共同意志或实现共同目的的组织，且法人的意志由法人机关实现，法人机关的行为即为法人的行为。

可见，现代企业一般都是拥有独立财产和具有独立人格的法人，都具有主体资格。企业法人能够而且应该成为责任主体，也就是说，具有独立人格的企业应该是企业社会责任的责任主体。我国《民法通则》第43条规定，企业法人对它的法定代表人和其他工作人员的经营活动，承担民事责任。一般认为，这一规定确认了法人的责任能力。具体而言，企业作为社会责任的承担主体，应该尊重社会利益，履行社会责任。否则的话，企业就要以自己的财产利益、人格利益承担不利后果，如民事赔偿、行政处罚等法律责任。诚然，企业非如自然人拥有血肉之躯，其行为能力实际上是由企业机关行使的。在多数时候，企业的社会责任须通过企业法人代表或企业机关的行为而得以在事实上承担，因此，企业社会责任的履行及因违反此义务而招致的第二性义务（不利后果）的承担都必须通过企业经营者的行为而得以实现。①

既然企业经营者的行为就是企业的行为，那么是否就应该由

① 李平龙：《超越道德教化：公司社会责任法律内涵解读》，载《社会科学家》2005年第1期。

企业本身承担企业的社会责任？企业机关成员即企业经营者个人要不要承担呢？传统企业主流理论中，企业经营者仅仅是企业或股东的代理人或者受托人，因此企业经营者只需对股东或企业负责。企业社会责任理论则要求企业经营者要平衡企业利害关系人之间的不同利益要求，在企业利害关系人之间进行资源的分配和再分配。换言之，企业经营者不仅仅是股东的代理人、信托受托人，而且是非股东利益相关者的代理人、受托人，法律应授权董事会在执行企业的经营事务时适当考虑非股东利益相关者的利益。[①] 因此，企业不履行社会责任（违反社会义务）从根本上说就是企业经营者未尽其职责所致。既然企业有履行社会责任的义务，那么企业经营者作为公司的“大脑”就应该履行该义务。企业对社会的义务，转化为企业经营者对社会的义务，而非仅仅只是企业内部之事务。[②] 因此，企业不尽社会责任（违反社会义务），一方面应首先由企业承担责任，而另一方面企业经营者（企业家）也须承担一定的责任。

四、企业社会责任以非股东利益相关者为义务相对方

企业的社会责任对谁承担？这是企业社会责任相对人的问题。

在企业的社会责任问题上，不存在像一般债权关系、合同关系上可以看到的与责任相对应的特定的权利人，正是这一点，成为企业社会责任的特点，又成为很难揭示其责任实体的原因。社

---

① 刘俊海：《公司的社会责任》，法律出版社 1999 年版，第 108 页。

② 李平龙：《超越道德教化：公司社会责任法律内涵解读》，载《社会科学家》2005 年第 1 期。

会利益的主体是社会公众，侵犯社会利益也就是侵犯社会公众的利益。如果笼统地以社会公众作为企业社会责任的相对人，必然会因为责任（义务）的相对方的不确定性，而无法建立起落实企业社会责任的法律机制，从而使企业社会责任虚构化。按照各国的通常理解，企业社会责任的相对方是企业的非股东利益相关者，系指在股东以外，受企业决策与行为现实的和潜在的、直接的和间接的影响的一切人，具体包括雇员、消费者、债权人、所在社区以及资源和环境的受益者等方面的群体。企业社会责任的倡导者认为，非股东利益相关者在企业中存在利害关系，故企业对他们的利益负有维护和保障之责，非股东利益相关者也便成为企业社会责任的相对方。[①] 因此，为了实现和落实企业社会责任，必须以法律的手段确认非股东利益相关者的权利，明确事前监督企业承担社会责任（义务）的法定程序，以及企业不履行社会责任或者违反社会义务时，非股东利益相关者的救济途径。

五、国家或政府不是企业社会责任的相对方

国家或政府是否是企业社会责任的相对方，即企业社会责任是否包括企业对国家或政府的责任是一个值得探讨的问题。毫无疑问，国家或政府在企业中也有利害关系，也是企业的重要利益相关者，法律也要求企业对国家或政府承担各种责任，如纳税、接受国家或政府的监管等。国家或政府负有促进就业、提供公共产品等多项社会义务，来自企业的各项税收是政府财政的主要来源，是维持政府这一庞大机器运转的主要“燃料”，企业纳税是企业对社会的义务和回报，是实现社会福利和公平的必要途径。

① 卢代富：《企业社会责任经济学与法学分析》，法律出版社 2002 年版，第 97—98 页。

企业不纳税或者偷税漏税都会减少政府的财政收入，从而使政府运转失灵，最终危害社会利益。因此，企业对国家或政府承担责任通常会有效地增进社会总体利益。

然而，企业对国家或政府的责任与企业社会责任毕竟是两种不同的责任形态。前者以国家或政府本位为出发点，重在实现国家或政府利益；后者则以社会本位为着眼点，旨在维护和提升社会利益。尽管国家是社会利益的总代表，国家或政府利益与社会利益在绝大多数情况下，是一致的和互动的，但国家或政府利益与社会利益毕竟是两种不同的利益，国家利益和社会公共利益并非总是一致的，在某些时候，国家或政府对自身利益的追求会与社会利益发生偏差，在极端的情况下，国家或政府对自身利益的追求还可能会严重背离社会利益。[①] 这可以从政治国家与市民社会的二元分立论中找到依据。因而，企业履行对政府的义务或承担对政府的责任，并不总是有助于提高社会利益。此外，依法治理论，企业作为经济组织，对国家或政府负有的义务应严格限于法律的范围之内，即企业只需对国家或政府履行法定的义务和责任，将国家或政府视为企业社会责任的相对方，易导致国家或政府对企业社会责任的滥用，不利于抑制国家或政府的“公”权力对企业“私”权利的侵害。因此，企业对国家或政府所负的责任与其对社会所负的责任不能等同，国家或政府不应成为企业社会责任的相对方，企业社会责任内容中不应包括企业对国家或政府的责任。

---

① 卢代富：《企业社会责任经济学与法学分析》，法律出版社 2002 年版，第 98—99 页。

六、企业社会责任既有法律义务也有道德义务

企业社会责任既有法律义务也有道德义务。法律义务，是指法定化的并以国家强制力保障其履行的那部分企业社会责任，这种义务经过立法手段被法律化了，在法律中不仅有具体的内容和履行的要求，而且对于义务主体怠于或拒不履行有否定性的法律后果，对于义务相对方也有相应的法律救济途径。道德义务则是未经法律化的那部分社会责任，这部分社会义务由义务主体自愿履行，通过义务人的道德责任感，以及道德评价、教育、鼓励等手段作为其履行保障。显然，法律义务是对义务人的“硬约束”，是维护基本社会经济秩序的最低要求，而道德义务对义务人来说则是一种“软约束”，是对企业提出的更高要求。

值得注意的是法律义务和道德义务的相互关系。从企业社会责任的内容上来讲，包含了法律义务和道德义务两个方面，但并非每一项具体的企业社会责任都包含有法律和道德的双重意义，只有在内容上重合的那一部分，即被法律化了的道德义务，才具有法律和道德的双重意义。换言之，企业社会责任中并非所有的法律义务都具有道德含义，有些法律义务是不具备道德意义的。反过来，并非所有的道德义务都是法律义务，那些未经法律化的、较高要求的道德义务就不属于法律义务。当然，企业社会责任中法律义务和道德义务的边界是动态的，随着社会经济的发展，一些原本只是道德要求的社会义务被纳入法律调整的范围，或者，随着人们道德觉悟的不断提高，法律强制已失去意义，使一些原本是法律义务的内容退出法律领域，重新回归于道德，由人们自觉自愿地遵守和履行。

七、企业社会责任既是自律性的也是他律性的

企业社会责任并不强调单纯的自律或他律。社会公众当然期望企业能够自律，自觉自愿地、主动地承担社会责任，这样成本最低。比如，勇于承担社会责任的企业表现为在其经营过程中主动履行社会责任、遵守企业伦理规范。但是，遵守企业伦理规范还只是表面现象，不足以反映出自愿承担社会责任的企业与不愿承担社会责任的企业之间的区别。不愿承担社会责任的企业出于趋利避害的目的，有时也会遵守伦理规范，因为遵守伦理规范可能带来经济效益，而不遵守伦理规范则可能遭致损害。也就是说，由于考虑到不负责任的不道德行为迟早会招致利益相关者不同程度、不同形式的报复，从而可能会降低企业的获利能力，所以从经济利益的角度考虑，不愿承担社会责任的企业也可能会遵守社会责任及相应的伦理规范。[①] 从某种意义上说，企业能够做到遵守伦理规范就已经足够了，因为要判断某一特定企业行为的真正动机是否完全出于社会责任感是不易的。有学者认为，只要某一特定企业行为有利于增进社会利益，不管企业对社会责任的认识是工具主义的态度，还是价值主义的态度，都应当认为企业已经履行了其对社会的责任。[②]

当然，也可能出现这样一种情况：承担社会责任、遵守伦理规范可能带来成本，而不承担社会责任、不遵守伦理规范可能一时不会受到报复，或报复带来的损失小于不遵守伦理规范或不承

---

① 周勇：《论责任、企业责任与企业社会责任》，载《武汉科技大学学报（社会科学版）》2003 年第 4 期。

② 刘俊海：《公司的社会责任》，法律出版社 1999 年版，第 9 页。

担社会责任所带来的利益。出现这种情形时怎么办？不愿承担社会责任的企业就会选择不遵守伦理规范，只有如此，才符合企业的利益最大化目的。自觉自愿承担社会责任的企业则不同，在遵守伦理规范能带来利益与不遵守伦理规范会带来损害时，企业固然会选择遵守伦理规范，履行社会责任；在遵守伦理规范带来的成本大于利益或不遵守伦理规范造成的损害小于利益时，企业仍然会选择遵守伦理规范，履行社会责任。[①] 前一类企业虽然也称得上是守法经营的企业，但社会公众不会认为它是有社会责任感的企业，他们的行为也迟早会受到利益相关者的报复。法律的任务就是要在制度上进行科学的设计和安排，尽量减少此种情况出现的可能。正如迈克尔·霍夫曼与珍尼弗·莫尔在《商业伦理》一书中所指出的："企业经营，像所有其他人类活动一样，必须准备承担道德行为的成本。这种成本有时还不低，但这是维护我们正直人格所付出的代价。"[②]

通过上述分析，本书对企业社会责任概念的界定可以表述为：所谓企业社会责任，是指企业及其经营者在传统的追求企业利润最大化，以及确保股东利益最大化的经济责任之外，对企业的非股东利益相关者所负有的，旨在维护和增进社会公共利益的社会义务，既包括法律上的义务，也包括道德上的义务。

第三节　企业社会责任的内容

企业应当承担社会责任，但企业究竟应该承担哪些社会责

① 周勇：《论责任、企业责任与企业社会责任》，载《武汉科技大学学报（社会科学版）》2003 年第 4 期。

② Michael Hoffman. Jennifer Moore. Business Ethics: Readings and Cases in Corporate Morality. New York: Mc Graw – hill, 1990. 13.

任，在多大程度和范围上承担社会责任，在不同国家、同一国家的不同历史时期，企业社会责任有着不同的范围。早期的企业社会责任仅指企业进行慈善性活动和其他社会福利活动，随着企业经济力量的不断增强，企业对社会的影响力越来越大，企业社会责任也相应地包含了更多的内容。

一、企业社会责任的分类

依据不同的标准，可对企业社会责任的内容进行不同的划分。

有学者将企业社会责任的内容依据不同的标准划分为五大类：第一类，以表现形式为准，企业社会责任可以分为程序意义上的企业社会责任和实质意义上的企业社会责任。前者是就企业决策的程序和过程而言的，要求企业决策程序考虑和反映社会利益与社会权；而后者是就企业决策的结果而言的，要求企业决策的结果能够对社会利益与社会权负责。第二类，以与企业所从事的经营活动之间的关系为准，企业社会责任可以分为相关的社会责任与不相关的社会责任。前者是指企业为了增进那些受企业经营活动影响的利害关系人的福利而付出的努力；后者是指超出企业经营活动的范围，纯粹为解决某一方面的社会问题、增进那些与企业经营活动没有直接利害关系的社会集团的福利而实施的行为。第三类，以受激励与约束的行为规范为准，企业社会责任可以分为道德意义上的责任和法律意义上的责任。前者指企业的社会行为要合乎道德伦理的价值要求，后者指有法律规定的可由法律予以强制执行的责任。第四类，以企业行为导致的结果为准，企业社会责任可以分为牺牲营利的社会责任与促进营利的社会责任。第五类，以企业行为背后的动机为准，企业社会责任可以分为价值主义态度的社会责任与工具主义态度的社会责任。[1]

有学者将企业的社会责任划分为两大类：经济性社会责任和非经济性社会责任，内部社会责任和环境社会责任。[2] 经济性社会责任和非经济性社会责任是根据企业承担社会责任的方式进行的划分。前者是指以货币、实物等经济性要素为承担方式，如销售收入指标、利润指标、股价水平、净资产增加、股东回报、职工收入水平、税赋等等，是社会对企业最基本的要求，也是企业最为关注的。后者是指除经济性社会责任以外的所有社会责任的总和，如员工的心理健康、工作环境的改善、承担社会义务、周边环境治理、解决就业、关注弱势群体等等，这些社会责任的承担是非经济性的，更确切地说，是间接经济性的。

内部社会责任和环境社会责任则是根据企业承担社会责任的范围不同进行的划分。前者是指企业范围内的社会责任，是根据企业经营宗旨所界定的责任与义务，主要包括对投资人、对执行层、对员工等的责任。其所关注的是如何保障投资人的利益，如何满足员工的需要以调动员工的积极性，如何使管理者获得最大的利益，其重点是投资人和管理者的利益，是以企业自身为中心来考虑问题的。后者是指企业对经营环境所承担的社会责任，关注的是与大环境的和谐共存，没有大环境的可持续存在就没有企业的未来，局部环境的改善只能使企业获得短期利益，而不能保持长远发展。企业与环境是共存的，企业在制订经营战略时要从环境的需求出发，考虑社会、文化、政治等因素，考虑顾客、社区等利益相关者的利益。

目前最为普遍的分类是按照利益相关者来确定企业社会责任内容。大部分学者认为企业社会责任主要包括对雇员、债权人、

---

① 刘俊海：《公司的社会责任》，法律出版社 1999 年版，第 7—9 页。

② 赵连荣：《我国企业社会责任的演变与趋势》，载《企业管理与改革》2005 年第 2 期。

消费者、所在社区、环境和资源以及社会福利和公益事业的责任。[①] 但是，由于对利益相关者范围的认识不同，在企业社会责任的内容上也表现出一定的差异。有学者认为，企业社会责任不仅包括对员工的责任，也包括对企业管理者的责任。因为“随着我国企业现代制度的建立，企业所有权和经营权的逐渐相分离，企业管理者逐步转为职业管理人员。如何加强对企业高层管理人员的激励和监督，是企业发展的重要问题。企业的发展归根结底是人的问题，企业之间的竞争最后也就是人才的竞争，企业里人的素质的高低和积极性对企业的发展起着决定性的作用。企业用好人、留住人、发展人，是企业对雇员的义务，也是企业竞争制胜之宝”。[②]

有学者认为，企业社会责任不仅包括企业对非股东利益相关者的责任，也包括对股东的责任，因为股东也是利益相关者之一，尤其是大型股份公司的股东。“股份公司对股东的基本责任就是保障他们获得最大化的经济利益。我们把企业对股东的责任之所以包括进社会责任的范围，是因为股票分散化的趋向，使得企业的所有者越来越广泛分布于社会，越来越广泛散布于内部职工，越来越广泛地被其他企业和机构所持有。因此，企业对股东的责任，就与企业对其他企业、企业对社会机构、企业对内部职工、企业对国家的责任迭合在一起，这也是企业基本责任实现后，即取得利润后应尽的职责”。[③]

有学者还将利益相关者扩大到供应商和销货商，认为企业对他们也负有社会责任，“对于企业的合作商包括企业的供应商和销货商，企业要本着相互协作、相互信任、对他人负责任的意

---

① 卢代富：《企业社会责任经济学与法学分析》，法律出版社 2002 年版，第 101—104 页。

② 邓冬梅：《我国企业的社会责任》，载《集团经济研究》2005 年第 2 期。

③ 范满泓、姜继英：《企业社会责任论》，载《决策探索》1996 年第 10 期。

识，结成稳定的合作伙伴，互相促进，从而形成一种稳定而忠诚的战略合作伙伴关系，共同发展”。①

有的学者还认为，企业社会责任包括对国家或政府的责任。“遵守国家的大政方针，依法纳税，企业利益服从国家利益，自觉地参与社会经济问题的治理等，都是企业应对国家担当的责任”。②“企业应对政府承担责任，企业要按照有关法律、法规的规定照章纳税和承担政府规定的其他义务并接受政府的宏观调控和监督，不得逃税、偷税、漏税和非法避税”。③

二、企业的利益相关者范围

由于企业的利益相关者极为广泛，对于企业所负担的社会责任的内容难以作出确切的规定，因而学界迄今对企业社会责任的外延尚无统一的规定。要对企业社会责任的外延进行准确的界定，必须要对利益相关者的范围作出明确的规定，在此基础上才能对企业社会责任内容有一个清楚的认识。

“利益相关者”一词的英文为stakeholders，最早出现在1963年斯坦福大学一个研究小组（SRI）的内部文稿中，是指那些没有其支持，组织便不复存在的群体，包括股东、雇员、顾客、供货商、债权人和社会。④美国学者克拉克森（Clarkson）把利益相关者分为一级利益相关者团体与二级利益相关者团体。前者指没有其参与，企业就不能作为经营主体而存在下去的社会团体，由以下主体组成：一为股东；二为投资者；三为雇员；四为顾

① 邓冬梅：《我国企业的社会责任》，载《集团经济研究》2005年第2期。

② 范满泓、姜继英：《企业社会责任论》，载《决策探索》1996年第10期。

③ 李桂花、续丽君：《略论中国企业的社会责任》，载《内蒙古财经学院学报》2000年第4期。

④ 刘丹：《利益相关者与公司治理法律制度研究》，中国人民公安大学出版社2005年版，第38—39页。

客；五为供应商；六为为企业提供基础设施与市场、对企业制定法律与规则、对企业享有征税权和其他权力的政府与社区。后者是指那些影响企业或受企业影响，但与企业之间没有商事关系、且不是企业生存的必要条件的社会团体。[①] 美国布鲁金斯学会的玛格丽特·M. 布莱尔认为，利益相关者是所有那些向企业贡献了专用性资产，以及作为既成结果已经处于风险投资状况的人或集团。

关于利益相关者的范围，国内学界也有诸多观点。

有学者认为，“利益相关者是指与企业生产经营行为和后果具有利害关系的群体和个人”。[②]

也有学者认为，“这些相互关联的主体包括股东、债权人、经营者、生产者、消费者、供应商及其他有关利益全体，组成了利益相关者”。[③]

从以上表述可以看出，由于人们对利益相关者的认识不同，利益相关者的范围有宽有窄。最为宽泛的观点认为，凡是能影响企业经营活动或者被企业经营活动影响的人或者团体都是利益相关者。最为狭窄的观点认为，只有在企业中投入了专用性资产的人或团体才是利益相关者。

笔者认为，由于社会的复杂性、企业的多样性，要具体明确地界定企业的利益相关者范围和企业社会责任的内容是困难的。利益相关者有不同的形态，与企业的利益关系不同，对企业施加影响的途径也不同，我们应当全面、动态地看待利益相关者的范

---

① See Clarkson, Max B. E, “A Stakeholder Framework for Analyzing and Evaluating Corporate Social Performance.” The Academy of Management 20 (1995), pp. 106. 转引自刘俊海：《公司的社会责任》，法律出版社 1999 年版，第 36 页。

② 孙爱萍：《公司治理结构与公司利益相关者理论问题研究》，载《北京联合大学学报》2003 年第 2 期。

③ 卢代富：《公司社会责任与公司治理结构的创新》，载顾耕耘：《公司法律评论》（2002 年卷），上海人民出版社 2003 年版，第 45 页。

围和企业社会责任的内容，不论是利益相关者范围的界定，还是企业社会责任内容的界定，都应当遵循以下原则：一是要保障企业的基本利益，有助于企业的生存和长远发展，企业的利益相关者的范围不宜太过宽泛。二是权责对等。企业占有的社会资源越多，权利越大，利益相关者就越广泛，责任也就越大。三是适度原则。企业应当根据自身的实力来承担相应的社会责任，在企业不同的发展阶段和不同的社会环境下，不断调整所承担的社会责任的类型和承担方式。

因此，企业的利益相关者的范围不宜太过宽泛或太窄，利益相关者范围过窄会忽略一部分利益相关者利益，利益相关者过宽，则会损害企业和股东利益，最终也无法保障利益相关者的利益。一般应根据其与企业经济活动的关系来确定，只有与企业利益联系密切的利益相关者的利益，才应该给予特别关注和倾斜保护。世界大多数国家将雇员、消费者、债权人、环境和资源的受益人视为最密切的利益相关者，企业对他们的利益负有强制性的保护义务。

本书认为，企业社会责任的内容主要包括对雇员的责任、对消费者的责任、对债权人的责任，对环境和资源的受益人的责任，以及股份公司特别是上市公司对中小股东和潜在投资者的责任。以上是企业必须履行的最低限度的社会责任，对这部分利益相关者的社会责任应由法律予以规定。此外，还应包括对所在社区、社会福利和公益事业的责任，但这类责任是高于法律规定的道德义务。企业履行这类社会责任尽管应受到国家和社会的肯定和褒扬，但还应由企业自愿为之。

由于企业社会责任是指企业对非股东利益相关者所负有的责任，故其内容中不包括对股东的责任（股份公司特别是上市公司中小股东除外）。股东是企业经济责任的相对方，而不是企业社会责任的相对方。虽然股东也是企业的重要利益相关者，但企业对股东的责任，即实现股东利润最大化的责任是企业的经济责任，不归入企业的社会责任内容之列。企业社会责任也不包括对企业经营者的责任，企业经营者不但不是企业社会责任的相对方，恰恰相反，还是企业社会责任的承担者。另外，企业对合作商户（供应商和销货商）的责任可包含在对债权人的责任之中。此外，国家或政府也不是企业社会责任的相对方，即企业社会责任不包括企业对国家或政府的责任。

三、企业社会责任的内容

综上所述，笔者认为，企业社会责任的内容主要包括以下几个方面：

（一）对雇员的责任

雇员是企业的最重要的利益相关者之一，雇员的利益和命运与企业的运营休戚相关。企业对雇员的责任是多方面的，不仅包括保证雇员实现《劳动法》、《社会保障法》意义上的就业和择业权、劳动报酬获取权、休息休假权、劳动安全卫生保障权、职业技能培训权、社会保险和社会福利取得权等权利的法律义务，也包括企业按照高于法律规定的标准对雇员担负的道德义务。[①]具体而言，企业对雇员的责任不仅表现在聘用中的性别、种族、年龄、社会背景的考虑，牵涉到男女平等、民族平等、未成年人保护等一系列社会问题；表现在使用中工作环境的安全与健康的保障，雇员文化及技术的培训，雇员对企业管理的参与等劳动者的法定权益是否得到切实保证；还表现在使劳动者政治、文化、

---

① 卢代富：《企业社会责任经济学与法学分析》，法律出版社2002年版，第102页。

科技等多方面素质的培养提高。①

事实上，雇员作为企业人力资本的所有者，在现代企业中的地位和作用越来越重要。首先，现代企业的竞争最终都归结为人力资源的竞争，离开了雇员的辛勤劳动，企业不可能在激烈的竞争中取胜；其次，雇员的知识和技能是一种潜在的生产力，必须给予一定的激励，创造适宜的环境和条件，才能将这种潜力发挥出来；再次，企业雇员作为一种人力资本，具有一定的专用性，这种专用性将雇员与企业紧密地联系在一起，使雇员也同物质资本的提供者股东一样，成为企业风险的承担者，只有维护雇员的利益，才能使企业更好地生存和发展；最后，随着现代企业治理方式的不断发展，雇员不仅是人力资本的所有者，而且还可能成为非人力资本的所有者，雇员对企业的意义越来越重大。②

因此，企业应树立以人为本的理念，关爱人，尊重人，重视人的教育和发展，发挥职工代表大会和工会的作用，增加员工参与企业管理的机会，提高员工的工作积极性和忠诚感。注重生产经营环境的改善，提高员工的安全意识，保障员工的劳动权益，保障员工的生产安全，实现员工的体面劳动。所谓体面劳动，是指促进员工在自由、公正、安全和具备人格尊严的条件下，获得体面的、生产性的工作机会，保障劳动者的基本权利，尊重劳动者，体现劳动者的价值。与之相反，随意延长劳动时间，有毒、有害的恶劣生产环境，价格低廉的工资甚至拖欠，缺乏社会保障，侮辱员工的人格尊严等，则是不体面的就业的体现。③

（二）对消费者的责任

消费者是企业产品的接受者和使用者，是企业的重要利益相

---

① 范满泓、姜继英：《企业社会责任论》，载《决策探索》1996 年第 10 期。
② 陈婉玲等著：《经济法责任论》，中国法制出版社 2005 年版，第 157 页。
③ 邓冬梅：《我国企业的社会责任》，载《集团经济研究》2005 年第 2 期。

关者。企业的利润和价值能否实现，在很大程度上取决于消费者的选择。消费者的分散性、求偿能力的局限性以及现代科技的发达导致的产品缺陷的隐瞒性，使得消费者在客观上处于一种社会的弱势地位。鉴于此，企业社会责任的倡导者们都将企业对消费者的责任视为企业社会责任的一项重要内容。企业对消费者的责任表现为保证和保护消费者的利益，企业必须向消费者提供安全、高质量、价格合理、服务完善的产品。如果企业的产品使用户产生不满、危险甚至伤害，则影响的不仅仅是用户和企业的利益，还将影响社会的完善。[①] 企业对消费者应承担的责任构成消费者的权利。消费者的权利，是指在消费活动中，消费者自己决定消费的内容，数量及方式等的法定自主权利。国际消费者联盟组织规定了消费者的“四项权利”，即有权获得正确资料，有权提出消费意见，有权获得安全保障，有权自由决定选择。具体而言，企业对消费者的主要责任有：

1. 保证产品质量的责任。企业在产品的生产经营过程中，要建立符合国家规定的产品质量管理和监督的制度及质量标准，保证产品的质量，提供安全有效的产品，满足消费者的需求。不能为了降低成本而粗制滥造，假冒伪劣，降低产品质量，损害消费者利益。

2. 保障安全的责任。消费者在购买产品、使用产品和接受服务时享有人身安全、财产安全不受损害的权利。产品用于满足消费者的需要，产品必须是安全有效和适用的。由于消费产品的特殊性和消费者相关专业知识的缺乏，普通消费者难于对产品质量进行鉴别，产品的许多问题往往在消费者使用后才发现，但可能已给消费者造成了严重的后果。企业要勇于承担责任，及时通报，尽量减少不必要的损失，并应对质量问题严重的产品实行处

---

① 王志平：《现代企业的社会责任》，载《上海经济研究》1996 年第 5 期。

理和召回，以维护消费者利益。

3. 提供产品和服务真实信息的责任。对于商品和服务的详细信息，消费者具有知情权，企业对产品的所有预知的不良后果，应在产品说明书上详细说明并加以预防和使用指导，不能对消费者进行虚假的宣传和实施其他欺诈行为。企业为了促进产品的销售，大打虚假广告，误导和欺骗消费者是严重损害消费者利益的行为。

4. 保障消费者自主选择权的责任。消费者往往是根据自己的需要、偏好、知识等作出对自己最有利的选择。也就是说，消费者享有自主选择商品和服务的权利。

5. 对消费者进行产品知识宣传和教育的责任。由于消费产品的特殊性和消费者相关专业知识的缺乏，普通消费者难于对产品质量进行鉴别和适用产品的选择，企业有对消费者进行产品知识传播和教育的义务，教育消费者科学使用产品，正确引导消费。①

6. 保障消费者求偿权的责任。消费者因购买产品、使用产品或接受服务受到人身、财产损害的，享有依法获得赔偿的权利。对于产品使用后产生的不良后果和消费者的投诉，企业要时刻关注，一旦发现应当及时解决，并向消费者承担责任，以维护消费者利益。

（三）对债权人的责任

企业的债权人是企业的又一类重要利益相关者，企业的债权人对企业享有债权，即企业对其债权人负有债务责任。这一责任是否被切实地予以履行，涉及企业的债权人所预期的经济利益能否得以实现。对于企业的债权人，企业有按时、按合同还本付息

---

① 邓冬梅：《我国企业的社会责任》，载《集团经济研究》2005年第2期。

的责任，企业要讲信用，保证企业的偿债能力，注重偿债风险的预防，降低债权人的风险，维护债权人的权益。对于债务，企业不应拖欠，否则可能会导致企业信用的损失，筹资困难，最终影响企业的发展。

企业的债权人和债务责任的内容在具体的法律关系中是特定的，因而在此种情况下企业对其债权人所负的债务责任和履行这种债务责任既是企业的民事义务，也可视为企业应负担的社会责任。除此之外，企业还对作为整体的债权人群体负有确保交易安全的责任，这一责任要求企业在任何情况下对任一债权人都合法、善意、无过失地为交易行为，切实履行依法订立的合同。这是与基于具体的法律关系所生之特定债务责任不同的一种抽象的、一般的责任，在某种意义上讲，此种责任具有一定程度的对世性质。在国外学者的心目中，作为企业社会责任对待的企业对债权人的责任，更多的是指这一责任。[①] 笔者赞同这一观点。作为企业社会责任对待的企业对债权人的责任，应该主要指后一项责任，即对作为整体的债权人群体的确保交易安全的责任，这种抽象的、一般的、对世的责任才真正符合社会责任的性质。对作为整体的债权人群体承担确保交易安全的责任，也是企业信用的表现。信用是企业生存之本，是社会发展之源，有信用才有市场，信用缺失不但会造成企业资源的浪费，交易成本的增加，而且会导致企业社会形象差，产品市场萎缩，消费者信心减弱和社会财富流失。至于企业的合作商包括企业的供应商和销货商，他们要么是企业的债权人，要么是企业的债务人，均是企业的交易相对人，企业要本着相互协作、相互信任、对他人负责任的意识，与合作商结成稳定的合作伙伴，互相促进，从而形成一种稳

① 卢代富：《企业社会责任经济学与法学分析》，法律出版社 2002 年版，第 103 页。

定而忠诚的战略合作伙伴关系，共同发展。[①]

（四）对环境和资源的受益人的责任

对环境和资源的保护与合理利用是企业对环境和资源所有现实的和潜在的受益人所担负的一种责任，是一种典型的社会责任。企业对环境、资源的保护与合理利用承担责任，也是企业对全人类和后代责任的体现。环境、资源的保护与合理利用，是实现人类社会可持续发展的前提和关键，不仅关系到当代人的切身利益，而且事关子孙后代的生存和发展。企业以自然资源作为自己的劳动对象，就对自然界的能源、原材料来源负有保护之责，特别是那些非再生资源。企业要对土地、森林、草原、江河湖泊、空气等环境问题负责，以使自己和自然社区、社会之间处于良性循环。滥用社会资源、造成环境污染都是没有社会责任感的行为。著名决策学派代表人物西蒙提出了“内化社会成本”的概念。西蒙认为，企业因片面追求自身发展而对环境的污染、给社会福利造成的损失，构成了社会额外成本的发生，企业须用“扩大的效率概念”，把防治污染的费用纳入企业的会计成本。[②]因为，资源和环境是有限的，特别在中国，资源短缺、能源危机、环境恶化等已成为制约经济发展的重要因素。而我国不少企业，仍处于一种能耗高、产出低、收益小、污染大、环境治理能力弱，环境保护意识差的状态。企业对经济利益追求的不择手段和对环境保护的漠然，令人担忧。因此，合理利用资源和保护环境，加强对环境污染的治理，不仅要执行好国家的强制标准，而且要尽量提高生产及环保技术水平和环保标准，是中国企业重要的社会责任。[③]

---

① 邓冬梅：《我国企业的社会责任》，载《集团经济研究》2005 年第 2 期。
② 王志平：《现代企业的社会责任》，载《上海经济研究》1996 年第 5 期。
③ 邓冬梅：《我国企业的社会责任》，载《集团经济研究》2005 年第 2 期。

（五）上市公司对中小股东和潜在投资者的责任

一般而言，企业对股东的责任属于企业的经济责任，不属于企业社会责任的范畴。但是，大型股份公司特别是上市公司，由于其所有权与经营权的高度分离，广大的中小股东实际上除了“用脚投票”外，无法真正参与公司的实际管理和决策。公司法的基本规则是大股东规则，投票权的简单多数即足以控制公司董事会的组成，并足以在公司的各种会议上作出有利于大股东的决议，中小股东在公司中不仅无法实现自己的利益，反而常常成为利益受损者。

股份公司特别是上市公司对中小股东承担责任，首先就是要通过公司发展和盈利，保证中小股东能够获得合理的投资报酬。公司董事会在作出决议和决定或进行其他行为时，必须从公司的整体利益出发，不得为大股东的利益而牺牲、侵害中小股东的利益。此外，公司董事会有责任保障中小股东知情权，有责任将公司财务报表准确及时地提供给股东查阅，不提供、或者瞒报、假报财务情况，是侵犯中小股东知情权的行为。

除中小股东外，上市公司还需承担对社会公众，主要是潜在投资者的责任。上市公司作为社会经济生活中的重要力量，其行为之效力对社会公众的影响是广泛的，公司的各种决议不仅具有经济意义，常常也具有社会意义。对公司的潜在投资者股民而言，上市公司的各种信息披露的真实性尤为重要，公司对他们负有如实进行信息披露的责任和义务。任何欺骗投资者的行为都是市场经济法制所不允许的，从长远看，公司一旦失去其与投资者之间的诚信关系，这样的公司（企业）必然被投资者所抛弃。[①]

---

① 李桂花、续丽君：《略论中国企业的社会责任》，载《内蒙古财经学院学报》2000年第4期。

（六）对所在社区的责任

这是企业以其所在社区或者所在社区的居民为相对方的责任，由于企业在空间上总是处于特定的社区之中，社区为企业提供治安、基础设施等方面的必要保障，从而使企业的生产经营活动能够得以正常开展。作为社区的一分子，企业对社区的经济发展、社区规划、交通状况、教育文化、环境卫生和公共事业负有不可推卸的责任。企业在生产经营活动中对社区的影响是明显的，一旦企业决定在何处建造工厂、生产何种产品、采用何种环保设备等，都将会对社区及其居民产生重大的影响。企业可能促进社区经济发展、解决社区的就业问题，也可能在给社区经济带来繁荣的同时，使社区居民成为污染等危害的最直接受害者。可见，企业与其所在社区有着密不可分的联系，企业对社区的责任就是要求企业有意识地建立良好和谐的社区关系，维护社区的利益，促进社区的发展，维护社区的安定团结，参与和资助社区的公益事业和福利事业的建设，保护社区生态环境，做好环境污染的治理，防止环境污染等。① 由于企业对社区的责任是企业按照高于法律规定的标准承担的责任，因此，它属于一种道德义务。

（七）对社会福利和公益事业的责任

这是传统的企业社会责任，也是典型的道德责任，是企业对社会负责的一种自愿行为。企业作为有经济能力的组织，应负有回报社会，积极参与公益和社会慈善活动的责任。企业的此项社会责任包含的内容最为广泛，包括向养老院、贫困者、患病者等进行慈善性捐赠，安排残疾人就业，关怀社会弱势群体，向教育机构提供奖学金，举办公益性的社会教育宣传活动等等。

---

① 邓冬梅：《我国企业的社会责任》，载《集团经济研究》2005 年第 2 期。

企业社会责任的内容并不是固定不变的，随着经济社会的发展，人们价值观念的进步，企业和社会相互作用的深化，不仅上述内容会发生变化，还会出现新的内容，使企业社会责任的内容不断丰富和充实。[①] 一般地，企业并不需要承担上述全部的社会责任，企业承担社会责任的程度和范围取决于社会责任的性质和利益相关者的范围两个因素。上述企业社会责任内容中，有些是法律义务，是企业必须承担的社会责任，如对雇员的责任、对消费者的责任、保护环境的责任。还有一些是高于法律的道德义务，如对社会福利和公益事业的责任，这类社会责任尽管会受到国家和社会的肯定和褒扬，但应由企业自愿为之。

① 范满泓、姜继英：《企业社会责任论》，载《决策探索》1996年第10期。

第三章　企业社会责任的理论依据和现实意义

第一节　企业社会责任的理论依据

探讨企业社会责任的理论依据实质上就是探讨企业社会责任的正当性问题。关于企业社会责任的正当性，可从许多学说和理论中找到支持。比如，市场失灵理论指出，尽管企业作为市场主体具有“经济人”的特性，追求利润最大化天经地义，然而随着社会经济的发展，市场机制就会用它那只“看不见的手”自动将企业的单纯逐利行为引导到对社会有益的道路，已经成为一个不可能实现的“神话”；企业契约理论认为，企业是不同的利益相关者为实现各自利益进行合作和博弈的具体方式和载体，是契约关系的连接点，债权人等非股东利益相关者也是企业经营风险的承担者，企业必须在不同的利益间寻求平衡，达成和谐，才能生存和发展；等等。限于篇幅，本书仅讨论利益相关者理论、所有权社会化理论、国家干预经济理论以及企业公民理论。

一、利益相关者理论

利益相关者理论是许多学者用来支持企业社会责任的主要依据。在美国，这一理论不仅为美国半数以上各州出台非股东利益相关者立法提供了正当性，也为法院判例考虑企业社会责任提供了理论上的支持。[1]“利益相关者”一词的英文为 stakeholders，最早出现在 1963 年斯坦福大学一个研究小组（SRI）的内部文稿中，是指那些没有其支持，组织便不复存在的群体，包括股东、雇员、顾客、供货商、债权人和社会。关于利益相关者的概念有许多，自斯坦福 SRI 小组首次定义以来，关于谁是利益相关者的问题，学术界有 30 多种答案，大多包含的基本含义是：利益相关者是所有受企业经营活动影响或者影响企业经营活动的自然人或社会团体。[2]

美国学者当纳森（Donaldson）、托马斯（Thomas）和普理斯顿（Lee E. Preston）运用合法性的标准对公司（企业）的利益相关者定义为：“在公司（企业）的程序性活动和（或者）实体性活动中享有合法性利益的自然人或社会团体。”他们把企业的利害关系人限制在那些既对企业享有利害关系又对企业具有影响能力的人。[3]

20 世纪 70 年代，利益相关者理论开始逐步被西方企业所接受，但此时人们对利益相关者的认识还局限在那些影响企业生存的个人和群体的范围之内。进入 20 世纪 80 年代以后，随着经济全球化的发展以及企业间竞争的日趋激烈，人们逐渐认识到，早期那种从“是否影响企业生存”的角度界定利益相关者的方法具有很大的局限性。1984 年，美国经济学家弗里德曼（Freeman）给出了一个颇为广义的定义，他认为利益相关者是指那些能够影响企业目标实现，或者能够被企业实现目标的过程所影响的任何个人或群体。[4] 这个定义不仅将影响企业目标的个人和群

---

① 刘俊海：《公司的社会责任》，法律出版社 1999 年版，第 35 页。

② 刘丹：《利益相关者与公司治理法律制度研究》，中国人民公安大学出版社 2005 年版，第 38—39 页。

③ 刘俊海：《公司的社会责任》，法律出版社 1999 年版，第 36 页。

④ Freeman, R. E.: Strategic Management: A Stakeholder Approach, Boston, Pitman Press, 1984.

体视为利益相关者，同时还将受企业目标实现过程中所采取的行动影响的个人和群体看作利益相关者，这样就将当地社区、政府部门、环境保护主义者等实体都纳入利益相关者管理的研究范畴，大大扩展了利益相关者的内涵。

美国学者克拉克森（Clarkson）把利益相关者分为一级利益相关者团体与二级利益相关者团体。前者指没有其参与，企业就不能作为经营主体而存在下去的社会团体，包括股东、投资者、雇员、顾客、供应商、为企业提供基础设施与市场、对企业制定法律与规则、对企业享有征税权和其他权力的政府与社区。后者是指那些影响企业或受企业影响，但与企业之间没有商事关系、且不是企业生存的必要条件的社会团体，如大众传媒和各类专门的利益集团。①

到20世纪90年代中期，美国经济学家玛格丽特·M. 布莱尔认为对利益相关者定义进一步变化为：利益相关者是所有那些向企业贡献了专用性资产，以及作为既成结果已经处于风险投资状况的人或集团。利益相关者是企业专用性资产的投入者，只有他们对其专用性资产拥有完整的产权，才能相互签约组成企业。专用性资产的多少以及资产所承担风险的大小正是利益相关者团体参与企业控制的依据，可以说资产越多，承担的风险越大，他们所得到的企业剩余索取权和剩余控制权就应该越大，那么他们拥有的企业所有权就应该越大，这为利益相关者参与企业所有权分配提供了可参考的衡量方法。

从上述对利益相关者的不同观点可以看出，由于人们对利益相关者所包括的范围认识不一，利益相关者的概念有宽有窄。最为宽泛的观点认为凡是能影响企业经营活动或者被企业经营活动

---

① See Clarkson、Max B. E：“A Stakeholder Framework for Analyzing and Evaluating Corporate Social Performance.” The Academy of Management 20（1995）, pp. 106. 转引自刘俊海：《公司的社会责任》，法律出版社1999年版，第36页。

影响的人或者团体，都是利益相关者。股东、债权人、员工、供货商、顾客、政府部门、周边社区成员等全都被纳入利益相关者范畴。最为狭窄的观点认为，只有在企业中投入了专用性资产的人或团体才是利益相关者。①

利益相关者理论的核心内容是，企业是各种投入的组合，是由不同要素提供者组成的一个系统。股东仅仅是资本的提供者，除此之外，债权人、经营者，特别是企业职工对企业作出了专门化的特殊投资，他们提供的投资有许多是企业的专用资产，如专用性人力资本。他们是企业的利益相关者，因而他们对企业享有所有权。企业经营除了要考虑股东利益外，还要考虑其他利益相关者的利益。②

首先，利益相关者理论对企业社会责任理论的贡献，在于利益相关者理论动摇了被传统企业理论奉为"金科玉律"的股东至上观念。

从理论上看，股东至上理论关于企业所有者的基本假设及相应的制度安排，在工业化时代是合理的。但在现代企业经营环境中，随着股权的分散，企业之间相互参股的增加、战略合作伙伴关系的发展，以及知识资本对于企业经营的日益重要，企业是资本家的企业以及股东是唯一的剩余风险承担者这一理论假设受到越来越多的质疑。企业职工不承担剩余风险这一判断是以职工的劳动力资源具有普遍适应性为前提的，职工劳动获取事先议定的工资，企业经营失败时可以转移其劳动力资源。但是，如果职工的劳动技能具有较强的专属性，其投入时间、精力、资金而发展起来的劳动力价值就和企业命运紧密相连，当企业经营失败时，

---

① 杨瑞龙、周业安著：《企业的利益相关者理论及其应用》，经济科学出版社2000年版，第131页。

② 吴冬梅著：《公司治理结构运行与模式》，经济管理出版社2001年版，第34页。

他们就可能面临价值降低甚至完全丧失的风险。所以，对于具有较大程度专属性的人力资本来说，企业的各项决策带给职工的人力资本风险和物质资本投资者所承担的风险是共同的。①

玛格丽特·M. 布莱尔认为："视企业为属于股东的资产的联合体侵害了其他参与者对其投资也应得到保障的期望……公司（企业）并非简单的实物资产的集合，而是一种法律框架结构，其作用在于治理所有在企业财富创造性活动中作出特殊投资的主体间的相互关系。"她还举例指出，长期雇员很可能具备了专业化的技能，这种专业化技能就是一种人力资本，这种技能对特定的企业具有特定的价值。供货商们可能在一个特殊的位置建立起一家工厂，仅为了满足这家企业的需要。这意味着进行该投资的个人或者团体承担了一旦企业倒闭投资尽失的风险。由此她总结道："……这些投资与股东们的投资一样面临完全的风险。所有在企业从事的业务活动中作出特殊投资的各方，他们之所以作出投资，都事先假定并期望他们能从企业内部这些资产的联合运用所创造的利润中获得相应份额的收益。"②

可见，现代市场经济条件下，企业本质上是一张"利益关系网"，是由人力资本与物质资本组成的特殊契约，涉及不同产权的利益关系。契约背后隐含者主体的平等和独立，股东不应是高高在上的，组成这一合约的每一个产权主体都应该具有平等的机会参与企业所有权的分配。各经济利益主体在追求自身经济利益的过程中要受到其他经济利益主体的制约，不能无限度地任意扩展而侵犯其他经济利益主体的利益，否则合约所约定的条款就会遭到破坏，企业就会重新组合，签订新的合约，从而形成一个

① 李苹莉著：《经营者业绩评价——利益相关者模式》，浙江人民出版社 2001 年版，第 48 页。

② ［美］玛格丽特·M. 布莱尔：《共同的"所有权"》，载《比较经济体制》1996 年第 3 期。

新的经济利益主体。

不可否认，现代企业的发展越来越依赖人力资本。随着竞争的日趋激烈，企业要获得更多的利润，必须要有足够的创新能力，而创新能力只能来自人力资本。即使企业维持现状，若没有富有创新能力的企业家和一批忠诚的职工支持，也是不可能的。人力资本与物质资本相对地位的变化增强了企业中人力资本所有者的谈判力，物质资本所有者要想获得更多的投资收益，必须依赖人力资本所有者。同时，股权的分散和流动使股东承担的风险下降，资本市场的发达使股东们可以通过投资组合来分散风险。在现实经济活动中，许多股东常常在资本市场上扮演“投机者”的角色，他们关注企业经营效益的动力减弱，只关心市场上资本价格差所蕴涵的套利机会，对企业的生存和发展并不在意。真正在企业中倾注心血的其实是企业的经营者和广大职工，他们向企业投入了大量专用性人力资源，一旦企业亏损或倒闭，股东可以“用脚投票”规避风险，而经营者和职工不仅面临投资损失，甚至会失业。①

总之，企业价值已越来越依赖于人力资本等非物质因素，包括企业的商誉、劳动者的技能、企业的组织管理效率、知识产权等等，这些无形资产无疑是企业价值的重要部分。随着知识经济的发展，高新技术企业的崛起，越来越多的企业成为物质资本和知识资本共有的企业，被传统企业理论奉为“金科玉律”的股东至上观念已经动摇。

其次，利益相关者理论对企业社会责任理论的贡献还在于，利益相关者理论对“股东是企业的所有者”提出了挑战。

“谁是企业的所有者”这一命题的答案在 20 世纪 80 年代以

① 杨瑞龙：《国企改革纵横谈（18）：扬弃“股东至上主义”逻辑》，http：//www.tom.com，2005－11－12 访问。

前是毋庸置疑的，它实际包含了两个子命题：一是“谁应该是企业的所有者”；二是“谁实际是企业的所有者”。从现有法律构架来说，基本上都是以物质资本的投入来确定企业组成形式的，其他投入虽然也可以转化为物质资本，但一般只局限于事先可以通过某种方式衡量的非物质资本。

1941 年，美国制度经济学家詹姆斯·白恩汉(James. Burnham)出版了《经理革命：世界上正在发生什么》一书，第一次提出了“经理革命”的概念，将公司中经理的地位提升到了社会统治阶级的高度。白恩汉认为，虽然从法律角度，所有权和管理是可以分开的，但从社会学的角度来看，所有权本身就意味着管理，因此真正的所有者（而不是名义的所有者）必然是接近生产手段和产品分配的人，经理阶级正是这样的人，而“对大多数股票持有人来说，所有权有着非常次要的性质，因为他们很少有接近生产手段的管理权，而且没有比较决定性的管理权”，故经理阶级是社会上“最有权力的人”，既是管理者，又是实际的所有者。[①] 可见，现代社会中，随着公司规模的发展、股权的分散，股东与公司之间的紧密关系日益松弛，以董事为代表的群体取代股东成为公司的实际掌门人已成为确定之趋势。如果公司权力不再操纵在股东手里，那么无论是在实践上还是理论上股东利益都不会是经营者所唯一考虑的对象。也就意味着，在公司治理中，被动的股东丧失了主张只为自身的利益运营公司的权利。因此，公司权力由股东转为其他利益团体，直接催生了企业社会责任理论。

企业的本质是利益相关者的契约集合体，利益相关者是所有那些在公司真正有某种形式的投资并且处于风险之中的人，包括

① 〔美〕詹姆斯·白恩汉：《经理革命：世界上正在发生什么》（英文本），1941 年纽约。转引自邹进文著：《公司理论变迁研究》，湖南人民出版社 2000 年版，第 89—91 页。

股东、经营者、员工、债权人、顾客、供应商、竞争者和国家。由于契约的不完备性使得利益相关者共同拥有企业的剩余索取权和剩余控制权，进而共同拥有企业的所有权。对所有权的拥有是利益相关者参与公司治理的基础，也是利益相关者权益得到应有保护的理论依据。知识经济的兴起，“资本雇佣劳动”的观点正在向“劳动雇佣资本”的观点转化，在现实的经济生活中，经理分享制、员工持股制已在许多企业中推行。利益相关者利益最大化取代股东利益最大化，已是社会经济发展的必然选择。

二、所有权社会化理论

所谓所有权社会化，是指基于社会本位的权利思想而对所有权的享有与行使施以约束和限制。所有权社会化的核心内容是所有权本身包含对社会的义务。所有权负有义务是与所有权神圣、绝对相对应的表述，其实质意义为“行使所有权应考虑到公共利益”。事实上这种思想早在罗马法时期就存在，如罗马法规定，河流两岸土地的所有人，应在必要范围内使土地供公众使用，如行路、拉纤、停泊、系缆等。[①] 只是在该理论作为一种思潮兴起之时，因公共利益的具体表现日益被人们所熟知而使所有权社会化理论体系更加完善。

自中世纪以后，社会的进步和家族的解体，实现了从“身份到契约”的社会演进，个人的独立主体地位凸显出来。从封建身份枷锁中解脱出来的社会，特别珍视对个人主体意识的呵护，于是产生了保护个人权利、崇尚个人自由、尊重个人意思自治的个人本位观念。18 世纪以来，罗马法个人主义思想勃兴，天赋人权思想甚嚣尘上，认为所有权与生俱来，天赋所有人对权

① 周科：《罗马法原论》（上册），商务印书馆 1998 年版，第 302 页。

利标的物有完全支配的绝对权。如1789年法国《人权宣言》第17条规定，财产权是不可侵犯的、神圣的权利，因此，除非由于合法证明的公共需要明显地要求的时候，并且在公正的、预付赔偿的条件下，任何人的财产权都不受剥夺。[①] 与此相呼应，在法律制度的设计上，极度尊重个人财产，所有权绝对的原则成为资产阶级民法的三大原则之一。1804年的《法国民法典》第544条规定，所有权是“对于物有绝对无限制地使用、收益及处分的权利，但法令所禁止的使用不在此限”。[②] 虽然《法国民法典》第544条明确规定了所有权的行使受“法律所禁止的使用”限制，但解释者无视这一点，而紧紧抓住“绝对无限制”一语不放，对土地所有权作了其效力“上达九天，下达地心”的极端解释。在这个时期，个人利益被作为一种绝对的利益被法律自始至终地推崇和保护着，对个人利益的尊重，就是对社会利益的尊重。股东作为企业的所有者，企业被视为股东的财产，所以坚持股东本位思想一定程度上便是这种个人权利本位思想在企业领域的映射。正如亚当·斯密所言，无数自私自利的“经济人”在一只无形的手的指挥下，从事着对整个社会有益的经济活动。这种个人权利本位的思想，显然是资本主义上升时期的自由主义思想和自由放任经济政策的产物，其积极意义在于彻底荡涤了封建时代的身份关系，为所有者提供了充分的法律保护，激发了人们不断追求与扩大财富的愿望，刺激了自由竞争，从而促成了资本主义市场经济的发达。[③]

19世纪中后期，由于自由主义和放任主义造成了种种弊端，以致各种社会矛盾空前激化，经济危机更加频繁和沉重。随着社会经济关系的变迁，社会生产力得到前所未有的发展，所有权绝

① 曾新明、廖斌：《论所有权的限制》，载《河北法学》2003年第9期。

② 《拿破仑法典》，吴传颐、孙鸣岗译，商务印书馆1997年版。

③ 梁慧星著：《民法总论》，法律出版社1996年版，第36页。

对思想已不适应社会的发展变化，以个人权利为本位的所有权观念逐渐暴露出种种弊端。基于所有权绝对原则存在的弊端，所有权社会化思想在19世纪末20世纪初逐渐兴起，个人所有权的思想逐渐被社会所有权的思想所取代。认为基于人类本性，所有权应该由个人掌握和拥有，但是个人行使所有权必须合乎社会公共利益。所有权的行使要顾及社会的公共利益需要，不容个人恣意妄为、损害他人、强调个人行使所有权要与社会公共利益相协调。

以美国庞德和德国耶林为代表的法学学者，提出了任何法律应为社会利益而存在的主张。耶林在《法律的目的》一书中指出，所有权行使之目的，不仅应为个人的利益，同时也应为社会的利益。因此，应以社会的所有权制度取代个人的所有权制度。在法国，也有倡导所有权社会化思想的声音，社会法学派代表狄骥是急先锋，他否认所有权是一种权利，声言人在社会并无自由，为尽一己之职责，只有依社会利益而行为的义务。[①] 社会利益理论的诞生昭示着个人本位思想向社会本位思想的转变。在这个时期，法律的设计开始矫正过去过于强调个人利益而忽视社会利益的偏颇。在立法方面，最早落实所有权社会化思想的是1919年的德国《魏玛宪法》第153条，所有权包含义务，于其行使，应同时顾及公共利益服务。《魏玛宪法》的这一规定虽因纳粹取得政权而未能彻底施行，但其影响非常深远，体现在20世纪以来的诸多国家的法律之中。[②] 这一规定使法律思想关于所有权的观念产生了变化，排斥了个人本位而代之以社会本位，民法上的所有权绝对原则遂被修改为所有权限制原则。概括而言，所有权社会化思潮的兴起建立在两个基础之上，其一是由社会生

① 曾新明、廖斌：《论所有权的限制》，载《河北法学》2003年第9期。

② 卢代富：《企业社会责任经济学与法学分析》，法律出版社2002年版，第147页。

产力发展所带来的社会经济关系的变迁，这是所有权社会化赖以建立的经济基础；其二是个人主义所有权的高度发达，表现为私权观念深入人心，达到极致而在新的社会经济关系中危害到社会公益，这是所有权社会化思潮赖以兴起的思想观念基础。所有权社会化思潮的兴起是这两个因素共同作用的结果。①

与此相呼应，企业制度也正经历着从业主制度到现代企业制度的转变，股东本位思想招致质疑。股东出资设立企业，任何一个出资人都不可能构成整个企业财产的独资人，股东只对企业负“有限责任”，其以股金额所代表的所有权已不再是原来意义上的权利。同时，人数众多的股东又无法共同进行企业的经营管理活动，这必然形成股份制企业法人对本企业财产的所有权，使企业的财产权从所有股东之手转入法人之手，股东只保留了一种既非物权又非债权的“股权”。所以，在股份制企业中，所有人的财产所有权在整体形态上发生了根本性的变化，在这种关系中，财产所有者已完全丧失了法律传统意义上的所有权，因为“所有权”已社会化了。依所有权社会化观念，企业在行使其享有的所有权时也不是绝对自由的，谋求股东利益不再是企业存在的唯一目的，企业还应该关注和促进其他社会利益，对社会承担责任。由此，企业社会责任和所有权社会化便找到了共同点。

企业具有经济组织和社会组织的双重身份。作为经济组织，企业是独立的商品生产者和经营者，它有自己独特的经济利益，其经济行为的基本目标和唯一动力就是追求自身利润的最大化。从这个意义上说，企业是一个彻头彻尾的“经济人”，自利性是其根本的特征，也是衡量企业自身市场行为和价值取向的基本标准。作为社会组织，企业总是在一定的社会环境中开展活动，它与社会有着密切的联系，从而成为社会的一个重要组成部分。企

① 翟国涛、李小君：《所有权社会化之思考》，载《理论界》2005年第1期。

业的这种社会属性又决定了它是一个完完全全的“社会人”，它的行为必然要受到社会的约束和限制。作为“经济人”企业追求自身利益的满足和利润最大化无可厚非，但是作为“社会人”，企业必须同时要考虑社会的整体利益和长远发展。

所有权社会化观念和立法的出现，对企业社会责任的确立起到了直接和间接的促进作用，企业社会责任作为股东本位主义的一种怀疑和动摇，其产生与所有权社会化思想无不有着密切的关系，可以说，所有权社会化理论的兴起为企业社会责任奠定了基础。

三、国家干预经济理论

国家干预作为一种理论和学说，始于20世纪20年代至60年代，是以旧福利经济学、新福利经济学、凯恩斯主义、发展经济学的兴起为标志，它们分别从微观经济学、宏观经济学以及经济发展领域论述国家干预经济活动的必要性，并提出了相应的对策。其理论的前提是所谓的“市场失灵”，即自由放任的市场经济所带来的一系列社会问题，如垄断、失业、收入两极分化、周期性危机等。国家的干预不仅担当了“道德人”的角色，而且也实现了“经济人”的责任，也就是说，国家（政府）除了古典经济学所界定的制定市场规则、建设公共设施、主办初等教育等职能外，还有维护公平竞争、实现社会公正、积累发展资本、改造经济结构、提供公共产品、维护物价稳定、实现充分就业、维护宏观经济平衡、管制私人企业、开办和经营国有企业等职能。①

① 程文晋：《经济精神：之于自由竞争、国家干预的深层谋划》，载《广西社会科学》2005年第7期。

国家干预经济理论的集大成者是英国经济学家凯恩斯。凯恩斯的国家干预经济理论逐步取代亚当·斯密的自由放任理论而一度成为官方的政治主张，是20世纪30年代以来西方经济学界的一场重大革命。18世纪英国杰出的古典经济学家亚当·斯密是典型的经济自由主义的代表，斯密生活在英国工业革命的前夕，这时，资本主义生产方式已经从幼年进入青年时代。斯密在《国民财富的性质和原因的研究》一书中，提出了著名的“看不见的手”的思想，认为一个国家最好的经济政策就是对私人经济活动不加任何干涉的经济自由主义。斯密认为，人的本性中最主要的决定因素就是利己主义，每个人从事一切经济活动的唯一动机就是追求自身的最大利益的实现。在市场自由竞争的条件下，这种追求自身最大利益的个体经济行为的集合，可以达到社会利益的最大化。因此，斯密坚持让资本主义经济自行调节，让资本主义生产方式按照自己固有的规律向前发展，坚决反对重商主义的国家干预政策，主张对内实行自由竞争，对外实行自由贸易。

斯密提出他的经济自由主义思想之后，资本主义生产方式得到了进一步的发展。特别是在19世纪后期，主张“看不见的手”的观点的经济自由主义思想得到发展和完善，形成了“新古典经济学”的理论框架。在新古典经济学家看来，资本主义的市场机制可以充分地自行调节，在自由放任和国家不干预经济的原则下，通过采取“看不见的手”这一市场机制的作用，资本主义经济可以达到均衡。然而，在20世纪20年代末开始的严重的资本主义经济危机，使经济自由主义及其关于资本主义市场机制和谐有效的论述遭到了巨大的冲击。新古典经济学的产品市场和劳动市场自动均衡理论无法解释生产的大量过剩、失业率的大幅度上升等现象，也无法解释资本主义的长期失业和危机后的长期萧条现象，正是在这一背景下凯恩斯主义的国家干预学说应运而生。[①]

凯恩斯主义产生的背景是20世纪20年代、30年代的经济大危机，这场危机在现实中彻底否定了古典经济学关于经济能自动调节到充分就业的说法，从而使原来占主流地位、以市场自由经营论为中心内容的新古典经济学说顿形衰落，转变为以政府干预论为主导的罗斯福“新政”，随之出现的“凯恩斯革命”，逐渐成为风靡西方各国的主导经济学说。面对20世纪30年代的大萧条，凯恩斯从理论上论证了小于充分就业均衡的普遍性，并提出了恢复均衡的国家干预主义政策。凯恩斯认为，资本主义社会产生危机和失业的根源是有效需求不足，即消费需求不足和投资需求不足。而要消除生产过剩，恢复充分就业，政府就必须采取干预政策刺激总需求。[②] 凯恩斯在他1936年出版的《就业、利息和货币通论》（以下简称《通论》）一书中，通过对资本主义现实经济的分析，认为对资本主义而言，均衡是偶然的现象，失衡则是常态。传统经济学关于完全竞争市场的假设，不仅在现实生活中很难满足，而且垄断也越来越明显地替代竞争而占据优势，从而由完全竞争市场假设推导出来的资源最优配置假说是无法成立的。在《通论》中，凯恩斯也对高度自由放任的私人企业制度进行了批判。他认为高度放任的私人企业制度最大的弊端有两条：一是不能实现充分就业；二是财富与收入的分配太不公平。同时，后一个弊端通过降低消费倾向而加重第一个弊端。[③] 凯恩斯在书中对国家干预经济的理论作了系统、深入的阐述，主张对企业实行国家干预，以使企业既成为追逐私人利益，又具有

① 安凡所：《自由主义与国家干预主义经济思潮的演变》，载《广东财经职业学院学报》2005年第4期。

② 范爱国：《西方国家干预主义思想的演进及对我国的政策启示》，载《重庆工业高等专科学校学报》2003年第3期。

③ 〔英〕凯恩斯著：《就业、利息和货币通论》，商务印书馆1977年版，第317页。

实现充分就业功能以及分配均等化机制的工具。

企业社会责任的倡导者要求企业放弃一元化的利润最大化目标就是在这种背景下提出来的。事实上，在历次大规模的企业社会责任运动中，往往都伴随着加强国家对企业实施干预的强烈呼声，人们提出，如果大企业不承担社会责任，则政府就应该采取更多的干预措施。[①] 以凯恩斯为代表的国家干预主义缓解了资本主义的经济危机，并在一个时期内促进了资本主义的发展。凯恩斯的国家干预理论和政策主张在第二次世界大战后因此而发展成为左右西方国家经济政策方向的主流派思潮。尽管由于不能解释普遍出现的失业和通货膨胀并存的“滞胀”局面，它在20世纪70年代到80年代遇到挫折，受到新自由主义的严重打击，但是经过凯恩斯弟子们的不断修正和补充，又重新为凯恩斯主义争取了生存和发展的空间。凯恩斯主义作为西方资本主义市场经济成熟阶段的国家干预主义，并未被资本主义国家所抛弃，通过国家干预为企业设定社会责任的做法也相应地被保留下来，且还以法律的形式得到体现，无疑为企业社会责任的传播提供了良好的契机。[②]

企业社会责任本质上是对企业自由的约束，与自由放任的经济思想是格格不入的。某种意义上讲，企业社会责任暗含着一个理论预设：即国家应当适度介入社会经济生活，以解决市场在保护非股东利益相关者利益上的失灵，因为完全自由放任的市场极易滋生诸多有损公正的社会问题。因此，倡导企业社会责任就意味着要对市场进行必要的调控，使市场既充分发挥其作为资源配置基本手段的功能，又为企业社会责任提供适宜的生存空间。可

---

① 王锦瑭、钟文范、李世洞著：《美国现代大企业和美国社会》，武汉大学出版社1995年版，第295页。

② 卢代富：《企业社会责任经济学与法学分析》，法律出版社2002年版，第176—177页。

以肯定地说，企业社会责任必须置于一个并非完全放任自由，有着国家适度干预的市场经济环境中，才有充分实现的可能。因此说，国家干预经济理论为企业社会责任提供了理论依据。[①]

四、企业公民理论

20 世纪 90 年代，由于经济全球化的步伐加快，跨国公司在世界范围内活动，一种强化企业社会责任的新概念“企业公民”应运而生。伴随企业社会责任与可持续发展等理念成为国际上的一股主流思潮，企业公民（Corporate Citizenship）一词得到了广泛的传播。这一理论把企业看成是社会的公民，从法学的角度强调了企业的“社会公民”身份，认为企业在通过其核心业务为社会提供价值的同时，也应向社会各方显示他们应该承担的社会责任。企业公民理论扩展了传统商业道德的领域，几乎涉及了企业与社会相关的方方面面，丰富了企业社会责任的内容。

早在古希腊时期，雅典就对其城邦中长期居住的市民使用了“公民”这个概念，并指出一个人要成为雅典的公民就必须做如下的宣誓：我们将永远为这个城市神圣的理想而奋斗，无论个人还是集体；我们将不断地增强公共责任感，尊敬并遵守该城市的法律；我们将把祖上留给我们的城市更多、更好、更美丽地传给我们的后代。从宣誓的内容来看，作为公民，除了自己享有的工作权、居住权和政治参与权以外，还需对自己以外的人以至于社区尽相应的义务——他必须遵守一个地区的法律，并在此基础上有义务使该地区变得更好。[②] 可见，“公民”这个概念意味着法律保障下的权利和义务，意味着一个人具有权利意识，有积极的

① 熊俊：《企业社会责任的法理分析》，载《武汉工程职业技术学院学报》2005 年第 6 期。

② 王鲜萍：《解读“企业公民”》，载《上海企业》2004 年第 4 期。

行使权利并创造行使权利条件的动力，有关注周遭环境发展与未来事务的责任感，视自己为社区关系中不可缺少的成员。

究竟什么是企业公民，国际上并没有一个公认的标准答案。英国的“企业公民会社”认为有四点：企业是社会的一个主要部分；企业是国家的公民之一；企业有权利，也有责任；企业有责任为社会的一般发展作出贡献。美国波士顿学院企业公民研究中心对企业公民（Corporate Citizenship）的定义是：“企业公民是指一个公司（企业）将社会基本价值与日常商业实践、运作和政策相整合的行为方式。一个企业公民认为公司的成功与社会的健康和福利密切相关，因此，它会全面考虑公司对所有利益相关人的影响，包括雇员、客户、社区、供应商和自然环境。”2003年世界经济论坛认为，企业公民包括以下四个方面内容：第一，好的公司治理和道德价值。主要包括遵守法律、现存规则以及国际标准，防范腐败贿赂，包括道德行为准则问题以及商业原则问题。第二，对人的责任。主要包括员工安全计划、就业机会均等，反对歧视、薪酬公平等等。第三，对环境的责任。主要包括保护环境质量，使用清洁能源，共同应对气候变化和保护生物多样性等等。第四，对社会发展的广义贡献。主要指广义的对社会和经济福利的贡献，比如传播国际标准、向困难的社区提供要素产品和服务，如水、能源、医药、教育和信息技术等，这些贡献可能成为企业社会投资、慈善或者社区服务行动的一部分。①

综合来说，“企业公民”应包括四个方面的内容：（1）企业的基本价值观，主要包括遵守法律、现存规则以及国际标准，拒绝腐败和贿赂，倡导社会公认的商业道德和行为准则；（2）对

① 王利中：《树立“企业公民”价值理念 促进社会健康和谐发展》，载《北京石油管理干部学院学报》2005年第3期。

利益相关群体负责，其中雇员、顾客和股东是最基本的，主要包括安全生产，就业机会平等和薪酬公平、反对性别、种族等的歧视、注重员工福利；保护消费者权益，完善产品质量；维护股东权益，重视投资者关系，企业对所在社区的贡献等；（3）对环境的责任，主要包括维护环境质量，使用清洁能源，共同应对气候变化和保护生物多样性等；（4）对社会发展的广义贡献，比如救助灾害、救济贫困、扶助残疾人等困难的社会群体和个人，赞助教育、科学、文化、卫生、体育、环保、社会公共设施建设或其他促进社会发展和进步的社会公共和福利事业。

实际上，关于企业公民，一个更加容易理解的解释是，企业公民是关于企业、政府和社会的新的契约关系。公民意味着法律保障下的权利和义务，将公民观引申到企业的社会责任范畴——建立企业公民理念，不仅意味着对企业承担更多社会责任的诉求，还包括对其参与社会环境改造的权利和义务的法律保障。简言之，"企业公民"就是把企业看成是社会的公民，通过其核心业务为社会提供价值、提供贡献的同时，为了表达出企业对人类、社区以及环境的尊重，还向社会各方显示他们应该承担的责任，并作出符合道德及法律规范的发展策略。

企业公民价值观是20世纪50年代以后在欧美逐渐确立起来的，它是一些跨国公司饱受"利润最大化"价值观的困扰，不断总结和探讨的结果。随着跨国公司的日益全球化，它们强烈感觉到利润最大化并不能包含企业存在的全部利益，企业公民价值观有利于树立良好形象，这自然有其商业上的考虑，但也反映了对社会潮流的适应。好的企业公民应在追求企业效益的过程中为社会作出贡献，承担起企业公民的责任，这不仅是企业存在必须行使的社会使命，而且是企业必须面对的现实问题。一个完整的企业公民角色，有远比一次性捐赠更加丰富的层次和内涵，它包含着社会和谐及更高层次商业道德理念的输出。企业生存成长与社会之公平安定是互动的，企业的成长依赖社会的持续稳定与富裕，那么，企业就有义务回馈社会。事实上，在一个开放的社会中，企业不仅仅是营利性组织，而且也是社会的一部分。一个社会的健康发展是企业成长的前提，企业犹如社会土壤里的花草树木，离开这一片土地它就失去生命力。

“企业公民”理念很好地概括了企业参与社会的思想和策略，将重塑环境的道德冲动和利益驱动转化为理性规范的企业行动，可以说是企业社会行动的一个理论指南和行动参考。争当一个有社会责任感的企业公民，并以这个道德或价值抉择为主线，贯穿于企业战略发展规划与日常运作之中，必将有利于企业健康与持久的发展。企业以“社会公民”身份履行社会责任的观念和实践越来越得到政府、市场和公众的认同、提倡，这从某种意义上已经超越了慈善家的个人行为，而是企业理性选择下所承担的责任，因此，企业公民本质上讲，就是企业的社会责任。

第二节 倡导和强化企业社会责任在中国的现实意义

企业社会责任问题的提出，是市场经济不断发展，公司企业制度不断演进，以及企业经济力量和社会影响不断增强的必然结果。企业，尤其是一些大型公司在现代市场经济和社会生活中的地位和作用已今非昔比。它们不仅对所在地区经济发展产生着巨大的影响，甚至能够左右当地或者国家经济的许多方面，如能源、就业、环境、市场、税收以及社会秩序等等，使许多利益群体与企业活动发生密切联系，其利益受到企业经营行为的影响。在这种背景下，如果企业社会责任缺位，就会引起一系列相应的社会问题，侵害劳工权益、污染生态环境、实施不正当竞争、随意背弃合同等违背法律和道德的行为将得不到有效的遏制，市场经济的正常秩序将无法保证。随着市场经济的不断完善和发展，以及企业影响力的进一步扩大，围绕企业生产经营活动所引发的企业与非股东利益相关者群体之间的利益矛盾和冲突，将越来越普遍。因此，寻求一定的机制来缓和及协调这种利益矛盾和冲突是非常必要的，倡导和强化企业社会责任势在必行，这在我国现阶段具有重大的现实意义。

一、倡导和强化企业社会责任是增强企业竞争力的需要

20 世纪末，全球发生了多起产品质量低劣伤人、环境污染、财务欺诈、劳工歧视等重大社会责任案件，涉案企业或倾覆、或陷入重重危机当中。而一些高度重视和履行社会责任的企业却在竞争中脱颖而出，呈现出强大的竞争力。许多专家学者认为，企业社会责任将在 21 世纪成为一种最具竞争优势的资源，决定企业的存亡与发展。显然，提升企业的竞争力，仅关注传统意义上的技术、产品、资金是不够的，良好的企业形象、对社会负责任的态度、对弱势群体的善举等等，已成为提高企业核心竞争力的重要途径。越来越多的企业对非经济性的社会责任给予了关注，如采用低能耗的设备和生产低能耗的商品、控制污染物的排放、捐款救灾助教、积极参与配合政府、社区的公益性活动等等。很多大企业已将承担非经济性社会责任纳入到战略规划中，成为企业经营活动的重要组成部分。可以说，非技术性优势是当代企业的关键性竞争优势。[①]

---

① 赵连荣：《我国企业社会责任的演变与趋势》，载《企业改革与管理》2005 年第 2 期。

所谓竞争力，是指各竞争对象争夺有限资源（市场或消费者）中所体现出来的优势，既可能是超过对手的资源也可能是一种能力，或者是二者兼而有之。进入21世纪，企业生存环境发生了很大变化，一是生产要素资源的全球配置，二是因特网等现代传播技术使企业暴露在全球监管之下，三是全球社会责任运动的蓬勃兴起。在这样的情况下，企业持续获取盈利和维持自身发展的竞争力取决于企业在社会中的价值。推动社会进步、提升人类生存质量、信誉优良成为企业争相努力的目标，因为只有负责任的企业，才能在消费者心目中树立良好的形象，增加产品的附加值。企业承担社会责任既可以改善企业的生存环境、提升企业的社会形象，更能吸引一流人才，优化劳动关系，并最终提升企业经济绩效和长期盈利能力，可以说企业社会责任已成为企业竞争力中最重要的构成要素之一。[①] 具体而言，倡导和强化企业社会责任对增强企业竞争力的意义，主要表现在以下几个方面：

第一，履行社会责任能够改善企业的生存环境。

企业承担社会责任有利于优化并创造更广阔的生存环境。如果企业能为保护环境、消除贫穷、提高人类生活质量等承担社会责任，就可以免受政府部门、公益团体、社会公众的谴责和惩罚以及行为上的限制，保证企业正常的生产经营活动不受干扰，使决策和经营具有更大的灵活性和自主性。有的企业还可能因此受到政府的奖励，享受优惠政策。企业自行担当适当的社会责任，还有降低政府制定新的法律法规和限制的可能。从短期看，支出意味着利润减少，但从长期看此项付出无异为一种投资，因为，后期回报将持续而来。

第二，履行社会责任可以提升企业的社会形象。

---

① 刘藏岩：《刍议企业社会责任与竞争力》，载《商业时代·理论》2005年第23期。

企业经营的最终目的是盈利，但只有注重社会责任的企业，才能在长远的发展中树立起自身的品牌，只有给予社会最优质的产品，社会才会对企业回报及认同，在这样的良性循环下，企业自身才是最终的受益者。企业越是注重社会责任，其产品和服务就越有可能获得更大的市场份额。现在的消费者，社会责任意识逐步加强，不单单注重产品是否能满足自己的关键购买因素，如价格、质量、安全、便利等，更关心产品是如何生产出来的。一项互动式问卷调查的结果显示，当美国人了解到一个企业在社会责任方面有消极举动时，高达91%的人会考虑购买另一家公司的产品或服务；85%的人会把这方面的信息告诉他的家人、朋友；83%的人会拒绝投资该企业；80%的人会拒绝在该公司工作。可见在注重企业与社会协调发展的今天，只有当企业遵守了基于道义的社会责任，它才可能赢得社会的认同，提高品牌声誉，并赢得众多的顾客，企业才有可能进一步发展、壮大。[①] 若逃避社会责任，企业将受到社会的鄙视，消费者不屑购买其产品的结果必然导致该企业的消亡。在网络、电视等传媒如此发达的当今社会，企业应尽力避免“公众事件”诱发的信任危机带给企业的巨大负面影响。企业承担社会责任有利于改善公众形象，增加企业的知名度、美誉度，增强与社会环境的和谐度，吸引消费者，为企业发展创造更广阔的市场。[②]

第三，履行社会责任能够为企业吸引一流人才。

在知识经济时代，人力资源已经成为企业最重要的资源之一。企业的生存和发展越来越依赖员工们的个人主动性与创造性，员工的认同将为企业增加更多的潜力。一个具有竞争力的企业，一定是在劳动关系和人力资源管理方面具有竞争力的企业，

① 楚金桥：《企业社会责任与企业竞争力》，载《企业活力》2005年第6期。

② 刘藏岩：《刍议企业社会责任与竞争力》，载《商业时代·理论》2005年第23期。

它能够为企业的员工提供良好的工作环境。良好的工作环境不仅仅是高昂的薪酬和福利，更重要的是它包含了平等、无歧视、安全卫生、通过对话解决冲突等要素。在市场经济条件下，如果一个企业得不到员工的认同，优秀的专业人才将流失，生产效率将降低。无数的例子告诉人们，员工是否对一个企业认同，不完全取决于在经济上的回报到底有多少。良好的员工关系，将使工作变成一种乐趣，成为员工追求自身发展的兴致所在。经常参与到社会责任事业中的企业，相比而言更具知名度，更易获得人们的好感，当然也更易招聘到并留住优秀人才。[①] 在一定程度上，对一流人才的争夺是企业成功的必要因素。据一项调查资料显示，在美国超过 3 /4 的人在找工作时会考虑未来雇主的社会形象。只有在开放创新、符合社会道德规范的企业中，员工才能真正为自己所从事的事业感到由衷的自豪，士气才会高涨，才能全身心地投入到企业的发展中，发挥自己的创造才能。

第四，履行社会责任能最终提升企业经济绩效。

传统上，人们一直将企业的盈利与企业的社会责任感对立起来，似乎企业的盈利和企业的社会责任之间有一道不可逾越的鸿沟。一个具有挑战性的问题是：社会责任行为会降低企业的经济绩效吗？社会责任与企业的绩效之间存在什么样的内在联系，这里存在一个对经济绩效的评价方法问题。人们一般用短期的财务绩效作为衡量企业经济绩效的标尺，而社会责任对企业利润的影响也许要更长的时间才能见效。斯蒂芬 · P. 罗宾斯通过统计调查证明，在社会责任与经济绩效之间存在着正相关关系。履行社会责任为企业提供的利益，足以补偿其付出的成本。这些利益包括良好的企业形象，目标明确和更讲究奉献的员工队伍，政府更多的支持等等。他的结论是：没有足够的证据表明，一个企业的

① 楚金桥：《企业社会责任与企业竞争力》，载《企业活力》2005 年第 6 期。

社会责任行为明显降低了其长期的经济绩效。[①] 此外，企业勇于承担社会责任可以使股东获取最大利益，从长期看它会使股票增值，因为有责任感的企业在证券市场上，永远是投资者青睐的目标。道琼斯可持续发展指数的金融分析师发现，企业社会责任美誉度高的公司的股票业绩更佳。

企业社会责任运动还与企业自身的可持续发展具有一致性。仅从经济增长角度考虑企业自身可持续发展的观点是很不全面的，企业社会责任运动要求企业从追求利润最大化向实现社会价值最大化转变。企业要在追求赢利的同时履行社会责任，关注利益相关者的利益，关注环境和社会公益事业等，才能久盛不衰。而不承担社会责任的企业，往往意味着较大的道德风险，这种道德风险随时可能转化为商业风险，从而影响企业的可持续发展。设在美国的企业社会责任促进会指出：多项研究显示，能够平衡兼顾各个休戚相关方面利益的公司，其业务增长率是其他公司的4倍，就业增长率是其他公司的8倍。[②]

二、倡导和强化企业社会责任是适应经济全球化的需要

随着中国经济逐步走向国际化，中国企业正面临来自国际市场大潮前所未有的冲击和挑战，要想在国际市场中争得一席之地，不仅要有积极改变现状的勇气和决心，还要对国际经济发展中新的趋势有充分的了解和准备。当今，在经济全球化进程中，特别是在国际贸易中，企业社会责任作为一个新的概念正逐渐成

① 曹素璋：《企业社会责任与公司治理》，载《贵州工业大学学报（社会科学版）》2004年第6期。

② 孙立平：《断裂——20世纪90年代以来的中国社会》，社会科学文献出版社2004年版，第282页。

为热点，并已经对中国企业走向国际市场产生了影响。

现代企业社会责任运动的兴起和进一步发展，有着深刻的国际政治经济发展背景。经济全球化对当今国际政治经济的发展产生了极其重要而深远的影响，使世界各地日益紧密地联系在一起。国际消费者组织、环保组织、人权组织、工会组织和宗教组织及其他非政府组织在发起和推动现代社会责任运动中充当了日益重要的角色。随着中国市场化的改革不断深化特别是加入WTO，中国经济正式介入经济全球化，全球500家大公司已有2/3以上在中国设立了企业或机构，中国正在成为“世界工厂”。据统计，在全球150个发展中国家中，有60%的工业制成品出口来自中国和墨西哥等5个发展中国家。世界上平均每个人拥有中国生产的一双鞋、2.8件服装、1.7米布，每两个人拥有一个中国生产的帽子、一条毛巾和一双袜子。[①] 与此同时，中国的劳工问题也日益突出，并被国际社会所关注。特别是1993年11月深圳致丽玩具厂火灾事故发生以后，[②] 海外的劳工组织和NGO组织对于外资企业在中国违反劳工标准的行为进行了强烈的批评并成立了“玩具安全生产联络会”，以促进劳工标准在这些企业的实施。一些劳工组织和跨国公司还针对中国的劳工问题制定了专门的“工厂守则”，要求中国的出口加工企业遵守。如美国国际劳工权利基金（ILRF）、全球交流组织（Global Exchange）等21个劳工组织、消费者组织、人权组织联合起草并有多家跨国公司签署了“中国商业原则”，该原则宣称：“我们要确保我们在中国的商业活动尊重国际劳工组织（ILO）制定的基本劳工标

① 聂益南、张瑞军：《我国有望成为全球第二大贸易国增速超世界水平》，载《中华工商时报》2002年10月23日。

② 1993年港商的深圳致丽玩具厂火灾事故致使打工妹死亡83人，引起世界关注。关于该事故的原因及其评论，详见一夫（常凯）：《废墟上的凭吊》，载《中国工人》1995年第5期、第6期。

准、联合国《经济、社会和文化公约》的规定、中国政府签署的《公民权利和政治权利国际公约》以及中国法律”。[①] 目前，国际企业社会责任运动的推动方式主要以社会责任标准作为其实施和验证的工具和手段。在全球化的背景下，国际上关于企业社会责任的标准越来越多。根据联合国环境规划署（UNEP）的统计，目前全世界的国际环保公约已达到250个之多，而与永续经营及企业社会责任有关的标准或规范，更是越来越多。社会责任已经成为对一流企业“高标准、严要求”的公认指标。从1997年美国推出的社会责任标准SA8000，1999年推出“道琼斯可持续发展指数”，到2001年英国的Footsie for Good，国际社会已经越来越看重企业社会责任，并加以量化。[②] 这些形形色色、数量繁多的社会责任的标准归纳起来主要分为三大类：一是通过代表制程序制定的政府及政府间组织的标准，包括国际劳工组织的有关公约、联合国人权宣言等；二是非政府组织制定的民间标准，包括联合国全球契约（GC）、道德贸易行动（ETT）准则、SA8000等；三是各跨国公司自身制定的供应链行为准则。

我国自加入WTO以来，已逐步融入到全球化浪潮中。作为“世界工厂”，中国已成为全球资本和产业链中的重要一环。作为全球化浪潮的产物，国际社会责任运动也同样会对我国社会产生巨大冲击，这是我国正在面对的、不可回避的客观现实，目前这种冲击在我国已初见端倪并呈扩大之势。跨国公司的“工厂守则”运动，目前已在中国启动，包括麦当劳、瑞步、耐克、迪斯尼、沃尔玛等公司在内，相继开始旨在对于公司的中国供应商和分包商实施以劳工标准检查为内容的社会责任运动。一些公

① 谭深、刘开明著：《跨国公司的社会责任与中国社会》，社会科学文献出版社2003年版，第338页。

② 刘藏岩：《刍议企业社会责任与竞争力》，载《商业时代·理论》2005年第23期。

司还在中国公司内设立了相关的社会责任部门，并委托有关公证机构作为审核机构对于中国的供应商和分包商的企业劳工标准执行状况进行监督审核。从事企业社会责任认证的国际组织也都相继在中国登陆，从20世纪90年代中期以来，中国沿海地区的数千家作为跨国公司供货商的企业已经接受过跨国公司的社会责任检查。①

目前，在我国，企业社会责任标准主要是由跨国公司在其生产供应链上强制推行。对我国影响最大的是对外加工贸易和出口企业，从分布上看，珠江三角洲、长江三角洲等经济比较密集、活跃的地区则是其主要集中地。这些企业大都是劳动密集型加工企业，主要涉及电子、纺织、服装、制鞋、玩具、工艺品等行业。在全球企业社会责任运动的影响下，跨国公司普遍开始关注我国企业的劳动环境条件、劳工福利以及劳动报酬。一些劳资关系和谐，遵守劳工标准的工厂得到更多订单，获得更大发展；而一些违反劳动法规，劳资关系紧张的工厂被取消供应商资格，甚至被迫关闭。实际上，跨国公司在选择我国的合作伙伴时，往往将社会责任标准作为一个重要的选择依据。对那些工作条件恶劣、环保意识薄弱、没有社会责任感的企业，即使合作成本较低，跨国公司也会弃之不顾。因为与这样的企业合作意味着要承担较大的道德风险，而这种道德风险随时都可能转化为商业风险。反之，声誉良好、社会责任感强的企业就比较容易成为跨国公司优先选择的合作伙伴。所以，中国企业必须承担起社会责任，遵守社会责任的国际标准，否则就意味着丧失发展机遇。

前文述及，20世纪90年代中期以来，中国沿海地区的数千家作为跨国公司供货商的企业，已经接受过跨国公司的社会责任

① 常凯：《经济全球化与企业社会责任运动》，载《工会理论与实践》2003年第4期。

检查。然而，当越来越多的中国企业“走出去”时，才意识到企业社会责任的重要意义。倡导社会责任不仅仅为了提升企业社会形象，提升企业的长期盈利能力，更能获得进入国际市场的通行证，具有社会责任感是决定企业能否在全球化运作中取得成功的决定性因素之一。在当今经济全球化的浪潮中，企业之间的竞争日益激烈，对企业社会责任的关注成为现代企业竞争的新潮流，承担社会责任被列入许多大公司的议程。越来越多的投资者在购买股票前进行深入的研究和筛选，避免投资那些直接或间接违反劳工标准的公司。越来越多的股东动议要求公司实施社会责任政策，采用独立的方法监督供应商的劳工问题，甚至要求公司撤出某些劳工问题严重的地区。[①]

现在，许多国内企业盼望着能跨出国门，走向世界，融入国际大市场；或是利用外资，扩大经营规模，做大做强。可以说，与传统计划经济和市场经济建立早期相比，我国企业从整体上步入了一个国际“买方市场”新时期，产品的销售，外资的引进，大量劳动力在中国国土上的“世界工厂”里就业。有学者称，我们面临着一个国际“买主”说了算的时代。[②] 中国加入 WTO 之后，国内企业的外贸依存度不断提高，跨国公司在选择国内的合作伙伴时，往往将社会责任标准作为一个重要的选择依据。这不仅是出于他们的经营理念和核心价值观，以及为了维护企业自身品牌形象，避免遭受道德指责，更是为了寻求守法的合作伙伴，降低他们的投资风险。

企业承担社会责任，能够起到多方面的作用，如能建立企业的国际公信力，树立企业的商誉和品牌；能使消费者对产品建立正面情感；能使合作伙伴对本企业建立长期信心；能更大程度地

---

① 楚金桥：《企业社会责任与企业竞争力》，载《企业活力》2005 年第 6 期。

② 李立清、李燕凌：《企业社会责任研究》，人民出版社 2005 年版，第 263 页。

符合当地法规要求。因此，从长远的角度考虑，企业承担社会责任可以增加出口，带来正面的贸易效应。专家预测，今后10到20年内，我国经济的外贸依存度还将不断提高，有望在2020年前成为全球第二大贸易国。可见，随着我国企业对外贸易依赖性不断增强，我国出口企业将越来越受到起决定性作用的欧、美等主要贸易伙伴国的掣肘。因此，盛行于欧、美各国的企业“生产守则”，特别是逐渐取得标准化地位的SA8000标准，对我国企业的影响决不可忽视。中国企业要融入世界贸易大家庭，就必须直面企业社会责任的挑战。

三、倡导和强化企业社会责任是实现可持续发展的需要

1987年，以挪威首相布伦特兰夫人为主席的世界环境与发展委员会第8次委员会，在日本东京发表了《我们共同的未来》，即《布伦特兰报告》。在此报告中，把“可持续发展”定义为：“能够满足当前的需要又不危及下一代满足其需要的能力的发展”，标志着可持续发展理论的正式奠基。1992年，在巴西里约热内卢召开的联合国环境和发展大会上，与会代表审议并通过了《21世纪议程》，这是第一份可持续发展全球行动计划。同年12月，联合国成立了可持续发展委员会。2002年，可持续发展世界首脑会议在南非约翰内斯堡召开，包括104个国家元首及政府首脑在内的192个国家共1.7万名代表出席了大会，会议审议并通过了《可持续发展世界首脑会议实施计划》和《政治宣言——约翰内斯堡可持续发展声明》。此后，可持续发展演化成

轰轰烈烈的全球化行动。[1]

社会的可持续发展，在于节约和合理利用资源，保护生态环境，已在全世界范围内形成共识。《21 世纪议程》中就有很好的表述。该议程指出："地球所面临的最严重的问题之一，就是不适当的消费和生产模式，导致环境恶化，贫困加剧和各国的发展失衡。若想得到适当的发展，需要提高生产的效率，以及改变消费，以最高限度利用资源和最低限度地生产废弃物。"[2]

可见，可持续发展是以环境生态保护、资源的合理利用、企业生产方式和消费者的消费方式相协调为前提的。企业是社会资源的主要耗用者，对于企业而言节约社会资源，保护环境，与社会同步发展，生产和促进使用绿色的产品，已逐渐成为企业面临的问题和未来发展的需要。

可持续发展理念强调在保护资源、改善环境的前提下达到经济和社会的共同发展，企业社会责任运动对环境保护和资源永续利用的要求体现出与可持续发展理念的高度一致。事实上，企业社会责任的定义本身就包含了对环保的要求。例如，欧盟把企业社会责任定义为"公司在自愿的基础上把社会和环境整合到它们的经营运作以及它们与其利益相关者的互动中"。[3] 20 世纪 70 年代以来，随着可持续发展理念的推广，把可持续发展纳入企业社会责任领域已经成为一个共识。1999 年 1 月，在瑞士达沃斯世界经济论坛上，联合国秘书长安南提出了"全球协议"（Global Compact），并于 2000 年 7 月在联合国总部正式启动。该协议号召公司遵守的社会责任中，就包含了可持续发展的要求。其具

① 中国可持续发展工商委员会秘书处：《履行企业社会责任维护可持续发展》，载《劳动保护》2005 年第 6 期。

② 邓冬梅：《我国企业的社会责任》，载《集团经济研究》2005 年第 2 期。

③ 中国企业联合会：《共享和谐》，企业管理出版社 2004 年版，第251—252 页。

体内容是：(1) 企业应支持并尊重国际公认的各项人权；(2) 绝不参与任何漠视和践踏人权的行为；(3) 企业应支持结社自由，承认劳资双方就工资等问题谈判的权力；(4) 消除各种形式的强制性劳动；(5) 有效禁止童工；(6) 杜绝任何在用工和行业方面的歧视行为；(7) 企业应对环境挑战未雨绸缪；(8) 主动增加对环保所承担的责任；(9) 鼓励无害环境科技的发展与推广。[①] 从这9项内容可以看出，第7项、第8项、第9项直接涉及可持续发展问题，其他各条也间接与可持续发展相关。

可持续发展的核心就是要改变不可持续的生产方式和消费方式，这一宏观思想只有通过企业和消费者的具体活动的积极配合才能得以实现。企业社会责任运动直接要求企业对环境保护承担责任，倡导企业对环保事业作贡献。在企业社会责任运动和可持续发展理念的共同作用下，人们与环境保护有关的价值观正从各方面迅速影响着经济、市场，以及企业生存和发展的环境。

当今世界，企业发展面临的环境压力越来越大，不仅以耗费大量资源为基本条件的传统产业发展越来越困难，各类消费者也越来越青睐有利于环保的产品。企业履行环保义务的状况已成为跨国公司在发展中国家选择战略伙伴的重要考察因素之一，各种税收和贸易条例越来越多地涉及企业的环境行为，环保成了企业融资的条件，成为企业在证交所上市的重要入选标准。以上种种压力迫使企业摈弃传统产业发展模式，走环保型的、资源永续利用的发展模式。

当前，强调企业社会责任与可持续发展思想的一致性有其深刻的国情背景。我国是一个人口众多、人均资源占有量远低于世

① 参见《企业社会责任运动对就业的影响》，摘自《2005年中国就业报告》，中国劳动社会保障出版社出版，http://www.china.com.cn/chinese/zhuanti/jybg/1006321.htm，2006年2月11日访问。

界平均水平的发展中大国，企业在为社会创造财富的同时，也在不断地消耗着自然界的各种资源，依靠资源高消耗来发展经济的模式已经难以为继。近年来，我国经济持续保持高速增长，煤、电、油的瓶颈制约进一步凸显，并面临严重的资源和环境矛盾。显然，在安全与生产，经济与发展，人口、资源与环境矛盾日益尖锐的形势面前，履行企业社会责任，实现可持续发展，已不是我们愿不愿意的问题，而是已经非常迫切、现实地摆在我们面前了。一方面，我国的经济发展已面临严重的资源环境问题。我国虽然地大物博，自然资源从绝对量上来说在世界排名都很靠前，可是因为我国的人口众多，所以，几乎所有的资源只要用人口平均值的指标来统计，我国的排名就从名列前茅降为世界 100 名以后。我国人口占世界的 21%，石油和天然气的储量分别只占世界的 1.8% 和 0.7%，铁矿石不足世界的 9%，铝土矿不足世界的 2%，资源十分稀缺。① 另一方面，我国的资源利用效率却又十分低下，2003 年我国的 GDP 总量占全球 GDP 的比重不到 3%，而当年消耗的钢材、水泥、煤炭、电分别占世界消耗量的 30%、40%、30%、13%。我国每增加 1 美元 GDP 所耗能源为世界平均量的 3 倍，是美国的 4.7 倍、德国的 7.7 倍、日本的 11.5 倍。② 为了子孙后代，我国有限的自然资源不能如此的浪费，从长远来看，它必将影响社会的可持续发展。许多阿拉伯国家盛产石油，过去，他们为了满足自己这代人奢侈的需要，不顾资源是有限的这个现实，超量开采，致使这些国家的石油蕴藏量急剧下降。这种饮鸩止渴、竭泽而渔的做法，给这些国家今后的发展带来了极大的危害，我国绝对不能重蹈这些国家的覆辙。随着经济的快速发展和工业化的到来，我国经济在面临着重大发展

---

① 中国企业联合会：《共享和谐》，企业管理出版社 2004 年版，第251—252页。

② 赵杰：《矿难之泪与发展模式之累》，载《文汇报》2004 年 12 月 1 日。

机遇的同时，也面临着严峻的挑战：资源短缺，环境脆弱。显然那种粗放的、高消耗、高污染的发展模式，既不符合可持续发展理念也不符合企业社会责任要求。

可持续发展是指经济、社会、资源和环境保护协调发展，它们是一个密不可分的系统，环境保护是可持续发展的重要方面。企业社会责任运动要求企业注重环境的保护、资源的永续利用。成功的企业除对市场信号显示出灵敏的反应外，还表现在对生态资源利用的适应性，企业如果忽视对生态资源的保护和利用，就很难实现可持续发展的目标。

现实经济生活中，一些企业缺乏可持续发展意识，在单纯经济利益的驱使下，掠夺式地开发资源，严重污染环境。一些企业为了能够低成本进行生产经营，完全不顾国家对于企业生产废料排放的有关规定，很多废料不经过处理，就任意排放到大气、土壤和水体中，从而对生态环境造成不可弥补的损失。目前，我国企业排污是环境污染的最主要源头。据估计，中国工业企业污染约占总污染负荷的70%。而工业企业排放的污染，50%左右是因为企业管理不善造成的。其中一些重点污染行业，如冶金工业的污染物，有70%是管理不善所致，化工、石油等部门的一些重点企业调查发现，污染物排放总量中大部分是管理不善而流失的。企业管理存在的问题，固然有产权不清、市场机制不灵等因素的影响，但企业社会责任的缺失也是其中不可忽视的原因。由于缺乏可持续发展的社会责任，企业没有自觉控污减排的意识，在很大程度上加剧了中国环境与资源的压力。[①] 据有关部门的测定，企业因为不处理废料所造成的环境损失，是企业盈利的几百倍、几千倍，有的甚至完全不可能用金钱来衡量其损失。企业社

① 金乐琴：《企业社会责任与可持续发展：理论及对策》，载《绿色中国》2003年第2期。

会责任运动则要求企业注重环境保护，倡导企业对环保事业作出贡献。因此，加强企业的社会责任，使企业从可持续发展的要求出发，在管理上下工夫，控制污染的源头。

针对可持续发展问题，一般而言，解决的思路无非两种：一是通过市场调节；二是进行政府干预。虽然这两种思路都可在不同程度上解决环境资源问题，但是也存在各自的缺陷。从市场调节角度来看，它需要具备一系列条件，如完善的产权制度，体现价值的市场价格体系等。但现实中这些条件往往难以完全具备。比如，有些资源与环境的产权不可能明确界定，像大气、公海、臭氧层等；有些资源的产权可以界定，但要维护产权需要很大的交易成本。政府干预一般有直接管制和经济政策激励两种方式，它们也都面临着一系列条件的制约，面临着管制者与管制对象存在信息不对称所造成的管制成本居高不下、甚至管制失效的问题。

企业社会责任作为一种超越政府和市场以外的力量，在解决企业的外部性、降低政府监督的成本，从而推进可持续发展方面具有独特的作用。首先，企业在从事生产经营活动时，时时要与生态环境发生联系。企业的社会责会任促使它从人与自然和谐共处的需要出发，自觉减少污染物排放，保护生态环境。企业社会责任所导致的企业自律行为，无须外部力量的强制，是企业出于社会利益考虑而产生的一种自觉、主动的行为，既可以大大降低政府干预中由信息不对称而产生的“道德风险”，又可以在一定程度上减少政府监测的成本，对推进可持续发展具有不可估量的作用。其次，企业社会责任具有广泛渗透和持久激励作用。企业社会责任往往与企业文化融为一体，产生潜移默化的影响，渗入到每个成员的价值取向中。当前，企业文化对企业行为的影响已经越来越被人关注。在企业中，如果每一个成员都树立可持续发展的意识，他们就会自觉遵守企业的环保规章，主动配合企业的环保措施，成为引领企业长期行为的基本力量。①

目前，企业履行环保义务的状况已经成为跨国公司在我国选择战略伙伴的重要考察因素之一。另外，在企业社会责任运动的影响下，消费者在选购商品的时候，也越来越看重企业和产品的环保情况。特别是西方发达国家的消费者，他们更倾向于购买履行环保义务好的企业生产的，并且在消费后更利于环保处理的商品。有关资料表明，70%的美国人表示企业的环保信誉会影响他们的购买决定，40%的欧洲人更喜欢绿色食品而不是传统食品。

企业的环保意识普遍不高在很大程度上影响着我国产品的国际竞争力，有些西方发达国家设置了基于环保的非关税贸易壁垒，限制我国产品出口，甚至把我国产品，特别是农产品挡在国门之外，严重影响我国国际贸易的发展。据联合国统计，2002年我国约有包括农产品在内的价值74亿美元的出口商品因绿色壁垒受阻。企业社会责任运动有助于提高我国企业的环保意识，改善我国目前日益恶化的环境状况。②

对于正在成长阶段的中国企业而言，承担可持续发展的社会责任，在短期内可能会由于更新技术和加大环境治理力度而影响其经济效益。但在全球化的浪潮中，中国的企业必须面对来自跨国公司的竞争，必须迎接正在全球范围内兴起的“绿色”浪潮的挑战，还必须在国际贸易中跨越越来越多的“绿色”壁垒。如果中国的企业都只考虑眼前利益，那么我们就会丧失长远的竞争优势，在国际竞争中处于被动地位。

---

① 金乐琴：《企业社会责任与可持续发展：理论及对策》，载《绿色中国》2003年第2期。

② 卞爱琴：《论落实科学发展观与企业社会责任运动》，载《桂海论丛》2004年第6期。

四、倡导和强化企业社会责任是贯彻科学发展观、构建和谐社会的要求

党中央站在时代的高度，提出了“以人为本”的科学发展观，强调“以人为本”，强调“五个统筹”，强调在经济发展的基础上，不断提高人民群众物质文化生活水平和健康水平；就是要尊重和保障人权，包括公民的政治、经济、文化权利，就是要不断提高人们的思想道德素质、科学文化素质和健康素质；就是要创造人们平等发展、充分发挥聪明才智的社会环境。从总体上看，企业社会责任与党的十六届三中全会提出的“以人为本”的科学发展观是高度一致的。企业社会责任运动提出，企业除了创造物质财富之外，还应承担社会责任，保护劳工权利、保护环境，发展慈善事业等。这些注重企业与环境、与社会的关系，注重对人的尊重和人的价值实现的主张，都与科学发展观相吻合。

中国社会科学院发布的《2005年社会蓝皮书》，提出了中国构建和谐社会的总体目标是：扩大社会中间层，减少低收入和贫困群体，理顺收入分配秩序，严厉打击腐败和非法致富，加大政府转移支付力度，把扩大就业作为发展的重要目标，努力改善社会关系和劳动关系，正确处理新形势下的各种社会矛盾，建立一个更加幸福、公正、和谐、节约和充满活力的全面小康社会。

和谐社会就是一种理想社会。和谐的思想，最早出现在古籍《国语·郑语》之中，诸子百家几乎都有肯定“和谐”思想的言论，儒家尤甚。和谐首先是一种美好的社会理想，这种美好社会的基础是一种稳定的社会。“和无寡，安无倾”，① 意思是说，社

① 《论语·季氏篇》。

会和平，人民团结，社会便没有倾覆之危险。这种美好社会呈现出一种政通人和、万民同心的景观。孔子憧憬的和谐社会，“致中和，天地位翁，力物育翁”，社会安详于天地之间，万物发展于寰宇之里。和谐也是治国安邦之道。《周礼》中多次提及“以和邦国”、“以谐力民”，和谐思想被当成治国安邦的“礼制”确定下来。孔子认为，“和也者，天下之达道也”，[①] 即“和谐”是实现国家繁荣昌盛的根本规律。这些关于和谐思想的理念对理解今天世界范围内的企业社会责任运动，都有极为重要而积极的意义。

构建社会主义和谐社会的关键在于社会各阶层之间的关系和谐，各利益群体之间的互惠互利，主要工作在于改善社会关系和劳动关系、扩大就业、理顺分配秩序，减少低收入和贫困群体。在这些方面，企业都是大有可为的。因此，很有必要倡导我国的各类企业，正确理解“构建社会主义和谐社会”的重要意义，充分认识企业承担社会责任的必要性和重要性，使承担和履行社会责任成为企业的自觉行动和神圣职责。当然，企业必须首先获得经济利益，才能有自身的发展，也才有能力去承担社会责任，但是，企业和企业家都应该明了，只有社会整体发展了，企业才会有一个健康的发展环境，只有建设好一个和谐的社会，企业也才会有一个长期发展的可能。[②]

目前，我国的人均 GDP 已经达到 1000 美元，从解决温饱的发展阶段步入了全面建设小康社会的新的发展阶段。根据多数发达国家的历史经验，我们的国民经济从宏观上将步入一个“两难”境地。走出低收入国家并向中等收入国家迈进的时期，即人均 GDP 从 1000 美元到 3000 美元的时期，可能出现两种前途：

---

① 《中庸》第一章。

② 李殿钦：《和谐社会：企业社会责任急需提高》，载《中国律师》2005 年第 10 期。

一种是进入“黄金发展时期”，另一种是进入“矛盾凸显时期”。也就是说，要么继续保持社会经济的结构性差距，通过营建新的“发展极”，积蓄更大的“发展势能”，推动我国社会经济实现新的飞跃。但这样可能会面临巨大的社会危机，使社会显失公正，贫富差距扩大，福利发展缓慢，环境、资源过度损耗等等。要么，基于社会公正的考虑，缩小贫富差距，扩大社会福利，先实行“平衡发展”，在条件成熟时采取“大推进”战略。[①] 显然，后者有利于在我国这样一个人口大国避免“拉美陷阱”，实现社会的和谐发展。[②]

由于我国尚处于市场经济建设的初期，资本原始积累阶段的许多问题在我国依然存在。我国企业社会责任问题主要表现在劳动保护缺乏、超时加班加点、假冒伪劣、环保意识差等多个方面。这些情况显然违反社会责任要求，当然也是违反科学发展观的。

为此，必须通过完善社会主义市场经济体制，加快现代企业制度建设，加大对企业的监督、监管力度，减少经济运行中的各种道德失范行为和违法犯罪活动，切实提升企业伦理水平。积极倡导企业承担社会责任，要通过舆论和政策引导，使企业坚信，只有对顾客、员工、供应商、投资人、社区、环境和政府负责，才能塑造充满活力、内外和谐的企业，才能加快构建和谐社会的进程，而和谐社会的构建，也必将为企业的成长、壮大创造良好

---

① 陈冬林、李燕凌：《和谐社会理念下的企业社会责任》，载《企业改革与管理》2005 年第 9 期。

② 20 世纪 60 年代、70 年代，一些南美国家的人均 GDP 刚跨过 1000 美元关口，他们为推动经济快速起飞，普遍实施了减少农民战略，把大量农民转移到城市，把耕地留给少数农户。这样做确实促进了农业产业化经营，南美也一举成为世界上农业竞争力最强的地区之一。但是，当大量“无土地、无保障、无固定岗位、无一技之长”的农民成为新市民后，新的问题凸显出来了：政府为承担他们的养老、卫生、社会保障等费用精疲力竭，城市两极分化更为严重，社会矛盾激化，治安混乱，国家陷入动荡，经济发展停滞不前。这就是常被专家学者提及的“拉美陷阱”。

的外部环境。①

从企业内部角度考察，企业社会责任运动强调企业对员工的责任与科学发展观的“以人为本”相一致，人是第一战略资源和第一生产要素，其他所有资源和要素只有通过人的劳动和创造才能转化为经济效益。在知识经济时代，人力资本成为比物质资本更重要的资本。因此，企业必须把不断改善员工的劳动环境条件，提高员工福利、劳动报酬以及思想道德素质和科学文化素质作为一项战略任务，为员工的健康成长创造良好的条件和机会。企业社会责任中关于健康与安全、员工培训、工会权利等方面的要求体现了“以人为本”思想，体现了对企业员工的人文关怀。这种社会责任的要求迫使企业关注员工的权益问题，而这恰恰是科学发展观所要求的。② 近年来，企业不签订劳动合同、不缴纳社会保险、拖欠职工工资、劳动生活条件差等问题非常突出。2003 年，全国各级劳动争议仲裁机构处理劳动争议案件 22.6 万件，劳动者胜诉率和部分胜诉率达 84.7%。全国人大常委会执法组在 2004 年对《工会法》实施情况检查报告中指出：近年来劳动争议案件大幅上升，群体性事件增多，严重影响了劳动关系的和谐和社会稳定。③

企业社会责任问题本身是一个经济领域和社会层面的问题，但因为一些企业没有树立“以人为本”的经营理念，企业经营者和管理人员缺乏社会责任意识，不重视改善员工的工作条件和安全保障，一味地压低劳动力价格，延长劳动时间，降低劳动力成本，很容易导致将企业社会责任问题被政治化为所谓的劳工、

① 梁喜书、张洁：《构建和谐社会与企业社会责任》，载《石油大学学报（社会科学版）》2005 年第 3 期。

② 朱贵平：《关于企业社会责任运动的科学发展观透视》，载《经济问题》2005 年第 7 期。

③ 宋爱苏：《构建和谐社会：企业的社会责任》，载《探索》2005 年第 2 期。

人权问题。只有改变企业家的经营理念，真正重视企业社会责任问题，改善员工的生产生活条件，才能彻底消除某些人将企业社会责任肆意扩大到政治领域，意识形态化的企图。

在建立和谐稳定的劳动关系方面，我们应该向日本企业学习。尽管日本企业的终身雇用模式在今天受到了一些方面的挑战，但这种模式对于凝聚员工，提高企业的竞争能力，稳定社会，提高综合国力起到了十分重要的作用。因为劳动关系稳定是社会和谐的基础，稳定的员工等于企业保持了长期以来积累的技术和管理经验，形成竞争优势，企业在劳动力过剩的情况下不解聘员工的损失，可以通过赢得员工的忠诚得到补偿。经济体制改革、经济结构调整、社会转型时期，是利益调整带来社会问题的多发期，需要整合全社会力量，特别是企业要承担起相应的社会责任，为构建和谐社会奠定坚实的基础。

从企业与社会的关系看，企业社会责任强调要承担对非股东利益相关者的责任。我国在计划经济向市场经济转轨的过程中，国有企业经历了一个不追求自身利益到追求自身利益的转变，而民营企业刚起步，处于企业的原始积累阶段，不少国企和民企都陷入了只追求自身利益的陷阱。企业只盯住利润，把利润作为企业的唯一目标，无视或忽视企业的社会责任，企业的价值目标被严重扭曲。

由于科学技术的快速发展以及人们生产与交易的社会化，企业与各利益相关者相互依存、相互制约，形成了一个动态变化的多种因素组成的系统，它影响着企业的管理决策与经营。在西方，从20世纪60年代对企业社会责任的纷争到20世纪90年代众多企业对企业社会责任的认同和支持，期间经历了30多年的时间，到20世纪90年代末期，企业社会责任才逐步走上制度化的发展轨道。在这个期间，欧美企业家在经营理念上经历了很大的转变，这种转变不仅是企业家自身从“经济人”假设到“社会人”假设、再到“企业公民”理念的转变，而且在企业经营理念上，由原来的只对股东利益负责到对利益相关者承担社会责任，也经历了很大的转变。同时，这些转变也是在一系列社会事件和社会运动的促动下发生的。20世纪60年代，欧美的企业也并不认为企业应该承担社会责任，但是，一系列污染环境和损害公众利益事件的发生，以及这些事件所引起的西方消费者运动、可持续发展运动和企业社会责任运动，迫使企业家不得不承认企业与环境、与社会的关系不再是分离的、对立的，而是相互促进、相互协调的，企业承担社会责任对企业的可持续发展是有好处的，不承担社会责任就会付出很大代价。①

在我国，要建设社会主义和谐社会，企业作为社会的微观组织，必须重塑企业价值目标，才能真正担负起社会责任。这就要求企业必须关注利益相关者，对各利益相关者承担一定的社会责任。企业通过关注社会公平、社会公益、人权，有助于企业拉近与社会的距离，树立良好的企业形象，使企业与社会共同获得发展。在“以人为本”理念的影响日益深远的今天，社会不再容忍“血汗工厂”血淋淋的生产场面重现。对于消费者来说，接受一件由牺牲劳动者的安全与健康所生产的商品也变得不可思议。承担企业社会责任，是实现企业可持续发展的重要保障。每一个企业在追求自我生存的过程中，都希望能拥有长远利益和发展，使企业长盛不衰、永续经营。企业社会责任直接关系到企业的生死存亡，发达国家的一些大公司，如安然、安达信、世通等在诚信方面所引发的“地震”，曾引起了全世界的震撼、谴责和反思，并给这些企业带来了灭顶之灾。

和谐社会思想推动下的企业社会责任建设，需要社会各界齐

---

① 赵琼：《以人为本：是企业社会责任的核心理念》，载《WTO经济导刊》2004年第5期。

心协力、共同努力。从企业社会责任建设进程来看，必须清醒地认识到转型时期社会矛盾的复杂性，特别是要在不断增强企业社会责任建设自觉性的同时，提高企业社会责任的意识。要认识到，社会责任建设是在我国构建和谐社会的大背景下对企业提出的新要求，加强企业社会责任建设，充分调动企业利益相关者的积极性，特别是要积极推动企业社会责任标准化运动，极力促使企业社会责任的标准化，因为现代企业和谐发展不只是指国内的和谐，也包括国际范围内的和谐发展。企业社会责任标准本身就具有法规属性，有助于建设安定有序的和谐社会。企业社会责任是企业从关注产品质量到环境质量，再到人文质量的飞跃，实现人、自然的和谐相处，并最终实现社会全面协调和可持续发展，是企业社会责任建设的终极目标和归宿。

第四章　企业社会责任与经济法

作为一种建设性的思想，企业社会责任自问世以来赢得了众多追随者，几十年来国外学者对企业社会责任进行了广泛的研究和探讨，并被立法和司法实践确定下来。然而，企业社会责任的法理基础何在？这个问题一直为法学界所关注。笔者认为，探究企业社会责任的法理问题，离不开经济法的理论支持，可以说，企业社会责任与经济法之间具有内生的密切联系。尽管企业社会责任关系到多方利益，涉及企业组织、劳工、契约、环境等多方法律机制，但是经济法与企业社会责任关系最为密切，企业社会责任与经济法在许多方面具有高度的一致性。经济法是倡导企业社会责任观的法理基础，是研究企业社会责任的基本理论和全新理念，也是实现和落实企业社会责任的主要法律机制和途径。

第一节　企业社会责任与经济法具有共同的法益追求

一、经济法是社会本位法

法之本位，即蕴涵于法的基本出发点、基本目的和基本功能之中的精神和理念。法律部门的本位，是指体现在该法律部门中的解决社会矛盾的基本立场。调整社会经济关系的法律部门的本位思想可以分为三种情况：一是"个体权利本位"，这是以当事人利益为主导的民商法的本位思想；二是“国家权力本位”，这是以国家利益为主导的行政法的本位思想；三是“社会利益本位”，这是以维护社会公共利益为出发点的社会法的本位思想。

经济法产生于19世纪末20世纪初，其产生的一般基础和条件是：市场经济发展到社会化大生产阶段，国家被动或自觉地承担起对经济的组织协调职能；同时，社会经济及国家对经济的调整建立在法治的基础之上，并形成了相应的经济法学说。[①] 可见，经济法是对传统法哲学和经济学以及建立在这一理论基石上的近代法律体系反思的结果，其产生的最深刻的经济根源在于生产的高度社会化。由于生产社会化特别是垄断的形成，传统的个人本位思想发生了动摇。人们发现，对个体自由和权利的维护，并不能当然地导致社会公平和正义，它往往妨害其他个体和团体的自由和权利，损害社会的总体利益。单纯强调个性的自由解放，并不能使整个社会肌体健康成长。个体与社会整体存在着矛盾冲突，社会经济需要一种新的社会力量和机制进行调节和干预，协调个体与社会之间的关系，克服或缓解其间的矛盾和冲突，以建立一种新的公平、正义、效益和秩序。鉴于“无形之手”的调整无力，国家再也不能仅仅充当“守夜人”，而应当担负起社会责任。“国家之手”对经济生活的介入，在19世纪末便陆续以经济法的形式登上了历史的舞台。这一新兴法律部门站在维护社会公共利益的高度、崇尚社会本位，推动国民经济朝着持续、健康、有序的方向发展。可见，经济法社会性的凸显，既是现实经济生活的需要，也是法律自身不断发展和完善的结果。经济法的社会本位就是以维护社会公共利益为出发点的经济法的本位思想。

---

① 潘静成、刘文华主编：《21世纪法学系列教材〈经济法（第二版）〉》，中国人民大学出版社2005年版，第20页。

社会性，指的是一种普遍性而非特殊性，一种全局性而非局部性，一种大众性而非个人性。[①] 民法以调整平等主体之间财产关系和人身关系为己任，注重保护私人的利益，具有私人性；商法以调整平等商事主体之间的商事关系为己任，注重维护商人的营利，具有营利性。“从私法观察角度出发所看到的经济关系，不过是两个私人之间以互相平等为前提的关系。这种观点忽视了第三者，即在任何经济关系中都是最大的利害关系人：公众”。[②] 经济法则与此不同。经济法是社会化的产物，是适应经济和市场社会化的迫切要求，是为解决社会化引起的矛盾和冲突应运而生的。亚当·斯密曾断言，“看不见的手”能成功地引导着追求自己利益的个人来促进社会公共利益。事实上，实践却证明了仅仅追求自己私利的人们并不能自发地促进社会公共利益。相反，往往会破坏社会公共利益，诸如垄断、不正当竞争、污染环境、生产假冒伪劣产品等等。这时，无论是作为私法一般法的民法还是作为私法特殊部分的商法，都只能局限于调整私人之间的关系，无力顾及社会公共利益。显然民法和商法囿于自身的调整对象、调整机制和法益目标，无法调整具有社会性的经济关系并维护社会公共利益，社会性的经济关系需要新型的法律来满足相应的调整需求。因此，国家以社会公共利益总代表和管理者的身份介入经济生活，对经济关系进行协调，在充分尊重私人利益的基础上，致力于社会公共利益的维护。

一般而言，经济法的社会本位至少包含这样的含义：经济法调整具有社会公共性的经济关系，并以维护社会公共利益为其首

---

① 王保树、邱本：《经济法与社会公共性论纲》，载《法律科学》2000 年第 3 期。

② 〔德〕拉德布鲁赫：《法学导论》，中国大百科全书出版社 1997 年版，第 77 页。

要价值目标。具体体现在以下三个方面:[①]

一是，从调整对象看，经济法的调整对象具有社会性，无论是市场规制关系，还是宏观调控关系，都具有社会性。市场规制并不在于规范具体当事人的交易关系，而主要着眼于构造自由的、公平的市场竞争环境，矫正市场中的反竞争行为，以法律的手段为市场机制的发挥创造条件。宏观调控的目的，则在于确认和规范政府宏观调控的实施主体、宏观调控的手段以及宏观调控的效力，保证国家宏观经济政策的贯彻，实现国民经济总需求和总供给的平衡。

二是，从调整机制上看，经济法采用社会整体调节机制，既不表现为对某个自然人和法人的直接控制，也不表现为对某个自然人和法人的个别保护，而是以承认并维护自然人和法人的独立地位为基点，着眼于社会整体的市场规制和宏观经济调控。

三是，从经济法的法益目标看，经济法将社会公共利益作为自己法益结构中的首要利益，通过保护社会公共利益实现从总体上保护自然人、法人利益的需要。经济法对权利义务的配置主要不是着眼于交易双方利益的衡平，而是使个人的行为符合社会整体利益的要求。经济法作为公私融合之法，无论是对于执法者的国家机关而言，还是对于经济法所规范的市场主体而言，均以维护社会公共利益为原则指导和约束自己的行为，以实现经济法的目标。经济法维护公平竞争和规范宏观调控，其目标都是社会公共利益。

可见，经济法所体现的“社会本位”，不是一个模糊的或者容易引起混乱的空洞词汇，而是蕴涵着实质性内容的价值定位。经济法体现的“社会本位”，是从社会整体利益出发，以协调各

---

① 王保树主编:《经济法原理》，社会科学文献出版社1999年版，第35页、第64页。

层次利益关系的法益追求，因此可以说社会整体利益是“社会本位”思想的实质性内容。概言之，经济法是社会本位法，以维护社会公共利益为其首要价值目标，经济法的社会性体现在其调整对象、调整机制和法益目标上。

企业社会责任理论与经济法具有完全一致的社会观。经济法的社会观是一种全体的社会观，或称为整体的社会观。因为经济法是由于市场失灵而由国家介入经济的过程中产生的法律，市场失灵很容易导致整体社会经济功能的紊乱，而国家对经济介入的目的不是为了某个群体的利益，而是社会的整体利益。在经济法律关系中，国家参与某种社会关系的目的不是为了帮助某类弱势群体，而是为了促进整个国民经济持续、健康、快速地发展。企业社会责任理论的“社会”，也是指整体的社会。倡导和强调企业社会责任，尽管在实际履行中主要表现为对企业的非股东利益相关者利益的保护，但其目的不是为了某个群体的利益，而是为了整体经济的良好运行而平衡各方利益，实质是为了社会的整体利益。

二、经济法的产生昭示着企业社会责任的正当性

经济法的出现与企业社会责任运动的兴起有着内在的密切联系。对巨型企业的垄断行为进行规制，是早期经济法的历史使命。在20世纪30年代，由于生产的社会化和产业革命的到来，使得企业规模不断扩大，出现了一批巨型企业。它们通过垄断经营，妨害了自由竞争，破坏了正常的经济秩序，并且引发了一系列严重的社会问题。当时美国颁布了一些反垄断法规，对巨型企业的垄断行为进行规制，是经济法对企业的不当经营行为进行调

整的先例。企业日益巨型化产生的社会问题也使得民众对企业的不满情绪日益高涨，也正是在这一时期和这样的历史背景下，企业社会责任运动出现了。人们追问，除了对企业进行反垄断法规制外，企业自身应该怎么做？企业在追逐自身利益最大化时，是否应该关注其他社会群体的正当利益？可见，企业社会责任运动的兴起与经济法有着内在的关联，这绝不是偶然的巧合。经济法是企业社会责任运动兴起的理论先导，经济法为企业社会责任运动提供了一个广阔的历史舞台。①

从更广泛的意义上看，经济法体系内许多法律的产生均与企业社会责任有着紧密的联系。市场主体是市场经济关系的参加者，无论生产者、经营者还是消费者，民商法都为他们参与市场经济活动提供了基本的制度框架，即平等、独立和自由。但是，随着企业法律形态的不断创新，社会经济的不断发展，生产者、经营者和劳动者、消费者之间原初的相对均衡状态已被因资本、信息等因素所导致的事实上的不平等、不自由所替代。消费者作为市场主体的另一方，相对于企业明显处于弱势的不利地位。因此，一种新的权利义务在市场主体之间进行再配置就成为必要，一种专门保护弱势群体的《消费者权益保护法》、《产品质量法》等由此诞生，通过赋予消费者在交易、信息、安全等方面更多的权利，让生产者、经营者承担更多的义务的方式，来协调、平衡事实上的不平等，迫使企业履行社会责任。同样，在企业与企业之间，伴随着市场行为的异化发展，旨在限制和消除公平竞争的垄断现象大量出现，不正当竞争行为遍布市场。为了引导、规制企业的市场行为，维护公平竞争秩序，保护社会公共利益，《反不正当竞争法》和《反垄断法》成为必需。甚至可以说，整个

---

① 熊俊：《企业社会责任的法理分析》，载《武汉工程职业技术学院学报》2005年第6期。

竞争法律制度可以看作是站在维护社会公共利益的立场上，倡导、强调企业履行社会责任的基本法律措施。企业社会责任本质上是对企业自由的约束，它暗含着这样一个理论预设：即完全自由放任的市场极易滋生诸多有损公正的社会问题，国家应当适度介入社会经济生活，以解决市场在保护非股东利益相关者利益上的失灵，这也正是经济法产生的主要原因。

倡导企业社会责任就意味着政府要对市场进行必要的调控，使市场既充分发挥其作为资源配置基本手段的功能，又为企业社会责任提供适宜的生存空间。显然，只有通过经济法这样的社会本位法的调整和规制，运用国家这只“看得见的手”，才能矫正市场失灵，避免企业为单纯追求股东利润最大化而对其他利益相关者利益的侵害。即使是“国家之手”的运用，经济法的着眼点仍是经济的社会协调性，而不是片面强调国家的意志或者利益。因为经济法重在维护社会经济总体结构和运行的秩序、效率、公平、正义，侧重于从社会整体角度来协调和处理个体与社会的关系，并超越“国家利益”关注真正的社会利益。

三、经济法和企业社会责任的法益目标都是社会公共利益

从人类发展史看，社会整体利益和社会个体（组织和个人）利益的矛盾是人类社会的基本矛盾，并支配着人类社会的始终。这一矛盾又表现为国与民、国家和企业、宏观和微观、统和分、管理和自主、经济集中与经济民主、纵向关系和横向关系、计划与市场、国家调节和市场调节、秩序和自由、公平与效率以及公法与私法等等。在以上矛盾中，最重要的是处理国家与企业的关系。即要处理国家的意志、行为和利益与企业的意志、行为和利

益之间的关系，以达到关系协调、利益兼顾，使各方都处于应有的合理位置和最佳的联结状态。[①] 事实上，任何部门法都将保护一定的利益作为自己的任务，或者说，任何部门法都将追逐和实现一定的利益作为自己的目标。因此，所有部门法都有自己的法益目标。经济法也不例外，经济法的法益目标是社会公共利益。经济法是对现代社会经济关系能够进行全面、系统调整的法。它以社会利益为本位，要求上至国家机关，下至社会组织和个人，都要对社会负责，即对社会生产力的发展、社会经济效益的提高负责。经济法从社会整体利益出发，通过对社会整体利益和社会个体利益的协调，来达到发展社会的目的。[②]

社会公共利益是一个内涵极其丰富的概念，庞德认为“社会利益是指包含在文明社会的社会生活中并基于这种生活的地位而提出的一种要求、需要和愿望”。[③] 我国有学者认为社会公共利益“是公众对社会文明状态的一种愿望和需要”，包括：(1) 公共秩序的和平与安全；(2) 经济秩序的健康、安全及效率化；(3) 社会资源的机会的合理保存与利用；(4) 社会弱者利益（如市场竞争中的消费者和劳动者利益等）；(5) 公共道德的维护；(6) 人类朝文明方向发展的条件（如公共教育、卫生事业的发展）等方面。[④] 简言之，社会公共利益可以理解为社会生活中不特定多数人所享有的利益。显然社会公共利益具有主体不特定性和普遍性的特点。因此，对于社会公共利益维护，不能只依赖于“无形之手”，不能只用私法的手段，必须充分重视国

---

① 刘文华、王长河：《经济法的本质：协调主义及其经济学基础》，载《法学杂志》2000 年第 3 期。

② 刘文华：《中国经济法的基本理论纲要》，载《江西财经大学学报》2001 年第 2 期。

③ 庞德：《通过法律的社会控制——法律的任务》，商务印书馆 1984 年版，第 37 页。

④ 孙笑侠：《法的现象与观念》，群众出版社 1995 年版，第 68—69 页。

家在协调个体利益与社会公共利益的矛盾中的重要作用，以经济法的形式确认企业社会责任。

经济法以社会为本位，立足于整体利益，促进社会经济稳定协调发展，以维护社会整体利益为根本使命。在经济法视野中，公权力的行使只有有利于社会整体利益，才是必要的、可行的；私权利的行使，只有不违背社会公共利益，才是自由的。经济法的这种品质和追求贯穿于诸多经济法律法规之中。例如，我国原《公司法》第 14 条第 1 款规定：“公司从事经营活动，必须遵守法律，遵守职业道德，加强社会主义精神文明建设，接受政府和社会公众的监督”；新《公司法》第 5 条规定：“公司从事经营活动，必须遵守法律、行政法规，遵守社会公德、商业道德，诚实守信，接受政府和社会公众的监督，承担社会责任。”《反不正当竞争法》第 1 条规定：“为保障社会主义市场经济健康发展，鼓励和保护公平竞争，制止不正当竞争行为，保护经营者和消费者的合法权益，制定本法。”该法第 3 条第 1 款规定：“各级人民政府应当采取措施，制止不正当竞争行为，为公平竞争创造良好的环境和条件。”第 4 条第 1 款规定：“国家鼓励、支持和保护一切组织和个人对不正当竞争行为进行社会监督。”《消费者权益保护法》第 1 条规定：“为保护消费者的合法权益，维护社会经济秩序，促进社会主义市场经济健康发展，制定本法。”该法第 5 条第 1 款规定：“国家保护消费者的合法权益不受侵害。”第 6 条第 1 款规定：“保护消费者的合法权益是全社会的共同责任。”另外，《产品质量法》第 1 条规定：“为了加强对产品质量的监督管理，明确产品质量责任，保护用户、消费者的合法权益，维护社会经济秩序，制定本法。”上述法律规定充分说明，经济法以保护社会整体的利益为首要价值目标，国家（政府）以保障社会整体利益为职责，全社会拥有保证前述目标和职责顺利实现的权利。

同样，企业社会责任理论则将企业视为构成社会有机整体的基本成员，认为企业通过国家、社会的支持已成为社会财富的主要拥有者和资源的主要占有者，企业经济力量的日益强大本身就蕴涵着对社会的法律和道德义务，企业在追逐利润的同时应当考虑社会的整体利益和长远发展。并且，当今许多严重社会问题的产生与企业有着密切的关联，企业参与这些社会问题的解决并自觉承担相应的社会责任，是作为一个良好“企业公民”对社会应尽的义务。可见，经济法的法益目标与企业社会责任所追求的社会公共利益的完全一致，或者说，企业社会责任体现了经济法的法益追求。

第二节　经济法和企业社会责任具有一致的价值取向

一般而言，法的价值包括秩序、民主、效益、权利、法治，以及安全、自由、平等、人权、正义乃至人的自由发展。在如此复杂的法的价值体系中，不同的部门法有不同的价值取向，也正因为如此，部门法的划分才有了一个相对确定的标准。一般认为，公平是整个民法的基本价值取向；秩序、安全、自由是刑法的根本价值取向；公正和效率是程序法的价值取向等等。部门法的价值的确定，一般应受制于部门法的界域及其内在调控机能的特性。经济法的价值就是经济法作为一个独立的法律部门所追求的理想和目的。基于当前学界对经济法界域的普遍认知，我国经济法的价值是经济法通过其规范和调整所追求的目标，表现为实质正义、社会效益、经济自由与经济秩序的和谐统一。[①] 如果把

① 史际春、邓峰著：《经济法总论》，法律出版社 1998 年版，第 52 页。

企业社会责任置于价值层面上进行考察，不难发现，企业社会责任的价值与经济法价值具有高度的一致性，实质正义、社会效益等也恰恰是企业社会责任的内在追求。

一、经济法的实质正义价值与企业社会责任一致

法以追求并实现正义作为自己的天职。“正义有着一张普罗休斯似的脸，变幻无常，随时可呈不同形状并具有极不相同的面貌。”[①]历史上的思想家与法学家们曾提出过许多正义观，正义发展到当今已被人们赋予多方面、多层次的规定性。正义有着相对性、不确定性和主观性的一面，也具有绝对性、确定性和客观性。无论在历史上还是在当代，都存在着人类社会普遍接受的某些正义观念，不管其理论基础是自然权利、社会契约，还是平等、自由和秩序，正义实质上代表着一种人类社会的美德和崇高理想，它强调人的平等地位和共同发展，注重利益和负担分配的公平。迄今为止的各种正义观中大都包括两个基本方面的内容，即实质正义和形式正义。近代大陆法系各法律部门所确立的正义观主要是形式正义，表现为两个方面：第一，是法律规范本身的逻辑体系形式之追求；第二，是在具体法律的实施中，强调同等的对待所有情况相类似的人。[②] 以契约为代表的民法的正义价值就是这种形式正义的典型表现，民法认为只要对各种市场主体平等对待就足够了，同时还承认市场主体起点不平等的合理性——只要这种不平等不是市场外的因素造成的。[③] 然而随着社会的发

---

① 〔美〕E. 博登海默著：《法理学——法律哲学与法律方法》，邓正来译，中国政法大学出版社 1999 年版，第 252 页。

② 史际春、邓峰著：《经济法总论》，法律出版社 1998 年版，第 153 页。

③ 贾海燕：《经济法价值分析》，载《法学论坛》2002 年第 6 期。

展，社会政治、经济结构日益复杂，经济主体之间的能力、财富等方面存在着极大差别，形式正义却不能避免、甚至引起了竞争结果的实质不公。

相对于形式正义而言，经济法所要实现的法的价值在于实质正义。我国经济法的实质正义观在于实现社会范围内的实质性、社会性的正义和公平，是一种追求最大多数社会成员福祉的、社会主义的正义观。经济法实质正义强调针对不同情况予以不同的法律调整，根据特定时期的特定条件确定经济法的任务，根据社会发展的内在要求和多数人的实质需要确定经济法的规范及其适用，以实现最大多数人的幸福、利益和发展。[①] 经济法的实质正义，还表现在调整手段也呈现出丰富性和多样化。形式正义追求法的机械、刻板适用，因此不得不常常面对社会现象复杂、发展与法律规则僵化和滞后的矛盾。而经济法实质正义不仅重视法律规范的普遍性，同时也针对个别情况作特殊调整，为了纠正社会不公而采取的各种积极措施或手段，体现了法律的灵活性和适应性能力。追求实质正义尽管可能会出现表面上不公正的措施或现象，对不同的主体有所倾斜，或者权利义务不对等，但这正是实质正义对形式正义的超越，表面上的不公正正是达到结果和实质公正的必要条件和前提。实践中，经济法努力平衡各种市场主体的意志和利益，维护和保障最大多数人的福祉。一方面，经济法从企业公司法等经济主体法内部规定企业、公司的权利义务，以及组织方式，促进企业公司内部的公平和分配的公正；另一方面，经济法从市场规制角度出发禁止垄断、限制竞争、不正当竞争等破坏竞争秩序的行为以维护自由公平的竞争环境和秩序，对市场交易主体一方处于弱势地位的消费者给以特殊的倾斜保护，以维护交易的公平和社会的稳定；最后，经济法从国家宏观经济

---

① 史际春、邓峰著：《经济法总论》，法律出版社 1998 年版，第 154 页。

角度，通过金融、税收、产业政策等经济手段引导市场主体作出有利于社会经济整体发展的选择，促进全社会的公平和社会分配的公正。

企业社会责任理论突破传统的企业只为股东谋利的理念的束缚，将非股东利益相关者的利益纳入企业的目标。依企业社会责任观念，股东和非股东利益相关者均是平等的企业契约关系的主体，企业则是各方利益相关者平等合作以满足和实现其物质利益的产物，任何一方当事人的行动都必须充分重视和维护他方当事人的利益。从某种意义上讲，企业是不同的利益相关者为实现各自利益进行合作和博弈的具体方式和载体，是契约关系的连接点，雇员、债权人等非股东利益相关者也是企业经营风险的承担者，相对于企业和股东，雇员、债权人和消费者处在相对弱势的地位，企业经营者必须在不同的利益间寻求平衡，达成和谐，企业才能生存和发展。其目的正是为了在企业这一利益连接体中，平衡各方利益，达成实质正义。

在现代社会，科学技术飞速发展，物质资本和人力资本皆为企业不可或缺的组成要素，在制度设计或权利义务的配置上，企业社会责任强调企业中物质资本与人力资本的平等合作，承认物质资本和人力资本对企业权利的分享或对企业共同事务的参与，依资本的专用性程度及由此决定的风险大小来确定资本的倾斜保护措施。在平等对待物质资本和人力资本的背后，所隐藏的逻辑是平等对待作为人的物质资本和人力资本的所有者。这种制度设计符合了正义的精神实质。①

同时，经济法所强调的正义观是一种发展正义观，强调在经济的发展进程中积极地解决社会问题。经济法的精神与核心是保

---

① 卢代富：《企业社会责任的经济学和法学分析》，法律出版社 2002 年版，第 192—193 页。

障市场机制持续、高效地发挥作用，当市场失灵和政府失灵时，国家就积极介入经济，目的是复苏市场和发展经济。企业社会责任理论也具备同样的理念和精神，企业社会责任对正义的追求也通过它重视社会成员的共同发展上予以证明，集中体现在它对社会弱势群体的特别关注和保护上。但企业社会责任并非要因扶弱而抑强，而是为了更强而扶弱。通俗地说，企业社会责任并不否认企业以及股东的利润最大化目标，只有企业发展了，利益相关者才可能得到更多的利益。因此，无论从理论角度还是实践角度，经济法的实质正义都与企业社会责任的内在需求相一致。

二、经济法的社会效益价值与企业社会责任一致

在现代市场经济条件下，由于存在着传统民商法无力解决的诸如交易成本过巨，市场失效、外部不经济等问题，使得市场运行无法达到“帕累托最优”状态。因而要求国家行使其协调经济的职能，以减少交易费用，克服市场失灵。因此，效益无疑要成为经济法的价值之一。效益本为经济学之概念，是指投入与产出的比例关系。依效率的观点，只有当行为或制度的产出是人们所需要的，而且产出大于投入，或收益大于成本时，行为或制度才是有效率的。经济学上的效益概念被借用到法学中来，其含义在法学界也有不同的理解。有学者强调其经济效益成分，也有学者强调其社会效益成分。

所谓法的效益价值，是指法能够使社会或人们的较少或较小的投入而获得较多或较大的产出，以满足人们对效益的需要的意

义。[1] 法律所指向的自由、正义、秩序等价值的实现是建立在法律效益的前提和基础之上的，正义、公正和效益在原则上是一致的。

法律效益包括个体效益和社会整体效益。经济法自产生之日起就以社会效益作为自己的价值取向，即经济法的效益观是一种社会效益观。社会效益相对于经济效益而言，其内涵更为深刻和广泛。首先，经济法所追求的社会整体效益，体现为促进经济效益的提高，以保证有充足的公共产品保障人民生活，完善社会福利，从而最大限度地提高人民生活水平；其次，经济法追求的社会整体效益，体现为充分发展物质文明和保障可持续发展战略的实施，以改善人文和自然环境，优化和发展人的自身价值，促进人类进步；再次，经济法追求的社会整体效益，还体现为国家或民族经济运行的有效性和效益实现的最优化，国际竞争力的增强和国际地位的提升等等。[2]

社会整体效益越高，表明社会公众分享社会成果的机会越多。概言之，经济法所追求的社会效益不是一般而言的经济成果最大化，而是宏观经济成果、长远经济利益以及人文和自然环境、人的价值等诸多因素的优化和发展，微观的和单纯的经济效益只是社会效益的组成部分之一。经济法的实质正义价值观及其以社会本位特性，决定了经济法不能只强调经济的、局部的效益。经济法之内在要求和宗旨，不容许任何有损社会利益和优良道德的效益之存在。[3] 经济法对社会效益价值的追求，要求个体经济行为与社会总体的经济发展相协调，不是追求每个市场竞争主体的个体利益最大化，而是侧重于促进市场的整体运行效益，

---

① 卓泽渊：《法的价值论》，法律出版社 1999 年版，第 206 页。

② 张英：《论经济法的基本价值取向》，载《法律科学（西北政法学院学报）》2004 年第 4 期。

③ 史际春、邓峰著：《经济法总论》，法律出版社 1998 年版，第 157 页。

为市场主体的竞争与发展创造良好的环境，从而为每个市场竞争主体自由竞争以实现个体利益的最大化提供了有力保障。

市场经济下的企业，与社会有着千丝万缕的联系。企业来自于社会，也必将还原于社会，这是一种新形势下的社会与企业关系。企业的发展壮大或被淘汰出局，都要由社会来承担它的代价。更主要是，社会是企业的生存环境，没有一个好的环境，企业也难以生存。因此，企业与社会有着共荣关系。社会经济的发展，已经使企业的角色发生了转变，企业不再是单纯的经济组织，更重要的是社会组织，企业既有经济功能也有社会功能，社会的发展和企业自身的发展密切关联，相辅相成。企业的这种“经济—社会”的复合属性要求它不但要注重经济效益，而且要把社会效益放在同等重要的地位。企业与社会千丝万缕的联系，使企业的成功标准超越了以往财务报表的定义，上升到与社会分享成果的标准。企业必须把与股东以外的利益相关者的利益，即企业社会责任，放在企业生存发展的战略位置来考虑。

如果把效率的含义和企业社会责任的意旨联系起来加以考察，就会发现，无论是行为意义上的企业社会责任还是制度意义上的企业社会责任，无不体现出对效率的关注，尤其是对社会效率的关注与贯彻。在行为方面，企业社会责任要求企业在经营中既追求股东利益最大化，又最大限度地考虑非股东利益相关者的利益；在制度安排方面，企业社会责任要求企业以一种对所有利益相关者负责的考量，合理分配企业各方参与者的权利义务，要求股东和非股东利益相关者二者实现相互约束条件下的最大化满足，以达到一种利益均衡状态。这种行为方式和制度安排无疑有利于减少企业各利益相关者之间的利益冲突和矛盾，确立企业内部的良性互动关系，调动企业各方参与者的主动性和积极性，最终使企业获得多方面的效率源泉。不仅如此，企业社会责任还使人力资本从隶属于物质资本的传统地位，提升为与物质资本具有相同重要性的企业构成因素，由此体现出对作为生产力重要因素之一的劳动者的重视。这必然会激发企业经营者和职工的活力，进而提高企业的经营效率。[①] 更为重要的是，企业社会责任把对企业这一重要经济主体行为的评价视角从企业自身延展到整个社会，企业追求效益的行为，不再单纯的以企业利润最大化为目标，不再以股东利益为唯一评价标准。企业的经济行为，必须置于社会效益之中来认识和评价，只有兼顾了所有利益相关者包括雇员、债权人、消费者、所在社区以及自然环境的行为，也就是说，符合社会效益的行为，才能得到肯定。从而引导企业树立正确的效率观，实现真实的效率——社会效益。可见，经济法作为一种实现经济效益与社会效益统一的法律机制所具有的品质和特点，同样为企业社会责任所具备。

三、经济法和企业社会责任都追求经济自由与经济秩序的统一

自由乃是一种生活于社会中的人希望尽力趋进，但却很难期望完全实现的状态。自由作为传统市民社会的基本精神，突出表现在私法自治原则中，其基本内涵在于：一是行为自由，即民事主体可以支配自己的经济活动方式；二是意思自治，即任何主体在经济活动中都仅依自己的个人意志决定行为的内容，排除任何形式的意志强制。[②] 显然，民商法所追求的自由带有浓烈的个人主义色彩。而经济法则自始将公法与私法融为一体，重塑着市场经济的自由与秩序的和谐与统一。

---

① 卢代富：《企业社会责任的经济学和法学分析》，法律出版社 2002 年版，第 188—189 页。

② 何平：《论民法与经济法价值定位的二元互补律》，载《山东法学》1999 年第 4 期。

经济自由有利于激励经济的活跃和繁荣，因此在不损害经济整体运行有效性的前提下，经济自由应当受到经济法最大限度的保护。经济自由的重要目的在于追求效益的最大化实现，经济自由价值的实现是经济法的效益价值得以实现的一个重要手段。由于经济法以实质正义和社会效益为其价值取向，经济法在自由价值的追求中，多数情况下它总是表现为以适当牺牲个人自由去争取社会自由，以此实现社会效益和实质正义。经济法对于经济自由和经济秩序之统一性与和谐性的实现，在于经济法是一种将代表“公”的国家意志渗入经济关系之法律制度化的产物。① 这种负载着社会效益和实质正义的社会整体的自由就是经济法自由价值追求的结果，其实质是一种经济秩序。这种秩序以整体社会经济发展的和谐为目标，强调社会整体经济的发展的空间和前景，其实就是社会公共利益的表现。可见，经济自由既是其出发点也是其归宿，通过为保障和实现经济自由而采取干预、协调、限制等手段，以达到一种良好的社会经济秩序，从而实现自由与秩序之平衡。

企业社会责任从根本上讲，也是在追求经济自由与经济秩序的统一。企业要在市场中享有经营自由，就必须履行法律上和道德上对社会的义务，这就要求企业必须按照经济法制的规定，保证其行为之合法性和合理性，消除任何主体在市场活动中对自由的不当限制或无度妄为。企业作为独立的经营者或法人，不仅要守法经营，而且应该对社会具有道德责任感，企业应当尊重所有参与者和相关者的权利，这既涉及企业内部各利益相关者的关系，也涉及企业与外界的关系。为了自由而遵守秩序，对秩序的遵守带来了更大的自由。显然，经济法和企业社会责任所追求的自由与秩序都不是割裂的，而是统一的、和谐的。

---

① 史际春、邓峰著：《经济法总论》，法律出版社 1998 年版，第 158 页。

第三节 企业社会责任体现了经济法的基本原则和精神

按照《布莱克法律词典》的定义，所谓法律原则，是指“法律的基本真理或准则，一种构成其他规则的基础或根源的总括性原理或准则”。据此不难推论经济法基本原则的概念，即是指贯穿于经济法实践运作全过程之中，作为经济法规则基础的指导思想和原理。构成经济法的基本原则，必须同时具备以下三个要素：一是普遍性，即经济法基本原则必须贯穿于经济法的全部实践过程，能够指导经济立法，规制经济执法和司法，并保障和促进经济守法。二是法律性，体现在其可以作为执法和司法之依据，即任何违反经济法基本原则的行为，均会导致一种否定性的法律后果。三是经济法特性，即经济法基本原则应是经济法所特有的原则，必须鲜明地反映经济法这一部门法之独具特色。

如前所述，经济法与企业社会责任在社会利益本位、实质正义、社会效益等价值追求方面高度一致。反观企业社会责任，不难发现，企业社会责任也充分体现着经济法的原则和精神。

一、企业社会责任体现了经济法的平衡协调

E. 博登海默指出，“法律的主要作用之一乃是调整和调和种种相互冲突的利益，无论是个人利益还是社会利益。”[①] 社会整体利益的实现蕴涵着期待社会多种利益实现的追求，而追求多种

---

① 〔美〕E. 博登海默著：《法理学——法哲学及其方法》，邓正来、姬敬武译，华夏出版社 1987 年版，第 383 页。

利益的实现，最终必然达致社会不同利益之间的平衡与兼顾。经济法追求国家公权与个体私权的平衡，其基本目的和核心功能是在国家利益、社会利益和个体利益的冲突矛盾中维持平衡。“事实上，要求所有的法律部门都兼顾各种利益几乎是不可能的。因为每一种法律部门总要优先考虑某一方面的利益。比如民法始终不能也不必冲破‘自由的财产流转法’的藩篱，否则民法不就是民法了。而作为社会化生产与生产关系的矛盾、经济管理的社会化与国家介入经济生活、‘无形之手’与‘有形之手’即两只手的协同作用、纵向经济关系与横向经济关系的平衡结合、经济集中与经济民主的对立统一之经济法，比其他法律部门更应当强调协调主义”。①

所谓平衡协调原则，是指经济法的立法和执法要从整个国民经济的协调发展和社会整体利益出发，来调整具体经济关系，协调经济利益关系，以促进、引导或强制实现社会整体目标与个体利益目标的统一。② 作为经济法的基本原则之一，平衡协调是由经济法的社会性和公私交融性所决定的。平衡协调意味着，经济法对于社会经济生活的调整，不是政治国家—市民社会二元结构之下维护任何一方利益的工具，也不是单纯矫正社会不公、保护弱者的手段。在社会化条件下，经济法以平衡协调之精神，竭力促使个人与企业、企业与企业、企业与国家之间的合作，促进整个社会经济关系的协调发展，实现经济自由与经济秩序的统一、社会效益与经济效益的统一、经济民主与经济集中的统一。

随着社会经济的发展，今天的企业已不再是 18 世纪、19 世纪的企业，特别是大型企业、上市公司，其强大的经济实力已对社会经济乃至政治构成巨大的影响力量，为了维护社会公共利

① 刘文华、王长河：《经济法的本质：协调主义及其经济学基础》，载《法学杂志》2000 年第 3 期。

② 史际春、邓峰著：《经济法总论》，法律出版社 1998 年版，第 165 页。

益，国家对经济组织及其活动的干预越来越多，许多传统企业公司法中被视为私权的领域，已随着国家政府权力的渗透而逐步缩小，对社会公共利益的保护不断被强化。

企业社会责任体现了国家对企业公司组织与活动的介入，力图通过对企业内部治理结构及外部行为的引导和规范，尽可能地维护企业、股东和其他非股东利益相关者的合法权益，从而达到保证交易安全，平衡各方利益，维护社会经济秩序的目的。这些都鲜明地体现出经济法的平衡协调特性。倡导企业社会责任，目的在于矫正利益失衡。企业社会责任实际上蕴涵着两个利益诉求：一是股东利益最大化；二是同时最大限度地顾及非股东利益相关者的利益，即社会利益，并力求企业自身利益与社会利益的平衡与兼顾，二者不可偏废。可见，企业社会责任正是经济法平衡协调理念的具体运用。

经济法的平衡协调原则在企业社会责任中，具体体现为企业（公司）法中的有关规范的制定和执行要从社会整体利益出发，协调集合于企业之上的各方利益相关者之间的利益关系，以促进、引导或强制实现企业的整体目标与股东、其他利益相关者利益目标的统一。也就是说，企业作为社会经济细胞既要考虑本身的利益，又要兼顾向企业投入了物质资本或人力资本的各方利益相关者的利益，还要考虑企业赖以生存的社会的整体利益。

从企业（公司）法内部看，平衡协调原则为利益相关者参与企业治理提供了基本准则。首先，表现为权力制衡。随着企业所有权和经营权的分离，在企业内部形成了“三权分立”的格局，股东会、董事会、监事会“三会”并存是现代企业公司治理结构的基本框架。在分权的基础上，企业各组织机构的权力配置形成了相互制衡的格局，“分权制衡”思想在企业治理结构中得到了完美体现。权力分立和权力制衡最大限度地保证了企业的行为理性，有利于实现企业经济利益的最大化。其次，平衡协调原则还表现为利益平衡，集合于企业的各利益相关者的利益要求各不相同，必然导致利益关系错综复杂，甚至相互矛盾冲突。企业社会责任适应这种客观需要，通过一定的机制和途径，将债权人、职工等非股东利益相关者纳入企业治理结构之中，使各方利益相关者有权利、有机会表达自己的意志，以保证企业作出科学正确的经营决策，实现各利益相关者之间的利益平衡。[①]

从规范企业的外部行为方面看，经济法的平衡协调原则体现为通过市场规制法和宏观调控法协调、规制、引导企业的行为，以达到协调关系，平衡利益，使参与市场活动的各方都处于应有的位置和最佳的合作状态。如通过《反不正当竞争法》和《反垄断法》维护公平竞争环境，协调平衡企业之间的利益关系；通过《消费者权益保护法》、《产品质量法》保护消费者合法权益，协调平衡企业与消费者之间的利益关系；通过税法、金融法、产业政策法等协调企业与国家之间的利益关系。

总之，企业社会责任正是通过一系列正式的和非正式的制度和机制，本着对效率、公平以及和谐价值的追求，来平衡协调企业与所有利益相关者，包括股东、债权人、雇员、消费者、所在社区等之间的利益关系，是经济法平衡协调原则的集中体现。

二、企业社会责任体现了经济法的责、权、利相统一原则

责、权、利相统一是经济法的另一项基本原则，是指在经济法律关系中，各主体所承受的权利（力）、利益、义务和职责必须相一致，不应当有脱节、错位、不平衡等现象存在。责、权、

① 刘丹著：《利益相关者与公司治理法律制度研究》，中国人民公安大学出版社 2005 年版，第 103—104 页。

利相统一原则要求权责相当、权义（务）相对、责利（益）相称。责、权、利相统一原则中的责任，首先，是一种角色责任，表明了对特定角色的权利义务要求，在组织中的角色不同，主体在经济法律关系中承受的权义和利益也就不同。其次，责任还是义务和制裁的连接点，当主体违反义务时可通过责任来确定相应的法律制裁。权指的是权利或权力，责、权、利相统一原则要求权责相当，不能失衡、畸轻畸重，以免权重责轻诱发专权擅权，或者权轻责重令人畏缩不前。利指的是利益，将利与权、责相联系，不仅因为经济关系都是物质利益关系，更因为经济法要在其法律调整中引入物质利益原则。权责重，成效显著，利就大；反之则小，直至令行为人承担不同程度之不利益。[①]

企业作为经济实体不仅是一种个体存在，同时也是一种相互交往的社会成员存在。企业是各种利益的连接点，在企业的本性中内蕴着个体性和社会性的紧张关系。有关企业社会责任的规范和机制设计，应致力于寻求和建构某种最有利于实现企业个体目的和社会公共利益的模式。投射于法律领域，则表现为特定形态的权利（力）、义务和责任的调整机制，即要充分地体现经济法的责、权、利相统一基本原则。

股东和其他利益相关者因对企业投入了物质资本或人力资本形成了企业资产，目的是通过企业的有效运营获得投资收益。一个卓有成效的企业治理应该是在责、权、利对等基础上的各利益相关者之间的长期合作。企业的各项权利，如经营者选择权、监督权、经营决策权、投资收益权等应当合理科学地赋予各利益相关者，同时各利益相关者也要严格履行相应的义务和职责，否则就要承担不利的法律后果。如果利益相关者无权选择和监督经营者，就无法确保收益的实现，他们就不会投资或贷款给企业，一

---

① 史际春、邓峰著：《经济法总论》，法律出版社1998年版，第169—171页。

旦利益相关者被赋予了经营者选择权和监督权，他们就要正确地行使自己的权利，一旦权利的行使不积极、不到位、不正确，就要承担利益受损的不利后果。同样，经营者的收益权要同其决策权挂钩，使其承担决策的风险。有权无责，意味着决策者不必对自己的决策失误付出代价，会导致权利（力）的滥用，有责无权或无利会使决策者缺乏动力而怠于履行义务或职责。① 上述两种情况都会导致权利（力）行使不畅和救济不力，损害某些处于弱势的利益相关者的利益，最终破坏各方利益平衡和协调。

第四节　经济法是实现企业社会责任的主要法律机制

企业社会责任的正当性及其与经济法关系的解说，其最终目的在于实现企业社会责任。如前所述，经济法与企业社会责任都以社会利益为自己的首要目标，并在实质正义、社会效益等价值追求方面高度一致，同时企业社会责任还充分体现了经济法的平衡协调和责、权、利相统一原则。因此，笔者认为，经济法理论是研究企业社会责任的理论基础和全新理念，经济法是实现企业社会责任的主要法律机制。虽然有关企业社会责任的法律制度是一个综合的系统，需要多方法律机制的配合，包括众多的部门法，如《劳动法》、《环境法》、《社会保障法》等，但经济法，包括经济法体系中的诸多具体部门法律，如《公司法》、《消费者权益保护法》、《产品质量法》、《反不正当竞争法》、《反垄断法》等无疑是实现和落实企业社会责任的重要途径和机制。

---

① 刘丹著：《利益相关者与公司治理法律制度研究》，中国人民公安大学出版社 2005 年版，第 107 页。

一、经济法是实现企业社会责任的主要法律机制

法律是社会关系的调整器，法律通过权利义务的配置表明自己的价值和利益取向。企业的主要目的是盈利，企业的最优行为和社会的最优行为并非一致，企业的逐利行为必然要对社会，尤其对非股东利益相关者发生影响，产生外部效应。一般而言，与任何具有趋利性的经济主体一样，企业对于其经营过程中所产生的负外部效应缺乏主动予以解决的动力，如对资源和环境的破坏，对业已建立起来的和谐社区关系的打破。企业社会责任倡导企业积极投身于其所产生的负外部效应的解决，尽量避免外部不经济现象的发生。法律要解决的问题就是如何通过法律的制度保障，引导甚至强制使企业对自己的所有行为负责任，让企业的负外部效应内部化。因为从根本上说，企业承担社会责任的动机并不是来自道德的魅力，而是源于企业的经济利益。

在西方发达国家，企业社会责任并不是完全靠企业家自身的觉醒而形成，而是靠市民社会的基础和各种社会运动的推动发展起来的。但是在目前的中国，既缺少市民社会的基础，又缺乏社会运动的推动，企业社会责任主要是通过跨国公司的审核和评估在供应商中推进。现在，我国仍处在计划经济向市场经济过渡的阶段，政府在领导市场经济发展方面仍然发挥着主导作用。因此，在目前缺乏推进企业社会责任的社会基础和各种社会力量的情况下，政府的引导和推进作用就显得尤为重要。[①]

企业社会责任不仅仅是企业和社会双方的互动，而是一个涉

---

① 赵琼：《企业社会责任和政府职责》，载《企业文化》2004 年第 8 期、第 9 期。

及国家、企业和社会三方关系的论题。经济法作为兼顾协调国家、社会、个人各方利益，以社会责任为本位之法，在倡导和实现企业社会责任方面承担着不可推卸的历史使命。特别是在实行社会主义市场经济的中国，倡导企业社会责任，从立法和具体制度上进行科学的设计和安排，是经济法贯彻科学发展观和构建和谐社会的题中应有之义。从某种意义上讲，企业社会责任的实现要寄希望于一种正式的制度安排，此种制度安排一方面要以社会公共利益为本位，内蕴社会责任的伦理要求；另一方面要能够为企业提供具体化的、明示的行为规范，唯此，企业社会责任才不致成为一种宣言。而这一任务唯经济法才能够担当和完成。

经济法在倡导和强化企业社会责任方面应该大有可为。首先，企业公司法从经济主体角度对企业履行社会责任作出原则性、一般性规定，明确企业的社会责任主体地位，同时从企业内部以社会责任为导向配置企业（公司）各方参与者的权利义务，以及企业机构的组织方式，为企业履行社会责任打下制度基础；其次，《反垄断法》、《反不正当竞争法》、《消费者权益保护法》等市场规制法从市场规制的角度出发禁止垄断、限制不正当竞争等破坏竞争秩序的行为，对市场交易主体一方处于弱势地位的消费者给予特殊的倾斜保护，以维护自由公平的竞争环境和秩序；再次，宏观调控法从整体宏观经济角度，通过金融、税收、产业政策等经济和法律手段引导市场主体作出有利于社会经济整体发展的选择；最后，在合同法、劳动法、环境法、社会保障法等其他部门法的共同配合下，形成一个完整的、全面的企业社会责任法律体系，保障企业社会责任的落实和实现。

二、企业公司法是企业社会责任法律制度的核心

不少学者反对在企业公司法中规定企业社会责任，认为企业利益相关者的利益可由公司法以外的法律加以保护。但笔者认为，作为经济主体法的企业公司法，不可能超然于企业社会责任之外，除其他部门法的保护外，企业公司法也应在各个层面上反映出企业社会责任的理念。

综观各国公司立法，大多在公司法中对公司履行社会责任，保护利益相关者的利益作出了原则性规定，由于不同的利益相关者的利益诉求不同，其具体的保护制度也不尽相同。特别20世纪80年代以来，世界各国纷纷对本国公司法进行改革，表现在两个方面：一是放松管制，回归公司自治，目的在于为公司的良性发展可持续发展的法律环境，通过直接促进投资增进社会就业；二是加强监管，注重国家宏观调控，在为公司增大授权的同时要求公司承担社会责任，并根据这一理念提出了兼顾利益相关者的公司治理建议。[①]

在美国，为了抵御公司间的“恶意收购”，1989年宾夕法尼亚州议会提出了新的公司法议案，议案包括四条新条款，其中第3条是为保护职工利益而设的，规定成功了的“恶意收购者”必须保证26周的工人转业费用，在收购计划处于谈判期间，劳动合同不得终止。第4条是最为引人注目的，该条赋予公司经理对“利益相关者”负责的权利，而不像传统公司法那样只需对股东负责。这次立法被认为是真正使企业社会责任理论“成为当今

① 刘新民：《承担社会责任 实现互利共赢——对新公司法第五条的探析》，载《山西财经大学学报》2007年第6期。

企业和社会至少某一个重要方面主旋律”的事件。[①]之后，美国又有28个州的公司法陆续经历了类似的革命性的制度变迁。新的公司法认为股东只不过是各类公司利益相关者中的一类，要求公司经营者不仅要为公司股东谋取利益，也要顾及其他公司利益相关者的利益。

在英国，早在1985年其公司法第309条规定，公司董事必须给予公司职工和股东同样的注意。为进一步适应社会的发展和欧盟的要求，1998年3月，英国政府颁行了“核心公司法框架的基本检讨”文件，该文件的总体目标是建立一个现代化的核心公司法，以便为商业活动提供一个便捷的、高效的制度框架。根据该文件，公司董事应同时考虑包括职工、债权人在内的相关利益人利益。

在德国，法律要求公司管理层在经营公司时将公司的利益作为一个整体，而股东仅被视作不同的利害关系群体中的一方。根据德国1937年股份公司法规定，公司董事必须追求股东的利益、公司雇员的利益和公共利益。[②]

我国现行《公司法》第5条第1款规定：“公司从事经营活动，必须遵守法律、行政法规，遵守社会公德、商业道德，诚实守信，接受政府和社会公众的监督，承担社会责任。”据此，我国现行《公司法》以公司基本法的形式明确了公司（企业）应履行其社会责任。其第5条第1款是一个强制性的一般条款，还有待于制定相关的法规来加以细化，或者需待其他同位阶的法律制定相应的具体规范条款。同时“公司必须承担社会责任”又是一个原则性的开放式条款，在法官判案有了法律根据的同时，给予了较大的自由裁量权，使得法官能够根据《公司法》的规

① 沈艺峰、林志扬：《利益相关者理论评析》，载《经济管理》2001年第8期。
② 赵旭东主编：《新公司法制度设计》，法律出版社2006年版，第216页。

定并结合具体的经济社会背景作出符合实际的判决。有学者认为现行《公司法》在世界公司发展史上创造了两个第一：一是，中国是国际上第一个从法律上对公司承担社会责任作出明确规定的国家；二是，中国公司法是从法律上强制性规定公司应承担社会责任的第一部法律。①

根据企业社会责任理论，公司应对股东、职工、债权人、消费者、公司所在社区以及环境等利益相关者负有责任。我国现行《公司法》第20条还明确规定了公司法人人格否认制度，以防止公司股东滥用公司人格及有限责任原则，以便更好地保护公司债权人利益和社会公共利益。

由以上各国公司法和我国现行《公司法》关于企业社会责任的原则性规定可以看出，企业社会责任的落实，各个利益相关者的利益保护是和企业公司法密切相关的，企业公司法应该是企业社会责任法律制度的核心。

如前所述，经济法作为社会本位法与企业社会责任在实质正义、社会效益等价值追求方面高度一致，经济法理论是研究企业社会责任的理论基础和全新理念，经济法是实现和落实企业社会责任的最佳途径和机制。然而，笔者无意主张单独的企业社会责任立法，而是认为应该充分挖掘现行法律体系尤其是经济法体系和企业公司法中的企业社会责任法律资源，对现行相关法律进行以企业社会责任为导向的解释、修改和完善，从执法和司法等多个方面建立企业社会责任的落实机制和监督机制，在非常必要的领域进行适当的专门立法，包括谨慎的道德立法。基本设想为：以企业公司法为核心，经济法为主干（主要是反不正当竞争法、消费者权益保护法、产品质量法、税法等），其他社会法（包括

① 刘新民：《承担社会责任 实现互利共赢——对新公司法第五条的探析》，载《山西财经大学学报》2007年第6期。

劳动法、环境法、社会保障法等）相配合，建构一个综合的、全面的、有实效的企业社会责任法律制度体系。

尽管企业社会责任是一个实践中非常复杂，理论上尚存争议的问题，但是企业在追求利润最大化之外，应当履行社会责任的理念已深深根植于人们的思想之中。经济法作为社会本位法与企业社会责任关系密切，企业社会责任是经济法的题中应有之义。企业社会责任与经济法在法益目标、价值追求和基本原则等方面高度一致和统一，经济法无疑是实现企业社会责任最重要的法律机制。笔者认为，通过构建一个以企业公司法为核心，经济法为主干，其他社会法相配合的，综合的、全面的、有实效的企业社会责任法律体系，定能逐步改观我国企业社会责任的现状，推进我国的市场经济体制不断完善，为建设社会主义和谐社会作出积极的贡献。

第五章　企业社会责任的法制化

法学上探讨企业的社会责任必然涉及两个不能忽略的问题，即企业社会责任的性质和企业社会责任的立法化或法制化。企业社会责任的性质已在本书第二章进行了探讨，本章主要讨论企业社会责任的法制化问题。

市场经济是法制经济。企业是社会经济的重要主体，又是在市场经济的环境下生存和发展，因此一定要适应和遵守市场经济的法制规则，法制是保障市场经济条件下各种市场主体规范运作、健康发展的必要条件。如果没有法律的强制和权威，企业不仅无法有序运营，而且可能无法生存，更谈不上履行社会责任。企业社会责任法制化具有十分重要的意义。

第一节　企业社会责任法制化的意义

尽管理论上人们对企业社会责任的性质看法不一，但各国加强企业社会责任立法的趋势却非常明显。20 世纪 80 年代以后，对企业社会责任进行立法规制的呼声高涨，一些市场经济发达的西方国家纷纷出台涉及企业社会责任问题的立法，或者在已有的立法中增加有关企业社会责任的内容。随着世界性企业社会责任问题的日益重要，我国也会有越来越多的国内立法关注这一问题。

一、企业社会责任不是纯粹的道德问题

我国计划经济时代，不存在独立的企业利益，理论上也没有企业社会责任的概念。改革开放后，企业成为自主经营、自负盈亏的经济实体，企业以及股东的利益受到充分的尊重。然而，在完成这一转变后，企业究竟还应否承担社会责任？这一问题却一直未引起足够的重视。不少企业仍以经济利益为其首要追求，环境保护、资源保护、职工劳动权益、安全保护等方面的投入降到了最低限度，许多国家强制性规定都成为一纸空文，更谈不上自觉履行道德意义上的社会责任。无法否认，改革开放 30 年来，我们在经济发展取得巨大成就的同时，也付出了较大的社会成本，企业单纯追求经济效率已经导致了大量社会问题的产生，企业社会责任现状令人堪忧。如为了利润不惜破坏和污染环境，侵犯消费者权益，压榨雇员收入和福利，普遍缺少诚信，恶意违约、破产逃债，社会良知淡漠、对公益事业少有热情等等，近年来不断曝光的黑心棉、陈馅月饼、劣质奶粉、苏丹红、黑砖窑等事件，以及频频发生的煤矿安全事故令人触目惊心。鉴于企业忽视社会责任的严重后果已逐渐显现，强化企业社会责任意识，倡导企业社会责任已显得非常必要和迫切。

然而，现实中许多人错误地把企业社会责任看作是一种纯粹的道德义务，认为企业是否积极履行社会责任取决于企业及其经营者的道德良心，只要企业家具备了相应的道德责任感，企业忽视社会责任的现状就会得到改善。实际上，在一个市场机制尚不健全的社会经济环境中，企业本身不可能“道德中性”，企业及企业家的“社会良知”与市场机制的完善以及社会评价体系的健全密切相关。在价值取向多元、善恶标准模糊的情况下，为了追求利润最大化，企业及其经营者常常会将道德甚至法律抛到一

边。道德崇高的企业家当然存在，但如果只是凤毛麟角，就难以改变整个社会中企业社会责任堪忧的状况。显然，强化和落实企业社会责任不能仅靠企业家的社会良知，而要寄希望于一种基于法律权威之上的正式制度安排，因为从根本上说人类的道德要求和动机并不是来自道德本身的魅力，而是源于经济关系和物质利益。当各种利益矛盾充分暴露、相互冲突时，个体的道德理性和道德意志往往难以抵御和克制利益的诱惑。特别是在经济转型时期，更需要社会以制度化的形式提供一种“激励—约束”机制。企业社会责任不仅仅是一个道德问题，更是一个法制问题。

二、法制伦理是企业社会责任法制化的重要途径

法律不是道德中性的，法律制度中内蕴着一定的伦理追求。企业社会责任的法制化，实际上是一个不断将道德要求法律化的过程。笔者认为，法制伦理是企业社会责任法制化的重要途径。法制伦理这一概念起码包括两个方面的重要内涵：一方面是指内蕴于法律制度中的伦理要求、伦理价值，即“法律中的道德”；另一方面是指将伦理要求、伦理原则具体化为明示的为社会成员所必须遵循的法律规范，即“法律化的道德”。

法制伦理能够成为强化和落实企业社会责任的重要途径，首先在于法律和道德在社会规范层面功能与价值的同一性。法律与道德的相互关系已为众多学者论及，它们在社会规范层面功能与价值的同一也早已获得人们的共识，法律的道德基础和道德的法律强制是一个问题的两个方面。历史和现实都证明，失去伦理追求的法律和没有道德基础的守法，都不可能带来真正意义上的法律秩序和社会公正。特别是在社会转型时期，利益矛盾凸显，人

们对一种以平等和公正为基础的经济制度安排的要求日益迫切，法律对企业社会责任问题的介入是不可避免的。只有法律制度特别是经济法律制度中内含着伦理追求，才能有效地钳制不道德的经济行为。反之，如果不道德的经济行为仍有积极的利润回报，那么自利行为在利益最大化驱动下必然滑向不道德的一边，并促使更多的企业效仿，如果不加制止，这种消极榜样便如瘟疫一般蔓延，诱导企业在市场行为中抛弃责任和良知。

法制伦理能够成为强化和落实企业社会责任的重要途径，还在于我国社会转型时期经济社会发展的特殊要求。人类的道德可分为道德信仰和道德规范两个层面，前者是“愿望的道德”，是道德理想；后者是“义务的道德”，是人们在社会生活中必须遵守的、最基本的行为准则。一般而言，社会对于“义务的道德”，即最低限度道德，存在有一个监督和评价机制，一旦不遵守最低限度道德的情形出现，监督评价机制将迅速启动，明确地表明社会的褒贬态度。然而，当社会处于转型时期时，这种机制常常会失灵。由于传统道德已经解体而新型道德体系尚未建立，导致社会道德氛围淡薄、道德情感淡漠和行为非道德化，其直接后果就是社会道德舆论力量减弱，道德崇高者的出现得不到褒扬，卑劣无德者的行为受不到应有的批评和否定，单纯的道德规范由于缺乏权威性和有效的外部强制，已不能为企业提供明确的行为模式，难以适应转型期的社会调整要求。这种情况下，只有通过法制伦理，以法律的权威和强制保障、引导、规制企业的行为，才能迫使企业履行最低限度的社会责任义务。

从另一个角度来说，我国市场经济体制刚刚建立，企业的发展历史较短，企业追求利润最大化的本能刚刚释放出来，因而缺乏类似西方的传统企业文化和企业道德。同时，激烈残酷的市场竞争不可避免，企业在经营过程中缺乏良知的拷问和道德的调控。在这种情况下，如果光靠道德来约束企业的行为，要求其承担社会责任，显得过于理想化。只有运用法律的手段，将企业的逐利冲动抑制在合理的界限之内，才能落实企业的社会责任。

以法制伦理强化和落实企业社会责任，意味着要建构一种具备内在伦理追求的企业社会责任法律制度。笔者认为，此种法律制度应通过两个方面来进行设计和建构：一方面，通过符合企业社会责任伦理要求的制度安排，即“法律中的道德”，造成不道德的经济行为不能获利并受到惩罚的客观效果，将企业的逐利行为纳入自愿守法的轨道；另一方面，进行道德立法，将最低限度的企业社会责任道德要求具体化为明示的法律规范，即通过明确的、“法律化的道德”引导和规制企业的行为，促使企业履行社会责任。

在企业社会责任的内容中，有些是已被立法确认的法律义务，如对雇员的责任、对消费者的责任；有些社会责任内容兼具道德和法律双重意义，如保护环境的责任；还有一些是高于法律的纯粹道德义务，如对社会福利和公益事业的责任。需要明确的是，法律意义上的企业社会责任和道德意义上的企业社会责任并不是固定不变的，一些原来属于道德义务的内容会随着社会经济的发展逐渐被立法吸收，变成法律上的义务，特别是那些被认为是最低限度道德要求的内容。以立法规定企业对社会的最低限度的道德义务，使之上升为具有强制性的法律规范，是国外企业社会责任法运动的共同取向。各国环境法、自然资源法、劳动法、消费者保护法等社会立法或经济立法大都规定了企业对社会的最低限度的道德责任，值得我们学习和借鉴。

目前，从立法的角度看，要把所有重要的、最低限度的企业社会责任内容纳入法律规范，减少法律空白。所谓最低限度的企业社会责任内容，是指人们在市场活动中应当遵循的最基本的、起码的社会责任方面的基本行为准则，它既是人们评价企业市场行为的基本价值尺度，同时也是企业外在行为的基本规范。最基本的社会责任行为准则如果得不到企业的普遍遵守，市场经济就会失去道德支撑，造成经济活动的严重无序。实际上，我国现行立法已经规定了一些最低限度的道德意义的企业社会责任内容，如公平、诚实信用、保护环境、不损害社会公共利益等，但由于立法太过原则，缺乏可操作性，再加上执法不严，“激励—约束”作用没有发挥出来。因此，如何使企业社会责任法律规范更加具体、更加明确、更具操作性也是企业社会责任法制化的重要任务之一。

具体而言，可将企业最低限度的社会责任要求采用强行性规范加以规定，不尽这类义务，企业要承担相应的法律责任（不利后果）；高于一般道德水准的企业社会责任内容则根据企业性质、行业性质，以及与社会公共利益的关联程度等分别采用强行性、授权性规范加以规定，企业可依据法律的具体规定，强制性的必须承担，任意性的可自由选择；至于较高道德水准的社会责任内容，立法可不作规定，由企业自愿为之，但对企业履行高于法律规定的纯粹道德义务的行为，应设立褒扬和鼓励机制。正如见义勇为虽然不是公民的法定义务，但法律应当设立机制对见义勇为行为给予褒扬和倡导，不能让英雄既流血又流泪。当然，有关企业社会责任的“道德立法”必须非常谨慎，要考虑到中国经济发展的具体国情，不能以社会责任为由侵害企业及股东利益，损害经济发展。

三、企业社会责任法制化的意义

企业是市场的重要组成部分，其经济行为对社会有着重要的影响。要保证市场经济有序健康运行，首先要明确市场主体的权利和义务，世界各国在市场经济体制建立过程中，大多通过立法或判例的形式确定企业的社会责任，企业社会责任法制化是市场经济发展的必然趋势，具有重要的意义，主要表现在以下几个方面：

（一）企业社会责任法制化是我国经济体制改革的要求

我国经济体制改革的核心问题在于如何激励企业的活力。改革开放30年的经验表明，如果企业社会责任过小，必将损害社会利益，导致诸多社会问题，从而间接影响企业自身的发展；如果企业社会责任过大，必然影响企业积极性的发挥，有损企业经济效益，直接关系到我国社会主义市场经济体制的建立和完善，以及改革开放的顺利进行。所以，应该将企业社会责任法定化、制度化，以法律的形式明确企业社会责任的内容和范围，明确企业在社会责任方面的权利和义务。在立法过程中要对企业社会责任进行定性分析，将纯粹的道德责任和非纯粹的道德责任分开，只将与企业经营行为密切相关的社会责任纳入法律的范围，因为如果把所有的道德责任都法律化，将无助于企业的发展。

（二）企业社会责任法制化是与国际接轨的需要

随着经济的发展，企业社会责任问题已成为世界经济发展中的重要课题，越来越受到国际社会的重视。1999年1月在瑞士达沃斯世界经济论坛上，联合国秘书长安南提出了“全球协议”，并于2000年7月在联合国正式启动。该协议号召公司遵守在人权、劳工标准和环境方面的九项基本原则。这九项基本原则是国际社会对企业，特别是公司企业承担社会责任的一种呼吁，它对各国如何加强企业社会责任具有重要指导作用。我国应顺应国际潮流，加强企业社会责任立法，避免法律空白造成的负面影响。①

---

① 吴凡：《企业社会责任法律化范畴的思考》，载《煤炭经济研究》2002年第3期。

（三）企业社会责任法制化有助于分清企业社会责任与非企业社会责任的界限

传统计划经济体制下，企业尤其是国企集学校、医院等社会事业于一体，承担着许多非企业的责任。由于历史的原因，一些国企现在仍承担着许多政府或社会的职能。企业社会责任法制化有助于分清企业社会责任与非企业社会责任的界限，区别企业职能与政府职能，避免回到“企业办社会”的老路上去。

（四）企业社会责任法制化有助于避免政企不分和国家（政府）直接干预企业的负面效应

国家干预经济是市场失灵的必然结果，但国家（政府）干预的公正性并非必然。国家干预不但往往带有干预者的偏好，还可能出现信息失灵、部门利益、行政垄断、低效或寻租等缺陷。为保证国家（政府）干预的科学、准确，防止干预失灵，必须用法律的形式明确政府或政府有关职能部门的权力范围、权力行使方式和程序，并以法律规制不恰当的政府干预。因此，将企业社会责任法制化，可以避免政企不分，防止国家（政府）直接介入企业经营活动的负面效应，使政府部门能够依法行政，尊重企业自治，保护公平竞争，并积极为企业履行社会责任创造良好环境。

（五）企业社会责任法制化有助于企业社会责任理念的推广

将企业社会责任法制化，亦有助于企业社会责任理念的推广。因为企业社会责任反对者的理由之一便是认为企业社会责任是道德义务而难以掌握，进而无法落实。如果企业社会责任仅仅停留在道德层面，没有法律的权威和强制力做后盾，则企业社会责任的各项内容将难以实现，这就极易使得企业只顾自身利益，把利润装进腰包，把包袱抛给政府，把责任留给社会。

第二节　我国现行法律体系中的企业社会责任规范

由于受经济、文化、道德等因素的影响，企业社会责任一直处于不断的变化和发展中，企业社会责任在不同的国家以及同一国家的不同历史时期都有着不同的内容。尽管长期以来我国理论界对企业社会责任问题少有专门、系统和深入的探讨与研究，但为保护社会公共利益的客观需要，加之我国伦理化法律的历史传统，以及计划经济的长期影响，我国有着丰富的企业社会责任本土文化资源。综观我国的现行立法，不难发现已有许多有关企业社会责任的立法内容。尽管这种立法还很不完善，还存在很多盲区。但是，从某种意义上讲，企业社会责任在我国是立法先于理论。

一、我国现行法律体系中的企业社会责任规范内容

我国现行立法对企业社会责任的规定分散在企业法、公司法、产品质量法、消费者权益保护法、自然资源法、环境保护法、劳动法、社会保障法、税法、公益事业捐赠法等诸多法律法规之中。其主要内容集中体现在以下几个方面：

（一）关于企业社会责任主体的规定

长期以来，由于企业法、公司法均未以明确的方式规定企业社会责任，企业（公司）要不要承担社会责任在法学界一直是

一个争论不休的问题。值得欣慰的是，这一长期没有结论的争议，随着2005年10月27日第十届全国人民代表大会常务委员会第十八次会议修订的新《公司法》的颁布，终于画上了一个圆满的句号。新《公司法》第5条第1款规定："公司从事经营活动，必须遵守法律、行政法规，遵守社会公德、商业道德，诚实守信，接受政府和社会公众的监督，承担社会责任。"新《公司法》第5条首次在法律中明确了公司的社会责任主体地位，意味着对传统企业角色或目标定位的突破。新《公司法》第5条无疑是我国企业社会责任法制化建设中具有里程碑意义的重大成果，是我国社会主义《公司法》的一大特色。

新《公司法》第5条这一宣示性规定是公司法中的总则性规定，为公司法中的公司社会责任具体制度的建立奠定了基础，亦填补了我国公司法由于呈阶段性立法特征导致的法律漏洞与具体制度的缺失，并成为法律适用过程中法官审判此类案件时无具体法律依据时可参照的准则。这一原则性规定扩展了我国《民法通则》关于民事主体为民事行为时应遵守诚实信用原则、公序良俗原则与权利不得滥用原则的内涵，将公司这一民商事主体应遵守的最低商业道德伦理标准上升为法律原则，同时亦严格限定了公司承担社会责任的义务来源，即法律、行政法规中的义务性规范。①

新《公司法》将公司应当承担社会责任写进总则，表明了国家政府对公司社会责任问题的鲜明立场。因为公司的运作行为不仅关系股东、职工等内部利益相关者的利益，也对市场经济秩序和社会公共利益发挥着重要的影响。公司及其经营者在追逐公司经济效益最大化的同时，必须承担一定的社会责任。第5条引入了伦理性判断标准，反映着社会经济中的道德准则，构成了各

① 周友苏：《新公司法论》，法律出版社2006年版，第87页。

项企业社会责任具体制度的基石，成为企业社会责任有关具体规则“正当性”、“合法性”的来源。第5条构成了一切有关企业社会责任行为的标准的基础，任何一种行为只要被证明是不道德的，就可能被纳入法律的范围明确予以禁止。即使不存在具体规则，作为原则性条款，第5条仍可发挥调解的功能。

（二）关于企业对雇员（职工）责任的规定

雇员（职工）是企业的一种重要的利益相关者，企业对雇员（职工）的责任是企业应负担的社会责任的一项重要内容。此项责任在我国立法中主要体现在两个方面：一是职工参与企业经营管理的规定；二是职工劳动保护的规定。

我国现行企业法是伴随着经济体制改革的深化而逐步制定的，迄今为止，已颁布了《全民所有制工业企业法》、《城镇集体所有制企业条例》、《中外合资经营企业法》、《中外合作经营企业法》、《外资企业法》、《公司法》、《合伙企业法》、《个人独资企业法》等法律法规。从总体上看，这些企业法律法规对职工参与企业经营管理的规定和职工劳动保护的规定较为零散，分布在许多条款之中。

职工参与企业经营管理在其他国家尤其是德国、荷兰等欧洲国家向来被视为维护职工合法权益以及企业对职工承担社会责任的一种重要方式。在我国，职工尤其是国有企业的职工参与企业经营管理较为普遍，并为现行企业法所肯定。《全民所有制工业企业法》第51条第1款规定：“职工代表大会是企业实行民主管理的基本形式，是职工行使民主管理权力的机构。”第53条之一规定：“企业通过职工代表大会，职工代表组或者其他形式实行民主管理。”在集体所有制企业法中，职工代表大会被规定为企业的权力机构。外商投资企业法也规定企业通过工会等形式实行民主管理。

国家之所以把职工参与制度用法律规定下来，是因为健全的职工参与制度，一方面可以充分调动劳动者的积极性、主动性和创造性，从而更充分地发挥其作为最活跃的生产要素的作用。另一方面，可以协调劳动关系，使职工的主人地位得到升华，从而促进企业经济的发展。[①]

就新《公司法》而言，不仅将公司社会责任列入总则条款，还就公司对职工的利益保护作出了具体规定。《公司法》第17条规定："公司必须保护职工的合法权益，依法与职工签订劳动合同，参加社会保险，加强劳动保护，实现安全生产。公司应当采用多种形式，加强公司职工的职业教育和岗位培训，提高职工素质。"《公司法》第18条规定："公司职工依照《中华人民共和国工会法》组织工会，开展工会活动，维护职工合法权益。公司应当为本公司工会提供必要的活动条件。公司工会代表职工就职工的劳动报酬、工作时间、福利、保险和劳动安全卫生等事项依法与公司签订集体合同。公司依照宪法和有关法律的规定，通过职工代表大会或者其他形式，实行民主管理。公司研究决定改制以及经营方面的重大问题、制定重要的规章制度时，应当听取公司工会的意见，并通过职工代表大会或者其他形式听取职工的意见和建议。"

新《公司法》还在分则中设计了一套充分强化公司社会责任的职工参与制度。例如，新《公司法》进一步完善了职工董事制度与职工监事制度。就职工监事制度而言，新《公司法》第52条第2款、第71条和第118条要求监事会应当包括股东代表和适当比例的公司职工代表，其中职工代表的比例不得低于三分之一，从而有助于扭转一些公司中职工监事比例过低的现象。

① 于新循：《我国企业社会责任及其立法初探》，载《贵州大学学报（社会科学版）》2001年第5期。

就职工董事制度而言，新《公司法》第45条第2款和第68条要求两个以上的国有企业或者两个以上的其他国有投资主体投资设立的有限责任公司以及国有独资公司的董事会成员中应当有公司职工代表；第45条第2款和第109条第2款允许其他有限责任公司和股份有限公司设立职工代表董事制度。

劳动保护与职工参与一样，也是维护职工合法权益的一项重要措施，同时也是企业对职工应尽的一项社会责任。我国现行法律、法规对此作了明文规定，除了《劳动法》这部关于劳动保护的基本法律外，另如《全民所有制工业企业法》第41条，《城镇集体所有制企业条例》第22条，以及新《公司法》第17条等也均要求企业执行国家有关劳动保护的规定，建立必要的规章制度和劳动安全卫生设施，保护职工的安全和健康。

关于企业对员工的社会责任，除《劳动法》之外，还有《劳动合同法》、《禁止使用童工规定》、《妇女权益保障法》、《女职工保护规定》、《职业病防治法》、《最低工资规定》、《工资支付暂行规定》、《国务院关于职工工作时间的规定》、《安全生产法》、《职业教育法》、《社会保险费征缴暂行条例》等一系列法规。这些法律法规明确规定了我国职工的平等就业权、休息休假权、接受培训权，规定了企业必须给职工提供安全的生产环境、符合法律规定的最低工资，以及全面的社会保险等。

（三）关于企业对消费者责任的规定

企业对消费者的责任主要体现为保证产品和服务的质量。为了切实保护消费者权益，督促企业履行对消费者的社会责任，我国制定了《消费者权益保护法》，不论是对消费者权利的规定（《消费者权益保护法》第7条—第15条），还是对经营者义务的规定（《消费者权益保护法》第16条—第26条），都是为了明确企业对消费者的社会责任。另外，《产品质量法》和《反不正当竞争法》也规定了企业的相应义务，直接或间接地保护了消费者权益。无疑，正是上述一系列的法律确立了企业对消费者的责任，促使企业提高产品和服务的质量和意识，使其能更好地保护消费者的人身、财产安全，维护交易公平和促进消费者福利。①

（四）关于企业对债权人的责任的规定

作为企业社会责任的重要内容，企业对债权人的责任主要由《合同法》、《担保法》等法律法规来完成，核心是企业必须切实履行依法订立的合同，确保交易安全。《合同法》尽管无意涉及企业社会责任，但其中个别条款间接为企业实施公益性捐赠提供了依据和支持。如《合同法》第186条、第188条规定，赠与人在赠与财产转移之前可以撤销赠与，但具有救灾、扶贫等社会公益、道德义务性质的赠与合同，不适用此项规定；具有救灾、扶贫等社会公益、道德义务性质的赠与合同，赠与人不交付赠与财产，受赠人可以要求交付。《合同法》的这些规定弥补了企业的某些公益性捐赠法律调整的空缺，有助于企业社会责任的落实。

当然，作为经济主体法的企业公司法也对债权人利益给予极大的关注，新《公司法》第1条开宗明义，将保护债权人的合法权益规定为公司立法宗旨之一。同时，在其他章节的条文中也有不少内容涉及对债权人利益的保护，如在公司资本三原则中体现对债权人利益的保护，《公司法》第77条、第174条、第176条对公司合并或分立中的债权人保护问题作出了实体和程序规定；第178条、第184条对公司减资和清算中的债权人保护程序

---

① 于新循：《我国企业社会责任及其立法初探》，载《贵州大学学报（社会科学版）》2001年第5期。

作出了规定。

此外，还通过规定公司法人人格否认制度保护债权人利益。公司以其全部法人财产对公司债务独立承担责任意味着股东仅以其出资额为限对公司承担责任，这一有限责任原则过于注重对股东利益的保护却对公司的债权人有失公平。有鉴于此，我国新《公司法》引入了公司法人人格否认制度：公司股东应当遵守法律、行政法规和公司章程依法行使股东权利，不得滥用股东权利损害公司或者其他股东的利益，不得滥用公司法人独立地位和股东有限责任损害公司债权人利益。公司股东滥用股东权利给公司或者其他股东造成损失的，应当依法承担赔偿责任。公司股东滥用公司法人独立地位和股东有限责任，逃避债务，严重损害公司债权人利益的，应当对公司债务承担连带责任。

《企业破产法》还为债权人在企业破产特殊情况下的利益保护提供了途径。

（五）关于对环境保护与资源合理利用的规定

伴随着经济的发展，环境保护与资源合理利用问题变得日益突出，生态的失衡、资源的枯竭正在威胁着人类的生存。社会经济所面临的最严重的问题之一，就是不适当的消费和生产模式，使得环境恶化和发展失衡。若想达到可持续发展，需要改变生产以及消费的模式，最大限度地利用资源和最低限度地产生废弃物，这个问题对我国而言显得尤为重要。

我国制定了《环境保护法》，对企业设立和生产过程中的环保问题做了详尽的规定。此外，《全民所有制工业企业法》（第41条）、《城镇集体所有制企业条例》（第22条）、《私营企业暂行条例》（第45条）等企业法律法规也相应作了规定，要求企业落实环境保护措施，做到文明生产，尽到环境保护的社会责任。

关于企业对环境保护的责任，我国还有《清洁生产促进法》、《节约能源法》、《大气污染防治法》、《水污染防治法》、《排放污染物申报登记管理规定》、《海洋环境保护法》等一系列法律法规。这些法律法规不仅规定了企业的守法义务，还规定了企业违反相应法律法规应承担的法律责任。

（六）税法对企业履行社会责任的激励机制

由于企业的社会责任是被当作法律与道德相结合的复合性义务来看待的，那么，在实际操作中就会出现一个现象，法律意义上的企业社会责任的履行尚有衡量标准，而道德意义上的企业社会责任的履行就难以找到衡量的标准，因此，促使企业履行道德意义上的社会责任的激励机制就无从谈起。

为了鼓励企业履行高于法定义务的社会责任，同时兼顾企业利益、股东利益和社会利益，我国现行税法对公益性、救济性捐赠实行扣减所得税制度。按照原实施的《企业所得税暂行条例》（已废止）和《企业所得税暂行条例实施细则》（已废止）的规定，在计算企业应税所得额时，纳税人用于公益、救济性的捐赠，在年度应税所得额3%以内的部分，准予扣除。2008年1月1日开始实施的《中华人民共和国企业所得税法》规定，企业发生的公益性捐赠支出，在年度利润总额12%以内的部分，准予在计算应纳税所得额时扣除。另外，对企业利用废水、废气、废渣等废弃物品为主要原料进行生产、安排下岗职工就业等方面也可以享受减征或免征企业所得税。以上规定对于企业社会责任的落实，无疑具有重要的作用。

税收的本质是人们享受国家（政府）提供的公共产品而支付的价格费用，也就是说国家（政府）提供公共产品供社会成员享用，国家（政府）因此而支付的费用必须由社会成员通过纳税来补偿。税收优惠是税收制度和税收政策的一个组成部分，用来体现政府的调控目标。在实践上，税收优惠的使用往往与一国的经济发展水平、市场化程度、政策目标有关。企业所得税优惠政策表面上看只是赋予某个企业以额外的利益，但进一步分析就会发现任何税收优惠政策的实施，同时也意味着对不享受优惠的企业利益的一种限制，意味着对不同主体利益的调整与分配，因此税收优惠政策对企业履行社会责任发挥着导向和激励作用，尽管其激励作用只是在特定领域。经济法以社会利益为本位，税法作为其有机组成部分体现了社会利益本位这一经济法的本质。也就是说将着眼点置于整个社会层面而不是企业层面，不是看具体的企业能够因此获得多大的利益，而是看整个社会将因此而得到多大的利益。将税收优惠政策和企业的社会责任联系起来，就是要寻求一种途径激励企业履行社会责任。比如，国家对生产者改进技术和工艺流程，以减少污染物排放的行为给予一定时期内减税、免税的规定，其目的在于鼓励企业开展环境领域里的研究与开发，鼓励企业利用废弃物，以及刺激企业投资于防治污染的设备和设施，这在客观上起到了激励企业履行社会责任的作用。①

除上述有关企业社会责任的法律规定外，我国法律中还有关于精神文明建设和遵守职业道德的规定，关于股份公司股份发行的“三公”原则的规定，以及社会保障法、公益事业捐赠法等法律法规中与企业社会责任内容有关的相关规定，共同构成了我国现行法律体系中有关企业社会责任的主要内容。当然，总体而言，我国企业社会责任法制化程度还不高，现有立法对企业社会责任的规定仍存在许多“盲区”，如《合伙企业法》除第61条中规定合伙企业财产在支付清算费用后，应当清偿所欠招用的职

① 任慧：《从税法角度看公司的社会责任》，载《北方工业大学学报》2005年第6期。

工工资和劳动保险费用外，没有任何有关企业应承担社会责任或者雇工权益保护的条款。《个人独资企业法》也同样，除第29条中要求个人独资企业解散的，财产应当清偿所欠职工工资和社会保险费用，《个人独资企业法》第6条规定个人独资企业职工依法建立工会，工会依法开展活动外，也没有其他有关企业社会责任问题的规定。此外，企业合理利用资源以及劳工保护、环境保护方面的立法也还远远不够。许多劳工保护方面的国际公约我国还没有参加。相信随着社会的发展，人们社会责任的意识不断提高，我国关于企业社会责任的立法必将不断完善。

二、健全和完善我国企业社会责任法制的思考

如前所述，总体而言，我国企业社会责任法制还处于比较滞后的状态，企业社会责任法制很不完善，现有立法对企业社会责任的规定仍存在许多“盲区”和空白。社会责任主体方面，《合伙企业法》、《个人独资企业法》均没有任何规定。社会责任标准方面，我国《标准化法》缺乏对企业履行社会责任制定标准的立法要求。除企业公司法、环境法外，我国调整企业社会责任行为的主要法律还包括《劳动法》及其配套法规，但是占各类就业人员约三分之一的农民工的劳动关系，却不在《劳动法》的调整范围之内，以至于“总理帮助农民工讨工钱”，引发各地政府不得不启动行政程序干预企业拖欠农民工工资问题。

企业社会责任不仅是一个道德问题，更是一个法制问题。企业社会责任内容中，有些是法律义务，有些既是法律义务也是道德义务，还有一些是高于法律规定的纯粹道德义务。需要明确的是，法律意义上的企业社会责任和道德意义上的企业社会责任内

容并不是固定不变的，一些原来属于道德义务的内容会随着社会经济的发展逐渐被立法吸收，变成法律上的义务，特别是那些被认为是最低限度道德要求的内容。企业社会责任是一个多边道德风险问题。当前我国不少企业社会责任意识淡薄，不仅与这些企业经营者道德和法律素质不高有关，更重要的是缺乏相应的企业社会责任法律机制。从法学角度探讨研究企业社会责任，一个重要的问题就是要探讨应该将哪些道德意义上的社会责任纳入法律调整范围，以及用何种法律机制和手段具体落实这些社会责任。笔者认为，具体而言，可从以下三个方面来进行企业社会责任法制的建构和完善：

（一）在强化企业的社会责任主体地位的基础上，合理设计和构建落实企业社会责任的各项具体制度

首先，要充分理解、领会和贯彻新《公司法》第5条的精神。“公司承担社会责任”作为一般条款，法官在司法实践中很难以此进行操作。也就是说，《公司法》第5条只是为法官指出了一个方向，要他朝着这个方向去进行裁判。具体而言，当法官遇到一个案件时，如果不得不适用第5条之“公司承担社会责任”原则，他首先要确定公司社会责任的概念，其次还要判断该如何适用这个原则，考虑适用的范围、力度、要件等一系列问题，最后才能对具体案件作出裁判。显而易见，以我国法官目前的自由裁量权还很难对新公司法第5条有所作为，更现实的做法是由立法机关作出解释，将“公司社会责任”概念具体化，以具备可操作性。

其次，要充分挖掘现行法律体系中的企业社会责任法律资源，对现行法律体系中与企业社会责任有关的法律规范，进行以社会责任为导向的整合，从执法和司法等多个方面建立企业社会责任的落实机制和监督机制，同时在非常必要的领域继续进行个

别法律条款的修改和完善。目前，企业是社会责任的义务主体的问题已经明确，履行社会责任也是企业的目标之一已无疑义。然而，如何从企业组织结构、企业经营决策程序、企业经营者资格、法律责任等方面将企业社会责任理念和要求纳入具体规范之中，使《公司法》彻底摆脱片面强调股东利益最大化的企业理念及相应制度安排的羁绊，仍是一个需要认真研讨的问题。

新《公司法》在强化企业（公司）社会责任的具体制度方面作出了一定的安排。对公司监事会的公司职工代表比例作出了具体规定，其中职工代表的比例不得低于三分之一。新《公司法》要求，两个以上的国有企业或者两个以上的其他国有投资主体投资设立的有限责任公司以及国有独资公司的董事会成员中应当有公司职工代表；允许其他有限责任公司和股份有限公司设立职工代表董事制度。上述规定强化了职工在公司机关中的地位，为维护职工利益打下了制度基础。但是债权人等其他非股东利益相关者仍然不能介入公司内部治理结构，他们的利益仍然无法在企业的经营决策过程中得到体现。因而，仍可借鉴成熟市场经济国家的成功经验，在企业治理结构中引入其他相关制度。如欧洲的“共同决定”模式，日本的“经理协调”模式，美国的“利益相关者论”模式等等。[①] 具体如职工持股制度，债权人（主要是银行）参与制度，外部独立董事制度等等。通过“共同治理”、“相机治理”等企业治理安排，使企业经营者在经营决策过程中对更广泛的非股东利益相关者予以关注，督促企业履行社会责任。此外，还可以在企业决策经营程序（通过公司章程）、企业经营者资格、法律责任等方面将企业社会责任理念和要求纳入法律规范之中，以股东利益和利益相关者利益并重为导

---

① 参见杨瑞龙主编：《企业公共治理的经济学分析》，经济科学出版社 2001 年版，第 61—66 页。

向合理地设定权利和义务，并为各方设置充分的权利救济途径，使企业社会责任拥有切实可行的落实机制和途径。

（二）经济法体系中规范企业外部行为的相关法律制度，应以社会利益为本位，具备一致的价值追求，将企业的逐利行为纳入自愿守法的轨道

从规范企业外部行为的角度看，经济法体系中与企业社会责任有关的内容分散在诸多法律法规之中，包括产品质量法、消费者权益保护法、反不正当竞争法、自然资源法、税法等等。目前这些法律法规中对企业社会责任的规定均从各自的主旨和角度出发，规范之间缺少一种制度设计所必需的统一性，相互之间缺乏有机的联系。同时有些立法太过原则，缺乏可操作性。正是由于现行企业社会责任法律规范难以建立有效的“激励—约束”机制，使现实中守法经营者惨遭淘汰，投机钻营者方有利可图，规避法律者司空见惯。法律“惩恶不力、扬善不足”是目前许多企业忽视社会责任，为了利润损害社会公共利益甚至不惜违法的重要原因。因此，在新《公司法》第5条已经明确公司（企业）是社会责任的义务主体的基础上，从规范企业外部行为的角度，加强现行经济法体系中有关企业社会责任法律规范的协调，将分散于诸多经济法律法规中的企业社会责任相关规范，统一纳入社会利益本位理念之下。应增补或修改有关法律的相关条款，从不同的范围和角度全方位建构促进企业履行社会责任的法律框架：包括破产法（债权人利益）；产品质量法、消费者权益保护法（消费者利益）；自然资源法（社区及环境利益）；反不正当竞争法、税法；等等。上述相关的法律制度必须内蕴一致的社会责任价值追求，兼顾各方利益，造成忽视社会责任的经济行为不能获利并受到惩罚客观效果，将企业的逐利行为纳入自愿守法的轨道。

总之，从整个经济法体系的维度来理解“公司社会责任”的一般原则，新《公司法》“承担社会责任”的原则性规定开始变得丰富起来，在这个一般原则下包含了一系列的相关规则，形成了一个由“公司社会责任”统辖的一系列规则所组成的一个庞大的“规则群”。这个规则群所涉及的领域不仅包括公司法，还包括消费者权益保护法、产品质量法、竞争法、税法等等一系列相关法律。显然，尽管新《公司法》对“公司社会责任”已经作了一般性的规定，但是其实现机制依然应该是多个法律的协调配合。

（三）所有与企业社会责任相关的社会立法，都应该互相配合、互相衔接，运用多方法律机制全方位协调企业的市场行为

企业社会责任关系到多方利益，要有多方法律机制的配合，毕竟经济法不可能规范企业社会责任的所有内容。其他与企业社会责任有关的社会立法还包括劳动法、劳动合同法、工会法、社会保障法（雇员利益）；合同法（债权人利益）；环境法、（社区及环境利益）、公益事业捐赠法等等，这些相关的社会立法与经济法一起构成了一个完整的企业社会责任法律框架，它们共同作用，互相配合、互相衔接，将企业的逐利行为纳入良性循环的轨道。特别是我国现行《劳动法》中还存在着一些不利于实施企业社会责任标准的因素，应借鉴 SA8000（Social Accountability），制定国内的相关标准，为与国际接轨创造条件。虽然目前还不宜在国内推广 SA8000，但 SA8000 作为当今世界较有影响的企业社会责任国际标准，其内容具有一定的科学性和普遍适用性，其在国际范围内的推广也必将进一步地影响我国企业在国际市场的竞争力。因此，应该认真研究 SA8000 中的合理成分，尤其是借鉴其保护劳工利益的科学标准，积极探索建立有中国特色的企业社

会责任标准，尽快制定中国的企业社会责任标准或技术规范，从而提高企业履行社会责任的自觉性和能力，为中国企业与国际标准接轨、提升在国际市场上的竞争力创造条件。

第三节　企业社会责任法制化与SA8000

在企业社会责任法制化运动中，SA8000是一个基准或模式。企业社会责任法制化的一个重要内容就是以SA8000为标准或蓝本，将SA8000的条款转化为国内法条款，或者将SA8000标准的要求分散地镶嵌于相应的部门法中。与责任主体有关的问题可由企业公司法规定，有关劳工权益保护的问题可由《劳动法》予以规范，环境保护的问题可由环境法来调整。从某种意义上说，企业社会责任的法律化其实就是SA8000规则的法律化。

一、SA8000标准简介

SA8000为Social Accountability 8000的简称，即“社会责任标准”。20世纪90年代开始，一些跨国公司在第三世界的工厂大量使用童工、强迫雇工超时劳动、工作环境极其恶劣等事件频频被曝光，引发了消费者对这些企业产品的抵制浪潮。1997年，作为一家长期研究社会责任及环境保护，积极关注劳工条件的非政府组织——美国经济优先权委员会，设计了社会责任8000（SA8000）标准和认证体系。2001年，经济优先权委员会更名为社会责任国际组织（Social Accountability International，简称SAI）。SAI咨询委员会负责起草社会责任国际标准，它由来自11个国家的20个大型商业机构、非政府组织、工会、人权及儿童组织、学术团体、会计师事务所及认证机构组成。2001年12月，经过18个月的公开咨询和深入研究，SAI发表了SA8000标准第一个修订版，即SA8000—2001。

SA8000是全球第一个可用于第三方认证的社会责任管理体系标准，其依据《国际劳工组织宪章》和《联合国儿童公约》等国际公约，是继ISO9000、ISO14000之后出现的规范企业组织社会道德行为的另一个重要的具有国际性的新标准。目前，该标准已开始作为第三方认证的准则，在全球的工商领域和企业机构逐渐推广、应用和实施。任何企业或组织可以申请通过SA8000认证，向客户、消费者和公众展示其良好的社会责任表现和承诺。

SA8000标准由九个要素组成，具体包括：（1）童工；（2）强迫性劳动；（3）健康与安全；（4）组织工会的自由与集体谈判的权利；（5）歧视；（6）惩戒性措施；（7）工作时间；（8）工资；（9）管理体系。SA8000针对这九个方面的内容对企业履行社会责任提出了最低要求，涵盖了劳动保障、人权保障和管理系统三大领域。主要内容可概括为四个方面：第一，用工标准。不应使用或支持使用童工；不得使用或支持使用强迫性劳动，或要求交“押金”或“寄存”身份证；不得有违人权公约规定的歧视行为和性侵扰行为；不得从事或支持体罚、精神胁迫或言语侮辱等。第二，工时与工资。不得要求员工每周工作超过48小时，每周加班不得超过12小时，加班有额外津贴等；支付员工工资不低于行业最低标准；扣除工资不能是惩罚性的等。第三，健康与安全。提供安全环境，降低工作危险因素，尽量防止意外或健康伤害的发生；提供安全卫生的生活环境，包括干净浴室、洁净安全的宿舍、卫生食品存储设备等。第四，管理系统。公司应按本标准制定社会责任与劳工条件的政策并定期审核；委派专职资深管理代表具体负责，并与非管理层的代表沟通；建立程序证明所选供应商、分包商符合本标准的规定等。总之，

SA8000标准要求企业或组织在赚取利润的同时，必须主动承担对环境、社会和利益相关者的责任。SA8000标准的问世，是全球经济发展史上的一件大事，它标志着人类社会从只重视资本、科技的发展，转到了以人为本、以社会责任为己任的发展上来，这无疑是人类社会发展史上的一大进步。

截至目前，世界上共有近千家企业获得了SA8000认证，其中包括近百家中国企业。制定SA8000标准的宗旨，是为了保护人类基本权益。SA8000标准的要素引自国际劳工组织（ILO）关于禁止强迫劳动、结社自由的有关公约及其他相关准则、人类权益的全球声明和联合国关于儿童权益的公约。这一标准制定的目的是通过有社会道德的采购活动改善企业公司员工的权利，最终达到公平而体面的工作条件。SA8000标准是一个通用的标准，不仅适用于发展中国家，也适用于发达国家；不仅适用于各类工商企业，也适合于公共机构。另外，SA8000标准还可以代替公司或行业制定的社会责任守则。

虽然SA8000尚未转化为ISO标准，但它基本上已得到国际认可。更为重要的是，该标准正在得到全球政界、企业界的广泛关注。很显然，企业或组织机构一经认证机构全面、独立的审核后，颁发的社会责任认证证书，将成为对该企业或组织道德行为和社会责任管理能力最为有效的认可。因此，SA8000在今后将成为未来国际竞争中企业获得成功的一个重要组成部分。

鉴于国际上要求制定统一的社会责任国际标准的呼声越来越高，作为全球最具权威的标准化组织，国际化标准组织（ISO）也感受到了社会责任运动的巨大影响。ISO于2002专门成立了社会责任顾问组，就ISO制定社会责任国际标准进行系统的可行性研究，并于2004年4月完成，向ISO技术管理局（TMB）提交了一份长达90页的《社会责任工作报告》，同时向全球发布以征求意见。目前，ISO关于社会责任国际标准的制定工作已进入筹备阶段，有充分理由可以让人们展望，以企业社会责任为核心内容的国际标准，在不久即可诞生。并且这一新的具有权威性的企业社会责任国际标准，最终必然以 ISO 认证体系的形式出现。[①] SA8000 社会责任认证标准的建立，扩展了 ISO9000 质量管理标准和 ISO14000 环境管理认证标准，并很快得到了企业的认同。可以预想，在不久的将来，SA8000 将会如同 ISO9000 、ISO14000 一样被广泛采用。

二、SA8000 对我国企业的影响

1995 年以来，我国沿海地区至少已有 8000 多家工厂接受过跨国公司的社会责任审核，有的企业因为表现良好获得了更多的订单，一些企业因为达不到 SA8000 的要求而被取消供应商的资格。许多在我国直接采购的跨国零售集团，诸如沃尔玛、家乐福，除了产品质量和价格，劳工福利问题亦成为其选择供应商的标准内容。受 SA8000 标准影响的主要是劳动密集型产品，如服装、纺织、制鞋等。目前，我国出口到欧美国家的服装、玩具、鞋类、家具、运动器材及日用五金等产品，都已遇到 SA8000 标准要求。总体来看，推行社会责任标准对我国企业的影响存在“双重性”，SA8000 是一把“双刃剑”，在推动企业和社会发展的同时，如果实施的策略和方式不当，同样会带来负面的影响。对于发展中国家尤其是我国而言，从短期看是弊大于利，从长期看则是利大于弊。

SA8000 标准对我国的积极影响之一：有利于改善劳资关系。尽管我国《劳动法》等法律法规对劳工权益的保护有比较具体

① 参见李立清、李燕凌著：《企业社会责任研究》，人民出版社 2005 年版，第 150—151 页。

的规定，但由于管理滞后、劳动力市场供求关系失衡等多方面原因，一些企业违反《劳动法》，侵害职工权益的行为还时有发生。如一些企业非法雇佣童工，非法收取职工押金、侵犯工人人身权利、超时加班加点、拖欠职工工资等；一些地区工伤事故不断，职工的身体健康和生命安全没有保障。SA8000 标准是社会良知对资本权力的制约，我国企业实施 SA8000 标准，就要求企业必须树立“以人为本”的管理思想，可以改善比较紧张的劳资关系。

SA8000 标准对我国的积极影响之二：有助于提高企业的国际竞争力。实行 SA8000 标准，企业可以逐步形成先进的企业文化，有利于培育企业、产品的形象和品牌，不仅可以获得良好的社会效益，而且可以获得长远的发展能力。我国众多的出口企业已经把通过 SA8000 认证作为企业实力的象征，对企业社会责任的态度由被动应付转为主动适应。企业发展离不开员工的劳动和智慧，推行 SA8000 会激发员工的劳动热情，增强员工的归属感，并由此焕发员工的积极性、主动性和创造性。一些企业通过有关认证，工人的认同感明显增强，管理得到改善，还吸引了更多订单。

实施 SA8000 也是企业健康成长的需要。对于出口企业来说，SA8000 标准正在成为企业产品进入国际市场的通行证，企业若死守出口产品低成本竞争优势，丢失的就不仅是订单和市场，最终失去的将是其生存空间和生存资格。对于非出口企业来说，侥幸心理同样是不可取的。同样的市场经济，不会容许不同样的规则，无论从成本收益核算的角度，还是从资源对经济持续发展的支撑力来看，无论是从国家的政策要求出发，还是从社会进步的现实来看，保护劳动、倡导公平、以人为本、爱护资源和环境，都将成为我们经济社会发展的主旋律。企业在社会责任方面的良好表现将成为一笔可观的无形资产，使企业产品和服务对消费者具有更大的吸引力，并在市场竞争中获得有利地位。

SA8000 标准对我国的积极影响之三：有助于减少贸易摩擦和扩大国际贸易。我国的许多生产加工企业基本依靠外商订单而生存，没有自己的市场，而企业之间恶性竞争，将产品价格降至最低，这就很容易引起国外反倾销，发生双边贸易摩擦。近年来，官方贸易摩擦急剧增加，民间抵制“中国制造”现象浮现，我国已成为国际贸易保护主义的主要针对方和受害者，现在全球每 7 起反倾销案就有 1 起涉及我国。我国一些产品席卷某些国家和地区的市场，影响当地生产和就业，引发较强反应。如中国制造的鞋子 1998 年后不到 5 年时间几乎垄断了西班牙市场，导致西班牙制鞋业失业率超过 30%，“埃尔切烧鞋事件”的深层次原因值得进一步挖掘和反思。实施 SA8000 标准，可以限制企业单纯的低成本竞争，这不仅维护了国内工人和社会利益，也避免了对外摩擦。[①]

SA8000 标准对我国的积极影响之四：有利于落实以人为本的思想，实现企业可持续发展。SA8000 尊重人权，赋予市场经济以人道主义，符合当今企业管理的潮流和发展趋势，是跨国公司先进管理理念普及化的体现，是社会主义市场经济条件下的企业必须和勇于面对的。国内外企业的实践均已表明，企业承担社会责任与企业的经济绩效呈正相关系，企业进行良好的社会责任管理，不仅可以获得良好的社会效益，而且可以获得长远的商业利益。实行 SA8000 标准，有助于形成一种与利益挂钩的有效机制，避免了单纯的道德呼吁和劝导。从内容上看，SA8000 在工作条件、员工待遇、保护环境等方面提出了比较具体的要求，与我国《劳动法》等法律法规有不少相近或相通的规定。SA8000

---

① 于培伟：《实行企业社会责任标准对我国的正面影响》，载《科学决策》2005 年第 6 期。

标准把人本管理、商业道德和精神文明等指标化，使关心人、理解人、尊重人、保护人及权利标准有了可操作的量化标准，企业执行 SA8000 标准，有利于落实以人为本的科学发展观，有利于企业可持续发展。

SA8000 标准对我国的负面影响有以下几个方面：

负面影响之一：SA8000 标准认证成为发达国家的技术性贸易壁垒。由于 SA8000 标准具有合理和不合理的双重性，比较隐蔽和复杂，又是覆盖道德、社会和环境等范围很广的标准，会对我国企业造成相当程度的影响。以劳工标准为本质的社会责任标准认证可能成为技术性贸易壁垒的一个表现形态。国外一些跨国公司实施 SA8000 标准认证的目的之一，就是以加强社会责任管理为名，通过认证，把人权问题与贸易结合起来，最后达到贸易保护主义的目的。其中，受影响最大的是我国的纺织业、服装业、玩具业、制鞋业、日用品等消费品行业。这些行业都属于劳动密集型行业，与国外发达国家相比，我国的劳动力成本低，职业安全卫生条件差，许多企业达不到社会责任标准的要求，产品出口受到限制。

负面影响之二：SA8000 标准认证提高企业运营成本，削弱我国企业产品在国际市场上的竞争力。我国作为纺织品、服装、玩具、鞋类等劳动密集型产品的生产大国，对劳工权益的保护与发达国家相比差距较大，推广 SA8000 标准将会对 85% 的中国生产制造企业遭受直接或间接影响。由于我国的纺织、服装、日用品等行业产品的技术和工艺装备要求不高，主要依靠劳动力的比较优势。如果按照 SA8000 标准的要求，我国这些行业的企业就要加大劳动力成本，加大企业职工保护的投入，加大企业环境保护的投入。严格执行 SA8000 标准规定的工作时间和加班时间的限制，也会大大增加企业的生产成本，增加企业的经营风险，相当一批劳动密集型企业的原有价格优势可能会丧失甚至变成劣势，极大影响出口的发展。另外，高额的认证（验厂）费用也使企业难以承受。

负面影响之三：对吸引外资可能产生消极作用。一方面，我国劳动力资源丰富，劳动密集型产业的发展对我国国民经济的增长和解决就业问题具有重要意义。另一方面，我国目前阶段剩余劳动力的无限供给性，又进一步体现为产品低价优势，因此成为吸引资本投资的重要因素。SA8000 标准的实施，将使我国的劳动力低成本优势受到严重挑战。由此可能产生的问题是成本收益的比重提高，对资本、特别是外资的吸引力将降低，跨国公司也会担心其分包商不能达标而不愿投资。

面对 SA8000 的冲击，正确的态度是辩证认识，积极应对。中国市场经济要繁荣，中国企业要走向世界，就必须迎难而上，SA8000 是挑战更是机遇。虽然 SA8000 标准要求严格，但它与我国的《劳动法》等法律法规并没有根本上的冲突，SA8000 的有些标准甚至低于我国《劳动法》的要求。SA8000 标准对企业虽然构成认证和短期成本压力，但长期来看将有利于提升企业管理水平，增强企业国际竞争力，最终提高企业效益。同时，SA8000 并不是专为中国企业制定的标准。近些年来，国外某些企业利用我国法律的不完善，把一些低端、污染的劳动密集型企业向中国转移，外资企业中克扣工人工资，甚至对中国的劳动者进行人身侮辱的现象时有发生。我们同样可以以 SA8000 为标准，对引进的外资企业进行筛选和监督，对工人的劳动保障和基本权利作出相应要求，要求外资企业加大在社会责任方面的投入和成本。

三、对 SA8000 本土化的思考

SA8000 标准对涉及人身健康、人体安全、财产安全、环境

保护等作了量化标准，如同 ISO9000 和 ISO14000 一样，体现了企业发展的新趋势，即商业道德、人本管理和社会责任的指标化、操作化。应该说 SA8000 与我国党和政府提倡“以人为本”的发展观不谋而合，在此意义上，SA8000 不仅考验着中国企业，也考验着中国政府，更考验着中国社会的民主、法治和文明，挑战与机遇共存。

中国标准化研究院副院长陈元桥研究员指出，国际社会责任运动的推动方式主要以社会责任标准作为其实施和验证的工具和手段。当今国际有关社会责任的标准形形色色、数量繁多，有政府，即政府间组织制定的标准，也有非政府组织制定的民间标准。包括联合国全球契约（GC）、道德贸易行动（ETI）准则、SA8000 标准，以及各跨国公司自身制定的供应链行为准则。SA8000 虽然只是众多企业社会责任标准之一，但它是一个很重要的企业社会责任标准。因为它不仅是一个社会责任国际标准，而且它还是全球第一个可用于第三方认证的社会责任管理体系标准，是继 ISO9000、ISO14000 之后的有一个涉及体系的认证标准。①

然而，目前中国政府和企业对 SA8000 准备不足。据深圳当代社会观察研究所在沿海地区调查，200 名受访官员中知道“企业社会责任”或跨国公司的“生产守则”或 SA8000 三者之中任何一个名词含义的仅有 6 人。另外，记者在重庆市部分企业、政府部门、工会组织采访时，仅有一名参加过培训的工会干部知道概念，而大多数的中小企业经营者有的听说过但不知所云，有的干脆是“一问三不知”。目前，欧美国家已经开始在世界范围内强制推行 SA8000 标准，因此，面对 SA8000，我国政府有关部门

---

① 参见陈元桥：《国际社会责任运动与中国对策》，载《参考消息特刊》2004 年 7 月 29 日。

应该加强对 SA8000 的宣传力度，让企业真正了解 SA8000，走进 SA8000。客观地讲，当前 SA8000 所推动的企业社会责任运动作为一种外来的运动，还没有融入中国的劳资关系调节体系，目前仍然只是企业与客户或供应商与跨国公司之间的经济行为。因此，一方面，政府要以积极的态度对待 SA8000，加快其本土化进程。立法部门要加快以 SA8000 为基准的企业社会责任的法律化，以国家的强制力保障企业承担社会责任，达到 SA8000 的最低要求。另一方面，企业自身也要主动去熟悉 SA8000 并积极申请认证。中国进入 WTO 后，市场竞争的游戏规则发生了变化，现在企业不尊重国际游戏规则就无法生存，而 SA8000 标准就是国际游戏规则中很重要的一条。①

2004 年，中国的进出口总额已经突破 11000 亿美元，成为世界第三大贸易国。但不可否认，劳动密集型产品仍然是我国出口的最重要部分。与此同时，国际贸易中的反倾销案的增加，使我们看到经济繁荣、企业获利的背后，劳动者的自身利益保护问题日益凸现出来。我国不少企业安全措施不到位，事故频发，工作环境差，损害工人健康，有些企业严重污染，生活、生态环境等问题比较突出，通过实施 SA8000 标准，促使企业承担更多社会责任，可以提高实现可持续发展、构建和谐社会的能力。

因此，由于企业社会责任标准越来越多地由非政府组织（NGO），而不是政府来推动。认证活动可由中介机构来完成，国家认监部门的主要职责是加强认证活动的规范和管理，防止认证活动干预我国经济主权和企业合理经营。政府要以实行企业社会责任标准为契机，按照科学发展观的要求，在建立可持续发展的长效机制上下工夫。近年来，西方劳工组织指责我国劳工标准

---

① 付志刚、许永盛：《SA8000：中国走向世界的第三张门票》，载《经贸世界》2004 年第 7 期。

过低，且地方政府和企业有法不依。俄罗斯、丹麦、德国先后因此对我出口玩具采取限制措施。德国媒体称，中国9000家玩具厂中只有2.5%接受劳动条件的检验。英国《金融时报》调查认为，绝大多数中国企业未按国际标准实施环保措施，看似廉价的中国商品消耗了过多自然资源，牺牲了地球环境。对此，我国企业应逐渐减少直到坚决杜绝在对外开放中，以牺牲环境、浪费我国资源、损害我国劳工权益为代价，片面追求短期效益的做法。

当前，企业社会责任标准很多，体现在不同的方面，如ISO9000质量体系、ISO14000环境体系的认证推广，已成为企业管理的一个热点。这两项认证制度虽然可以在很大程度上提高企业的质量和环境管理水平，但其受益者是顾客、制造商，它并不涉及工人基本权利，也没有解决工人劳动条件的问题。有些企业通过ISO9000认证后，没有解决安全、卫生问题，仍然经常发生伤亡事故，工作条件和生活条件也没有得到改善。有些通过ISO14000认证的工厂，废气排放符合环境标准，但作业场所的有害物质却因为通风设施和个人防护用品缺乏而严重超标，危及了员工生命健康和安全。

目前，中国还没有SA8000的认证，也没有授权给国内现有的任何一家认证机构接受办理申请。我国企业获得认证证书，都是向国外的有关机构进行的申请，而我国该认证的标准还在酝酿之中。由于会有越来越多的企业需要参与认证，国内企业和政府部门要加快行动步伐，同时还应与我国在世贸组织和其他多边场合的立场相协调，不允许把企业社会责任认证活动与劳工、人权等政治问题挂钩。

SA8000标准本身起源于美国，符合美国社会主流思想的精神，并以美国社会的法律体系为基础，内容上相当完整，在跨国公司和西方国家实施，具有较为普遍的社会基础。但是，该标准的某些条款不适应于发展中国家的实际情况，因此，我们不必照搬照抄，而应有选择、有保留、有改进地去接受它。当前，我国要以出口企业为重点，结合国情稳步推进，探索 SA8000 标准本土化的有效途径。如可选择外贸企业比较集中的地区进行试点，对企业在就业、工资、社保、生产安全、环保等方面参考 SA8000，并结合我国《劳动法》及相关法律法规，抓紧研究具有中国特色的、适合我国国情的企业社会责任标准或技术规范，作为企业自我评价和第三方评价的依据，我国制定的标准应不低于 SA8000，并应使其易于落实。SA8000 推出之后，能够迅速被社会和企业所接受，其缘由就是在于它突破了传统，把对企业的非经营性、非技术性要求进行了指标化，也就是说，它把抽象的“道德”和“精神”层面的东西量化了，为切实落实企业的社会责任问题提供了一个具有普遍性的可操作的工具。

中国企业需要社会责任标准，尤其需要与国际接轨的社会责任标准。对于 SA8000 我们既不可拒之门外，也不可全盘照收。正确的态度是：直面挑战，本土化改造之！应以 SA8000 为标准或蓝本，将 SA8000 的条款转化为国内法条款，即将 SA8000 标准的要求分散地镶嵌于相应的部门法中，与责任主体有关的问题可以由企业公司法规定，有关劳工权益保护的问题可以用《劳动法》予以规范，关于环境保护的问题可用环境法来调整。因此，从某种意义上说，企业社会责任的法律化其实就是 SA8000 规则的本土化。

第六章　企业社会责任若干具体问题研究

在本书第二章中，通过对企业社会责任性质和特征的分析，得出了笔者对企业社会责任概念的界定。所谓企业社会责任，是指企业及其经营者在传统的追求企业利润最大化以确保股东利益最大化的经济责任之外，对企业的非股东利益相关者所负有的，旨在维护和增进社会公共利益的社会义务，既包括法律上的义务也包括道德上的义务。毋庸置疑，企业社会责任的核心是企业对其非股东利益相关者负责。但是，企业社会责任并非仅仅停留在笼统或抽象的概念之中，企业对其非股东利益相关者的社会责任要通过一系列具体的正式和非正式制度去实现和落实。本书在第五章指出，企业社会责任是一个复杂的系统工程，涉及多方法律机制。事实上，企业社会责任的实现和落实确是一个非常复杂的过程，可以引申出众多更为具体的问题。本书的目的在于以经济法的视野研讨企业社会责任，无意于触及与企业社会责任有关的所有话题，即使在经济法领域内，企业社会责任所涉及的课题也是非常宽泛和复杂的。本章只就部分具体问题展开讨论，难免挂一漏万。

第一节　企业社会责任与共同治理

一、从"股权至上"到"共同治理"

企业治理结构是一整套法律、文化和制度安排，这些安排决定了企业的目标、行为，以及由谁来控制企业、怎样控制企业、所有权的契约风险和收益如何在不同主体之间分配等。一般认为，在企业的治理结构中主要存在两种理论模式，即委托代理理论和利益相关者理论。这两种理论具有完全不同的企业治理含义，前者主张物质资本所有者是企业的所有者、拥有企业所有权，“资本雇佣劳动”是企业治理结构的典型模式；而后者则认为企业的所有者应该包括各利益相关者，企业治理结构应该采取“利益相关者共同治理”模式。①

过去几十年，在企业治理结构中占主流地位的观点是“股东至上主义”，即企业财产由股东的出资形成并从中衍生出各种无形资产共同构成企业信用担保的基础，股东承担了企业的剩余风险，那么理应享有企业的所有权。表现在经济学上是股东利益最大化构成企业的终极目标，表现在法律上就是股东大会作为公司的最高权力机关。

所谓传统的“股权至上”的治理结构模式也就是人们津津乐道的英美企业治理结构模式。这种模式的特点在于，公司的利益就是股东的利益，企业的物质资本所有者单方面拥有企业所有权而成为企业的所有者，有关企业财产的一切权益均属于股东。他们行使企业控制权，就企业的生产经营活动作出决策，并占有企业剩余。拥有企业所有权的一方作为企业的雇主雇佣不拥有企业所有权的一方，不拥有企业所有权的一方作为企业的雇员遵照雇主的决策从事生产经营活动，并获取固定的契约收益。这种单边治理结构模式的理论基础是委托—代理理论。该理论认为：出资者利润最大化是企业最重要的目标。作为出资者的股东是企业的所有者，拥有企业所有权并成为委托人，经理人员只是其代理

---

①　张立君：《企业利益相关者共同治理机制设计》，载《中南财经政法大学学报》2002年第3期。

人，必须以股东利润最大化为目标。但是，在两权分离的情况下，由于信息不对称的存在，产生了代理人追求自身利益而损害委托人利益的代理问题。因此，企业治理结构的主要目标就是解决代理问题，只要有效解决了代理人的激励约束问题，就能够保证出资者（委托人）利润的最大化。[①]

总体而言，企业内部治理结构的传统模式及其观念基础——“股东至上”理论长期占据着企业理论的主流地位。然而，20世纪以来，这种被奉为标准和正统的企业治理范式受到了企业社会责任观念，或者称之为企业的利益相关者理论的严峻挑战。以股东权益为唯一标准的看法是基于源自罗马法传统的物的财产权的认识。然而，企业所有权与财产所有权是有区别的，投资者一旦组建企业，则企业本身就获得了相对独立的生命。企业的运营除了物的投入外还有人的投入，企业运营后逐渐建立的声誉等无形资产也不能仅仅归于投资者。

依企业社会责任观念，股东只是企业的利益相关者之一，除股东以外，雇员、消费者、客户、当地社区乃至其他影响公司和受公司影响的社会公众都与公司存在着某种利害关系，没有这些利益相关者及其在企业中的权益，作为组织的企业将无法存续，企业正是所有利益相关者围绕权益获取和保护的合作博弈所形成的契约组织，而不仅仅是物质资本所有者基于盈利动机而组成的联合体，因而企业所有权应为不同的要素所有者共享。企业经理人员不仅仅只是股东的代理人，各个利益相关者在客观上都会或多或少地影响企业的行为倾向和经营绩效，反过来，企业的经营决策行为也必然对所有利益相关者产生正面或负面的效应。因此，企业乃一个多种利益冲突与合作的载体，它必须面对和权衡

---

① 陈少晖：《共同治理机制——国有公司制企业治理结构的创新方向》，载《学习与探索》2003年第2期。

不同利益相关者的要求，使不同利益相关者在企业中充分获得保护其权益的机会和途径。①

随着经济的发展以及对技术依赖程度的增加，企业中人力资本的作用有超过实物资本的趋势，同时，随着实物资本这种特质生产要素的稀缺性的降低，人力资本的稀缺性在提高，企业所有权的稳定结构不再是资本所有者能单方决定的了。而且，企业中的管理人员、技术人员以及职工等对企业投入了大量的精力和时间，其利益和企业利益息息相关，企业破产时对他们造成的损失，也即他们对企业所承担的风险也在增大。所以，这些利益相关者应该介入企业治理结构，享有一定的权利，参与企业决策和监督。

在美国，1980 年以来兴起的一股公司之间的“恶意收购”浪潮引发了人们对“股东至上”逻辑的声讨。恶意收购者以高价购买目标公司的股票，然后重组公司高层经理人员，改变公司经营方针，并大量解雇工人。显然，袭击者的目的不在于长期拥有目标公司，而是在收购成功之后，对目标公司进行包装，然后再出手倒卖以赚取短期暴利。虽然被收购公司的股东通过接受“恶意收购”大发横财，但这种短期获利行为往往是和企业的长期发展相违背的。“恶意收购”的负面影响显而易见，本来每个企业都有一群忠诚能干的雇员，这些雇员指望与企业共存亡，企业也以默契合约的形式承诺着保障雇员的工作。然而，“恶意收购”的出现破坏了这一和谐的气氛，由于雇员的人力资本无法得到回报，一系列的社会问题由此而生。在这一背景下，美国许多州开始修改公司法以限制“恶意收购”，这些修改的指导思想之一就是要求公司承担社会责任，给予经理拒绝“恶意收购”

---

① 卢代富：《企业社会责任经济学与法学分析》，法律出版社 2002 年版，第 130—131 页。

的法律依据，从而对比股东更广泛的“利益相关者”负责。

显而易见，企业社会责任给治理结构带来了挑战，因为企业治理结构是落实企业社会责任的重要环节。于企业内部治理结构上，企业社会责任意味着改革传统的企业内部治理结构，让非股东利益相关者参与企业治理，确立一种股东与非股东利益相关者共同分享企业控制权的机制——共同治理。事实上，欧洲的不少国家在战后就开始通过立法强制规定必须接受工人进入企业决策层，由此逐步形成了著名的“共同治理模式”。

二、利益相关者与企业共同治理

从总体上来说，共同治理模式不外乎两种类型：一是主要由股东和职工构成的二元治理结构；二是由股东、职工、债权人等共同组成的多元治理结构。共同治理模式体现了激励和约束的多元导向，通过对企业所有权在各个利益相关者之间的配置，激励各个契约主体对企业管理层进行监督，从而提高公司治理绩效。①

企业治理由传统的“股东至上”演进到“共同治理”模式，实际上表明企业不仅要重视股东的权益，而且要重视其他利益相关者的利益；不仅强调经营者的权威，而且要关注其他利益相关者的实际参与。这样一种利益相关者共同治理企业的模式反映了现代市场经济的要求，由于利益相关者代表了不同利益团体的利益，企业为利益相关者服务，也就相当于承担了社会责任。但是，利益相关者对企业治理结构的影响不是通过政府的直接干预和规制，而是一方面通过立法间接规范竞争秩序，为企业的运行

① 张爱国、段云：《基于利益相关者理论的公司治理模式》，载《特区经济》2004年第10期。

创造良好的外部治理条件，另一方面通过一部分利益相关者直接进入企业内部治理结构，参与企业经营决策过程来保障自身的利益。

利益相关者参与企业治理，会激励利益相关者对企业利益的关注，从而减少企业的激励监督成本。同时共同治理模式使企业与员工、供应商、债权人等之间签订了一份隐形保险合约，这使得利益相关者在向企业投入更多专用性资产时无须担心遭到企业的敲诈，有助于保持利益相关者之间的长期的合作，从而大大减少交易成本。利益相关者参与企业治理还可以降低代理成本。传统治理模式下，由于所有权与控制权分离，以及信息的不对称性，处在公司外部的股东很难监控经理人的行为，经理人可能会谋求自身利益最大化，从而发生代理成本。共同治理模式下，债权人作为企业的利益相关者具有信息优势，银行既有动机也有能力监督经理人的行为，员工则在企业的内部，能直接观察到经理人的行为。此外，现代企业要获得更多的利润，必须有足够的创新能力，而创新能力只能来自人力资本。人力资本与物质资本相对地位的变化增强了企业中人力资本所有者的谈判力，从而使得利益相关者参与企业治理越来越具有可能性。①

企业共同治理模式的理论基础是利益相关者理论。该理论提出公司的目标应该是公司创造财富最大化，而要实现这个目标，公司必须重视所有相关利益者的利益。这里的“相关利益者”是指已经为公司贡献了关系专用性资产，而这些资产又在企业中处于风险状态的人或集团。关系专用性资产是指价值依赖于公司价值的那部分资产，这部分资产一旦改作他用，其价值就会降低，因此，投入公司的这部分资产是处于风险状态的，为激励专用性资产进入公司，需要给予其一定的剩余收益。由此可以推

① 赵成：《从“股东至上”到“共同治理”》，载《经济论坛》2004 年第 6 期。

论，并不是只有股东投入的实物资本才是专用性资产，职工、经理人、债权人甚至供应商和用户投入的资产都可能是专用性的。[①]

在企业这个集合体内，既包括出资人和管理者，管理者和雇员之间的显性契约，也包括一系列隐性契约，如企业和债权人、供应商、顾客、社区以及政府之间的关系等，这些被称之为利益相关者的个人或群体不仅会影响企业目标的实现，而且还会受到企业目标实现过程中所采取的各种行动的影响。因此，企业的目的不能仅限于股东利益最大化，还应该同时考虑职工、债权人、供应商、社区、政府等的利益，股东利益最大化并不等于创造财富的最大化，各利益相关者的利益最大化才应该是各经济主体应遵循的目标。

同时，现代公司的有限责任原则和合约不完备的性质，决定了资本所有者常常会在资本市场上扮演“投机者”的角色，他们可能只关心套利机会。一旦企业发生危机，出资人首先想到的可能是“用脚投票”一逃了之。相反，企业的经营者与职工则向企业投入了大量的专用性人力资本，一旦企业被接管或破产，人力资本将会随着所有者的失业而贬值。[②] 可见，人力资本的专用性是人力资本所有者参与公司治理的重要依据。正如利益相关者理论的倡导者布莱尔指出的：“在公司专用化人力资本已成为财富创造的关键因素的企业里，解决公司治理问题的一个重要答案是增加职工的所有权和公司财产的控制权。”[③]

人力资本的专用性是员工参与公司治理的重要依据，而企业

---

① 陈少晖：《共同治理机制——国有公司制企业治理结构的创新方向》，载《学习与探索》2003 年第 2 期。

② 赵成：《从“股东至上”到“共同治理”》，载《经济论坛》2004 年第 6 期。

③ 布莱尔：《所有权与控制：面向 21 世纪的公司治理探索》，中国社会科学出版社 1999 年版。

的团队特征则使人力资本参与公司治理成为必然。企业的本质是一个团队，团队的本质表现为物质资本和人力资本的相互依赖，既然队员之间存在着相互依赖，任何一方的退出或机会主义行为都会使对方受到损失，而且团队的产出是由队员共同创造的，理应由各方共同拥有，即人力资本和非人力资本应共同拥有企业所有权。至于所有权怎样在不同所有者之间进行分配，则取决于各自谈判力的大小和各自的资产专用性程度及在企业中的重要性。

经济民主理论是利益相关者参与公司治理的又一理论基础。经济民主理论认为，民主的首要含义就是参与，然而在股东本位的企业体制里，参与企业治理只是股东们的专利，企业民主只体现了资本的民主，企业财富的创造者——员工以及其他利益相关者被排除在外。随着民主观念不断向企业内部渗透，必然要求各类利益相关者也要参与企业治理。① 由于最有效率的企业控制权安排形式，是让那些承担使用资产所带来的风险的集团掌握该资产的控制权。因此，利益相关者理论指出，当职工和其他利益相关者的专用化投资处于风险状态时，应该设计一定的契约安排和治理制度来分配给所有的利益相关者一定的企业控制权。如果企业所有的参与者都在进行专用性投资的同时也都拥有了与他们的专用性投资成比例的股权，他们将拥有一致的利益，参与对公司的共同治理。②

① 胡寒军、郭亚娟：《企业员工参与公司治理：国外的实践与我们的对策》，载《中州大学学报》2005年第3期。

② 陈少晖：《共同治理机制——国有公司制企业治理结构的创新方向》，载《学习与探索》2003年第2期。

三、国外企业的共同治理实践及其对我国的启示

不同的国家由于各自的经济发展道路、社会文化传统和政治法律制度的不同，产生了不同的企业治理理论，由此构成了不同的企业治理模式。欧洲是社会主义思想的发源地，历来有着重视工人权益的传统，欧洲许多学者认为让工人更多地参与企业的决策，可以在微观层次上协调公共利益和私人利益。由此，“二战”后欧洲许多国家在重建经济秩序的过程中，把企业治理结构创新作为一项重要任务对待，通过立法强制规定企业必须接纳工人代表进入决策层，逐步形成了与英美法系完全不同的治理结构模式——共同治理模式。

一般而言，德国的公司治理模式被看作最为典型的共同治理模式。德国公司建立在“公司整体利益”观念之上，公司对职工和社区有一种社会责任。企业与其供应商和主要用户、银行之间通过交叉持股和互派董事连接起来，银行作为债权人和大股东在向企业融资以及监督、挽救企业上发挥着重要的作用。德国大企业依照1976年的《共同决定法》构建起了以“共同决定”制度为主导的企业治理模式。[①]

在德国，企业一般都下设两个委员会：监事会和管理委员会（董事会）。监事会是控制实体，其半数代表由股东选举，半数代表由雇员选举。管理委员会（董事会）由监事会任命，董事会对监事会负责，两个委员会分别履行不同的职能。监事会有权聘用和罢免董事会成员，这使得董事会处在监事会强有力地监督

---

① 苏晓红、张淑萍：《利益相关者理论与现代企业的共同治理之路》，载《河南师范大学学报（哲学社会科学版）》2003年第4期。

制约之下，最大限度地防止了权力的滥用。管理委员会（董事会）对公司运行负责。股东通过股东会行使自己的权利，雇员可以通过监事会履行监督和控制职能。这种共同决策机制既确保了外部投资者的利益，也体现了员工的要求，有利于企业的长期生存发展。① 简言之，共同决定就是职工选择自己的代表，与所有者代表一起共同组成公司决策机关。由于有了职工的实质性参与，公司目标不再是股东利益最大化，而是集体利益或企业自身利益的最大化。

与德国相似，日本之所以形成法人相互持股和主银行制度为特征的企业内部治理结构，也与其经济发展道路、社会文化传统和政治法律制度有关。“二战”后的日本实行民主化、解散财阀、限制个人持股并强调经营者地位，再加上日本注重内部关系协调和合作的国民心理，把企业看成是社会组织，并追求企业自身利益的最大化，与利益相关者的关系建立在内部协调和民主管理机制之上。日本企业治理结构尽管采取的是股东大会、董事会和经营者阶层三位一体的纵向治理模式，但由于其董事会成员主要来自高层经营者，股东大会类似于德国的监事会，所以日本企业基本上也属于“两会制”。②

日本的公司雇员主要通过企业内工会、终身雇佣制和年功序列制参与企业治理，企业内工会和终身雇佣制、年功序列制一起被称为日本企业管理的“三大法宝”。企业工会代表雇员进行劳资谈判，参与企业的分配。终身雇佣制并不是一种法律制度，基本含义是指从各类学校毕业的求职者，一经被企业正式录用将始终在同一家企业供职，直至退休。终身雇佣制强化了雇员在公司中的地位，使企业和员工之间形成了一种长期稳定的合作关系，

---

① 张爱国、段云：《基于利益相关者理论的公司治理模式》，载《特区经济》2004 年第 10 期。

② 刘丹：《公司治理结构的构建与完善》，载《司法研究》2002 年第 2 期。

同时也加大了雇员的风险，相对于投资者而言雇员无法通过劳动力市场分散风险。年功序列制实质上是一种按资排辈，在这种制度安排下，经理人员的选拔只能在雇员中进行。企业内工会、终身雇佣制和年功序列制运行的结果是雇员的利益和企业的利益牢牢拴在一起，迫使管理层不得不尊重雇员的权益，允许雇员在一定程度上参与公司治理。20 世纪 90 年代以来日本经济持续低迷，终身雇佣制发生危机，但总的来看，终身雇佣制体现了企业管理的民主化，为员工参与公司治理提供了基础，在一定程度上促进了日本经济的快速发展。①

此外，在日本的企业集团中，企业与其供应商、主要用户、银行之间相互持股，互派董事，形成了颇具特色的主银行制度。银行相对于企业，既是债权人又是有效的监督者，主银行利用拥有的信息和人才优势，在治理结构中发挥着重要作用，对于企业的重大决策具有很大的影响力。在给予企业充分经营自主权的条件下，银行保持了对企业整个经营管理过程的监督权和控制权。

20 世纪 90 年代以来，利益相关者共同治理企业已成为许多发达国家改善和设计公司治理模式的指导原则。受德国和日本的启发，美国公司也开始逐渐关注除股东以外的其他利益相关者特别是职工的利益要求。最近 20 年来，美国主要通过以下两方面的举措，改善了美国的公司治理结构：其一，职工持股计划。其基本内容是在企业内部或外部设立专门机构（员工持股会或员工持股信托基金），这种机构通过借贷方式形成购股基金，然后帮助职工购买本企业的股票。职工持股制度调动了员工参与企业治理的积极性，同时也形成了对经营者的有效约束。其二，职工董事的设立。最早设立职工董事的首推克莱斯勒公司。这一制度

① 胡寒军、郭亚娟：《企业员工参与公司治理：国外的实践与我们的对策》，载《中州大学学报》2005 年第 3 期。

的设立从20世纪80年代以来在一些大型公司中得以发展。这极大地增强了职工对生产经营决策过程的影响力，提高了职工的积极性。1999年5月，国际经济合作与发展组织专门制定了《OECD公司治理结构原则》，从改善各国企业治理结构绩效的角度重申了共同治理的原则和思想。该原则指出：一个公司在竞争中的最终成功是协同工作的结果，它体现了来自许多不同资源提供者包括职工的贡献，公司治理结构的框架应当确认利害相关者的合法权利，并鼓励公司和利害相关者为创造财富和工作机会以及保持企业财务健全而积极合作。①

国外企业共同治理实践对我国有着重要的启示作用。影响一国企业治理模式选择的有市场、法律、文化和历史传统等因素，某种企业治理结构模式的确定绝不是一种偶然的巧合。我国与西方发达国家相比，无论从市场还是从相应的法律制度来看，都有很大的不同，这种差异必然会折射到企业治理结构模式的选择上。从企业社会责任角度着眼，我国的企业治理结构模式不能简单地套用某一模式，而应当进行适合我国国情的企业治理结构的创新，既扬弃传统的“股东利益至上”逻辑，又顺应“利益相关者合作”的潮流，走共同治理之路。共同治理模式的最大特点就在于，将利益相关者纳入企业治理结构，保证职工、债权人等利益相关者作为企业治理主体享有参与企业经营决策的权利，这不仅能够更加有效地形成一种监督——激励机制，能够对企业事务更加科学合理地进行决策，而且有助于企业社会责任的实现。②

共同治理模式包括两个并行的机制：一是董事会中的共同治

① 苏晓红、张淑萍：《利益相关者理论与现代企业的共同治理之路》，载《河南师范大学学报（哲学社会科学版）》2003年第4期。

② 李维安：《中国公司治理原则与国际比较》，中国财政经济出版社2001年版，第156页。

理机制，以确保产权主体有平等的机会参与公司重大决策；二是监事会中的共同治理机制，以确保各个产权主体平等地享有监督权，从而实现相互制衡。在设计我国企业特别是国有企业的共同治理机制时可沿以下思路进行：

第一，依照“专用性资产”确认企业治理主体。一般来说，股东在企业中投入了大量专用性物质资本，债权人（主要是银行）贷给企业的大量资金已沉没到企业中构成专用性资产的一部分，员工也投入了大量的专用性人力资本。所以，出资人、债权人和职工是企业专用性资产的主要投入者，是最有动力参与企业治理结构的利益相关者。与此同时，确定企业治理主体还需要考虑效率问题，权衡公平和效率。如果所有的利益相关者都委派人员进入企业治理结构，就极有可能不适合效率原则。因此，应将与企业关系最为密切、投入“专用性资产”最多、最有动力和最可能作出最优决策的利益相关者作为企业内部治理结构的主体，并由《公司法》、《企业法》等加以明确规定。从我国企业的利益相关者情况分析来看，有动力参与企业治理结构的利益相关者主要包括股东、职工和银行，他们都在一定程度上承担着企业的剩余风险，其利益的保护不能完全通过契约来实现，只有让他们参与治理结构，才能形成明确的利益均衡机制，否则必然带来一方或几方利益受损，影响利益相关者之间的长期、稳定合作关系，最终影响企业效率，企业社会责任也将落空。

除上述股东、职工和银行外，其他债权人、消费者、环境受益者和社区等利益相关者可视具体情况，委派他们的代表进入企业内部治理结构以实现对其利益的事前保障。例如，对环境影响较大的企业，可由社区推举代表或当地环保部门派出代表进入企业，专门承担环境方面的监督职责。企业处于破产状态时，可允许非银行债权人作为企业风险的实际承担者进入企业治理结构，以维护非银行债权人的利益。至于消费者、供货商等其他利益相关者的利益，将着重借助外部市场、契约、竞争法、消费者权益保护法等专门法律及其他方式予以保护。

第二，完善职工参与制度。从专用性人力资本角度看，企业应该积极创造条件让职工参与企业治理，国有企业还应有意识形态，即发挥职工的主人翁意识的考虑。我国《公司法》、《全民所有制工业企业法》等法律法规规定的职工参与企业治理的途径主要有：职工代表进入董事会；职工代表进入监事会；通过职工代表大会对企业的经营活动进行监督；通过工会维护职工利益等。由于我国缺乏英美法系国家的企业外工会和集体谈判制度的法律基础，上述途径中对企业治理能发挥直接作用的主要是前两者，即职工董事和职工监事制度。不仅如此，我国是社会主义国家，更应当创造条件让职工进入企业治理结构，让生产要素的所有者平等地进入企业权力机关，改变物质资本所有者垄断企业权力机关的状况，职工董事和职工监事制度原则上应适用于职工人数到达一定规模的所有公司制企业。职工董事可在董事会中代表职工的利益，职工监事可在监事会中传递职工的声音。

同时，有必要完善现行企业立法，强化职工代表大会的职能。职工代表大会是我国企业实施民主管理和民主监督的机构，它是一种具有中国特色的职工参与制。但是近些年来，职工代表大会的功能日益弱化，职代会流于形式。面对这种局面，应致力于改善职代会的运行机制，首先要明确职代会的权利范围。职代会的权利一是要选举职工董事、监事，二是要保护职工的合法权益。为此，一方面要加大职代会对生产经营决策的参与力度，尤其是增加职代会对企业合并、分立、组织形式变更及破产等关乎职工利益的重大生产经营决策的参与；另一方面必须赋予职代会较大的监督权力，增加职代会的监督力度，使职代会真正成为员工对企业实施民主管理和监督的机构。

此外，应完善员工持股制度，优化企业的所有权安排，使职工持股成为企业对职工进行长期激励的手段，成为职工参与公司治理的制度保证。截至目前，我国80%的股份制企业实行了职工持股制度，但目前的员工持股并不是真正意义上的职工持股计划，在多数情况下，员工持股成了企业集资的一种手段，或企业变相增加职工收入的一个渠道。针对存在的问题首先要完善有关的法律法规，确立职工持股的法律地位；其次要设立合理的股权结构，把职工持股作为对职工进行长期激励的手段，通过职工持股使员工真正参与企业的决策。①

第三，加强银行对企业治理的参与。由于银行具有介入企业治理的动力和优势，许多发达国家都注意发挥银行对企业治理的作用，银行参与企业内部治理在日本、德国等国乃是一个普遍的现象，且这一做法已受到美国学界和实践部门的重视。

在日本，企业的相互持股网络中大都有一家主银行，主银行与大企业通过相互持股结合在一起，一方面为关系企业提供资金，另一方面对企业经营状况进行监督。日本银行介入企业治理采取相机治理的方式，当企业经营状况良好时，主银行一般不干预企业的经营事务，而当企业经营恶化时，主银行就要介入企业进行干预。主银行主要的干预方式有：重新协商和安排贷款的偿还，或者向企业注入新的资本；撤换不称职的经理，派遣银行管理人员直接进入企业关键岗位；制定企业恢复计划等。通过这些措施，主银行就成为相关企业有力的监督者和控制者。

在德国，德国银行既是公司的债权人，又是公司的大股东。作为债权人，德国银行向企业提供短、中、长期贷款；作为大股东，德国银行持有企业大量股份。凭借这两个身份，德国银行对企业行使着有力的控制和监督。德国银行拥有公司的多数股份，

---

① 胡寒军、郭亚娟：《企业员工参与公司治理：国外的实践与我们的对策》，载《中州大学学报》2005年第3期。

依靠委托投票权机制，在企业股东大会上行使投票权，影响或直接介入企业的决策活动。同时，银行掌握并行使股票代理控制权，这也在很大程度上使外部企业的并购活动成为不可能，从而确保了银行对企业有效而稳定的控制。①

一般认为，银行参与企业治理是有效率的，银行与企业的财务联系十分密切，可以及时、准确地了解企业的经营绩效情况，缓解企业治理中信息不对称的问题。银行通常是企业的最大债权人，承担着较大的经营风险，有动力和积极性作出最优企业决策。同时，银行作为债权人参与企业治理，也是企业承担社会责任的体现。但目前对于我国的银行来说，法律仍严格限制其持有企业的股权而无法以股东的身份介入企业治理，银行对企业治理的介入尚未得到应有的重视。从发展趋势来看，我国应积极探索银行作为机构投资者持有企业股份介入企业治理的有效机制。然而，从我国证券市场尚不发达，银行间接融资仍是企业资金来源的主渠道的现实出发，探索银行作为企业债权人发挥对企业治理的有效作用的机制显得更为现实。

具体而言，在现有的体制下，分业经营模式阻滞了银行参与公司治理的途径。为避开这一体制障碍，可以通过表决权代理或信托制同时实现小股东和银行的权益保护。表决权信托制度是指股东在一定期限内，以不可撤回的方式，将表决权让与其所指定的表决权受托人，以谋求表决权统一使用的依托制度。表决权代理制度是指股东委托其代理人行使表决权的制度，代理关系是一次性的、可撤回的。通过以上两项制度安排，小股东在召开股东大会前把投票权委托给银行行使，银行可选代表出席股东大会和进入董事会，代表小股东行使投票权。这样做不但可以绕开两业

① 王满四等：《关于银行介入企业治理的探讨》，载《社会科学战线》2001 年第 5 期。

分离的法律障碍，充分发挥银行的信息优势和人力资源优势，还有利于实现权力平衡以保护小股东和银行的权益。[①]

第四，试行社会责任外部董事或社会责任独立董事制度。外部董事制是英、美等发达国家在上市公司中实行的一种制度，其创设的本意在于弥补内部董事专业知识上的不足，强化对经理人员的监督与制衡，由此保护股东，特别是广大中小股东的利益。目前，我国证监会《关于独立董事指导意见》（以下简称《指导意见》）中对独立董事的定义是："上市公司独立董事是指不在公司担任除董事外的其他职务，并与其所受聘的上市公司及其主要股东不存在可能妨碍其进行独立客观判断的关系的董事"。并在其第三部分"独立董事必须具有独立性"中规定了七类人不得担任独立董事。可见，就独立董事的独立性而言是可以保证其达到《指导意见》所要求的"维护公司整体利益，尤其要关注中小股东的合法权益不受损害。独立董事应当独立履行职责，不受上市公司主要股东、实际控制人、或者其他与上市公司存在利害关系的单位或个人的影响"。就目前而言，我国对独立董事职能的定位，是保护中小股东的利益，但是长远来看，它所保障的更应该是利益相关者的利益和公司对社会的责任。

一般而言，独立董事通常仅存于那些在公司中不设监事会的国家中，其所承担的是采监事会制度的国家中公司监事会的职责。我国的公司中设有监事会，又引入独立董事，从维护股东利益尤其是中小股东利益角度看，监事会和独立董事的职责有发生重叠的可能。在这种情况下，从企业社会责任的角度出发，如果将独立董事的职责界定为维护公司所有利益相关者的利益，或者在独立董事中选定一至二名专门从事社会责任方面的监督，则可

---

① 尹焕三：《论中国特色的"共同治理机制"》，载《经济学家》2000 年第 1 期。

为企业社会责任的落实创建一种机制。这种独立董事，我们可称之为消费者董事、环保董事，或者直接称之为“社会责任董事”。社会责任董事可以是企业所在社区的居民代表，也可以是消费者组织、民间环保组织的代表，他们站在全局的立场，顾及所有利益相关者的权益，以独立董事特有的独立、公正和客观，对企业经理人员进行监督，保障企业履行社会责任。

总之，共同治理就是让利益相关者共同分享企业剩余索取权和控制权，通过剩余索取权的分享强化利益相关者与企业的利益关系，通过控制权的分享形成多边制衡机制。这样，可在企业内部形成一个彼此合作、互相制衡的治理结构，实现企业决策的民主化，兼顾企业各方利益相关者的利益，保障企业履行社会责任。同时，也不可否认，企业治理模式是长期发展演变的产物，受社会政治、经济、法律和历史文化等诸多因素的影响，现实中并不存在某种最优的企业治理模式，共同治理模式是企业演化过程中产生的模式之一，也存在许多局限和值得改进的地方。首先，共同治理是建立在所有权对称配置给所有利益相关者的基础上的，而实际上，把企业所有权对称分布给所有利益相关者是不可能的。其次，企业所有权作为契约不完全的产物，其本质是一种剩余要求权，如果每一个产权主体都应有份，企业的所有权将成为所有利益相关者都有份的公共蛋糕，这将容易形成“公地的悲剧”。再次，共同治理模式并未从定量的角度去回答谁是企业真正意义上的利益相关者，如果企业的利益相关者过于广泛，就难以给企业的发展提供一个比较清晰的方向。最后，让经理们对所有的利益相关者负责相当于让他们对谁都不负责，企业多重目标的存在可能会使得企业所关心的问题之间产生混乱，有可能使得公司经理们很容易找到掩盖其自利行为的借口，还可能会导致企业经理仅仅追求部分目标，而忽略了这些目标与效率或价值之间的平衡。①

第二节　企业社会责任信息披露探析

一、企业社会责任信息披露及其意义

传统意义上的企业目标是追求利润最大化，与此相对应的财务报告反映的是企业利润的形成过程和结果。然而，随着企业由股东利润最大化一元目标向股东利益和社会责任兼顾二元目标的转变，体现在财务报告中，就要求企业不仅仅要为投资者等信息使用者提供决策有用的信息，而且还应该向利益相关者和社会公众提供有关企业履行社会责任的信息，即社会责任信息的披露。② 据此，所谓企业社会责任信息披露可以定义为，是企业如何以会计报表或财务报告、文件或附注等形式，将某一时期内企业履行社会责任的情况向政府、社会进行真实有效地反映、报告。也就是说，社会责任信息披露是以企业社会责任为对象而展开的，它要对企业经营活动给社会带来的影响，包括社会贡献、社会成果加以确认、计量、记录，并以报表形式向政府、社会及公众提供其履行社会责任状况的信息。

社会责任会计起步较早的是美国，会计学家戴维·F. 林诺维斯在1968年第11期《会计杂志》发表文章首创“社会责任会计”一词。20世纪70年代初期，奥斯特斯出版的专著《企业社会责任会计》是社会责任会计研究的第一次浪潮。美国的政府机构如联邦贸易委员会、环境保护局等均要求企业提供某一方

① 张爱国、段云：《基于利益相关者理论的公司治理模式》，载《特区经济》2004年第10期。

② 季晓东：《企业社会责任信息披露初探》，载《江苏商论》2005年第1期。

面的社会责任履行情况。美国会计界三大协会对此尤为支持：美国注册会计师协会发表了《企业社会业绩》研究报告，建立了一个初步的计量系统，规定财务报表应增加能确定、描述、计量能影响社会的企业经营活动信息；美国会计学会先后成立了各种研究社会责任会计的委员会，推动了社会责任会计理论的发展；美国会计师协会专门成立了“企业社会行动会计委员会”，提出了社会责任会计的范围、目的、程序和沟通方式。[①] 美国会计准则委员会于 1976 年公布“公司报告”指出，公司的社会经营责任源于公司对社会的委托责任，犹如董事是股东代理人，公司同社会之间也存在着各种财务或非财务信息，并提出要求编制新的年度报表如增值表、雇员（就业）报告，要尽可能揭示企业活动使社会发生的成本与受益关系。[②]

美国国内一些法律规则也对企业社会责任方面的披露作出强制性规定。例如，根据公法 88－352 的授权以及 1964 年民权法案第 6 部分的规定，美国平等就业机会委员会（the Equal Employment Opportunity Commission）必须每年开展雇主平等就业机会信息调查，所有拥有 15 名或以上雇员的雇主必须保存美国平等就业机会委员会条例所规定的雇佣记录，向美国平等就业机会委员会与美国劳工部联邦合同遵守项目办公室（the Office of Federal Contract Compliance Programs of the US Department of Labor）共同组建的联合委员会提交标准表格 100（Standard Form 100）。这是法律所要求的而不是自愿的，平等就业机会委员会可以申请美国地区法院签发命令来强制雇主提交该表格，表格中

---

① 刘建红、杨亚娥：《西方国家社会责任会计信息披露及其对我国的启示》，载《西安财经学院学报》2004 年 2 月第 1 期。

② 史星际、史碧莲：《企业社会责任及其会计揭示问题探析》，载《生产力研究》1998 年第 2 期。

包含了所有全职和兼职雇员的雇佣资料。[1] 此外，美国证券交易委员会要求对因遵守联邦、州和地方业已制订或通过的规制向环境中排放物质或有关环境保护的法律而产生的实质效果进行适当披露，这些披露涉及公司及其子公司的资本支出（包括为环境控制设施所花费的资本支出以及因环境事宜导致的法律诉讼所发生的资本支出）、收入和竞争地位。美国排放毒性化学品目录（The Toxic Release Inventory）还要求拥有10名以上雇员的公司应向美国环境保护署提交指定的有毒化学品排放数据。[2]

在欧洲，法国被认为是对社会责任信息披露最为重视的国家。早在1975年法国在《关于公司法改革的报告》中建议公司每年公布“社会报告”。1977年，法国政府正式颁布法律，要求雇员超过750人的组织（1982年扩大到3000人）必须编报年度社会资产负债表（social balance sheet），用货币金额揭示企业履行社会责任的情况，揭示的信息主要包括：雇员人数、工资、健康和安全保护、其他工作条件、职员培训、行业关系、雇员及其家庭的生活条件等内容。[3] 除此之外，还要求企业注意改善生态环境，减少稀有资源的耗用及社会环境治理等。英国也在1976年发表《公司报告》，建议企业披露有关社会责任信息，包括增值表、职工报告、未来展望、分部报告等。2003年《欧盟现代化指令》要求拟在股票市场挂牌的公司披露与资本资产相关联的风险，国际会计准则在欧盟的适用也要求公司对于因环境因素导致的资产价值的变化进行会计处理。欧共体《统一污染防止和控制指令》规定，成员国被要对大公司的（有害气体）排放

① The U. S. Equal Employment Opportunity Commission：Standard Form 100，Rev. 3 – 97，Employer Information Report EEO – 1，Instruction Booklet.

② KPMG International Surveyof Corporate Responsibility Reporting，2005，p. 42.

③ 迟德强：《海外企业社会责任披露制度及借鉴》，载《证券市场导报》2007年8月号。

数据进行登记，并将这些数据向欧洲委员会报告。

2001 年澳大利亚通过了《金融服务改革法案》，要求基金经理和金融产品提供者公开披露他们在选择、持有和实现投资时在多大程度上考虑了劳工标准或环境、社会或道德标准。2003 年 12 月澳大利亚证券与投资委员会发布第 1013DA 披露指南，该指南旨在为披露在选择、持有或实现投资决策时如何将劳工标准或环境、社会或道德因素纳入考虑提供指引。①

虽然企业社会责任信息披露兴起不久，但这个议题一经出现，就受到世界各国的普遍重视。随着世界经济一体化的发展，为了保护本国的环境和工人的劳动安全，东道国政府和社会舆论都要求跨国公司下属的当地公司能充分披露其履行社会责任的信息。迄今为止，联合国跨国公司中心、经济合作与发展组织和欧洲经济共同体等不少国际组织在确定社会责任披露的内容方面已作了多种努力。②

经合组织在 1976 年制定并于 2000 年修订的《跨国公司指南》中，专设一章规定了跨国公司的披露准则，指南除要求企业在财务信息的披露、会计和审计方面采用高标准外，还鼓励企业在非财务信息方面也执行高标准，包括环境和社会报告。③ 1982 年联合国跨国公司委员会制定的《跨国公司行为守则（草案）》也规定跨国公司应通过适当的传播途径，就整个公司的组织、政策、公司活动及营业情况，向其营业所在国的大众披露清楚的、全面的、可以理解的资料，所披露的资料中既包括财务方面的内容，也包括非财务方面的信息。④

---

① “what are these guidelines are about”, ASIC Section 1013DA disclosure guidelines December 2003.

② 朱辉：《浅议企业社会责任的披露》，载《会计之友》2003 年第 5 期。

③ OECD. Guidelines for Multinational Enterprises.

④ United Nations Committee on Transnational Corporaions. Draft UN Code of conduct on Transnational Corporations.

可见，社会责任披露制度的产生和发展与全球治理、公司内部治理、利益相关者的期望、金融市场对公司可持续发展风险的关注以及政府对公司可持续发展的要求是密切相连的。① 为了适应社会对企业在履行社会责任方面的要求，越来越多的企业在财务报告中，增加了社会责任信息，以企业经济活动对社会造成的影响为内容向社会提供社会责任会计报告。目前，社会责任信息披露问题已经引起世界各国的密切关注。就社会公众而言，不仅对企业社会责任方面的要求越来越高，而且对企业履行社会责任的实际状况越来越感兴趣。因此，企业有必要向社会公众说明，他们在控制污染方而做了什么工作，投入了多少人力、物力、财力，取得了哪些成果；在保护消费者利益以及社区的发展方面做了什么努力，等等。对企业自身而言，也越来越深刻地认识到，在竞争激烈的经济环境中，企业对社会公众的依赖程度远远超过公众对某一个特定企业的需要，不树立良好的企业形象，就不能得到社会的承认和接受，企业产品也将失去市场。企业必须扩充传统的会计范围，以确认、计量和陈报企业各种社会活动导致的社会成本以及形成的社会效益。对政府的相关经济管理部门而言，也希望得到有关企业活动对社会的贡献或者影响方面的信息，全面评价企业的绩效，以便更加科学合理地进行市场监管和宏观调控。

在美国、西欧等发达国家，社会责任信息披露被视为解决不断涌现的日益复杂的企业所面临的社会责任问题的一剂良药，而被广泛采纳实施，并发挥着越来越积极的作用。据美国一家会计公司 1988 年的一份统计报告，在《财富》杂志排名的美国 500 家大公司中，有 446 家在年报中对其社会责任信息作出了披露。联合国于 1991 年也作过一次调查，222 个被调查的跨国公司中

① Global Reporting In itiative：Sustainability Reporting Guidelines 2002.

有86%都或多或少地提供了其相关社会责任信息。

在我国，为了倡导和强化企业社会责任，研究、借鉴和推行企业社会责任披露制度显得日益重要。企业社会责任信息披露起码具有以下几个方面意义：首先，社会责任信息反映了企业在一定时期内对社会责任的履行情况，有助于将企业的微观经营行为与整个国民经济连接起来，便于政府宏观调控；其次，社会责任信息披露有利于向所有与企业有利害关系的组织或个人提供有用的信息，可以帮助使用者评估企业经营活动可能产生的社会影响、企业对社会环境的依赖程度、企业对社会责任的履行情况，促使企业目标与社会目标的协调一致；再次，社会责任信息披露有利于企业改善与职工等利益相关者的关系，改善企业与社会的关系，维护企业的社会形象，从而为企业的发展创造更加有利的条件。①

政府对经济运行进行宏观调控和管理是市场经济的基本共性之一，国家和政府除了了解传统的企业经营信息之外，还有了解企业社会履行情况的需要。社会责任信息披露要求在执行经营决策时，采用经济与社会相结合的方式，从而能较好地调整短期利益与长期利益、微观利益与宏观利益之间的关系，这与可持续发展的要求是完全一致的。由于社会责任信息披露所提供的一系列企业社会责任指标可以弥补传统会计的不足，有助于国家和政府更全面地了解企业情况，并且促使各类投资者和金融、保险、证券等中介机构在进行投资决策时进行绿色投资，最终能够促使资本和其他资源向经济效益和社会效益“双赢”的企业流动，并实现资源配置的良性循环。②

① 季晓东：《企业社会责任信息披露初探》，载《江苏商论》2005年第1期。

② 阳秋林、黄珍文、曹钻：《建立有中国特色的社会责任会计势在必行》，载《南华大学学报（社会科学版）》2002年第4期。

二、社会责任会计信息披露的内容

企业社会责任信息披露始于20世纪60年代，发展的历史还不长，所披露的内容差别很大，在各国企业具体实务中各不相同。一般而言，大体涉及如下领域：企业收益、环境保护、人力资源、产品或服务的性能与安全、社区贡献、商业道德等等。目前，国外很多大企业对社会责任内容都有所披露，但是绝大部分企业只是披露其中的部分内容。一般而言，企业应该披露以下与社会责任有关的信息：

（一）企业收益方面的信息

企业的收益目标不仅是一个财务目标，也是一个社会目标。收益信息不仅是企业传统财务信息披露的基本内容，也是社会责任信息披露的主要内容之一。因为，没有经济效益的支持，企业其他社会目标也难以实现。

（二）企业人力资源方面的信息

人力资源是现代企业最稀缺的资源，在知识经济时代，其在企业运作中的重要地位和作用已越来越显著，把信息披露重点放在存货、机器设备等实物资产上的财务报告的局限性也日益突显。知识经济是以科技、知识、信息等的创新为标志的，一个企业有没有知识创新能力将成为判断其管理水平高低的主要标志之一，因而对人力资源——知识创新载体的管理将成为知识经济时代的核心内容。虽然对于人力资源的确认和计量一直争论不休，尚未达成一致观点，但社会对于人力资源信息披露的呼声已经越来越高。具体包括企业在发展人力资源方面所做的工作，如员工招募聘用、技术培训、合理的工薪水平、健康和安全保护、工作条件、良好职业道德的培养、企业内部职务轮换和提升制度和职工福利情况等。披露上述人力资源方面的信息，可为相关信息使用者提供完整的决策依据，更准确地预测企业未来的发展前景。

（三）产品或服务的性能与安全方面的信息

随着广大消费者法律意识的增强、自我保护意识的提高，加上企业间竞争的加剧，许多企业在社会责任信息中披露产品或服务的质量承诺，如产品的使用性能、安全性、消费者的满意程度、售后服务、广告宣传的忠实程度等。通过对这些相关信息的披露，企业可展示自己的产品较其他同类产品的优越性，不仅可以使广大信息使用者充分了解企业的产品特点，准确地预测产品的周期和企业未来的发展前景，从而作出正确的决策，而且无形中产生了一种广告效应，提高了产品的知名度，扩大了顾客群，树立了企业在消费者心目中的良好形象。

（四）环境保护方面的信息

披露企业生产经营造成的环境影响及其为此采取的措施是社会责任信息披露的一项重要内容。企业与环境存在着密切的关系，随着人类对自然界认识的深化，对自然资源的有限性有了更充分的了解，对于一些以不可再生的自然资源为原材料的企业来说，自然资源的消耗程度关系着企业能否继续生存。企业有必要采取各种有效措施控制环境污染、保护生态平衡。具体包括处理废水、废渣、废气的情况，降低能耗的努力，减少耗用稀有及不可再生资源的措施及效果等。

除环境本身对企业的生存和发展会产生影响外，因环境而引起的社会原因也对企业的发展有重大影响。一方面，企业可能会为自己的行为遭受直接的损失，比如企业可能受法律规定性或推定性的强迫而支付弥补环境损失的费用；或者当企业引起污染时，不得不支付额外的税收或遭受财务惩罚。另一方面，如果一个企业被确信引起了环境污染或有其他不道德的行为，就一定会引起相当多的公众敌意，这将导致顾客的减少。相反，如果一个企业拥有“绿色”的形象，就可能吸引更多的顾客。因此，了解因环境因素而产生的负债、治理污染的成本、资产价值的贬值和其他环境风险损失等影响企业发展方面的信息，有利于投资者、债权人、管理者等作出正确的决策。①

（五）对社区的贡献、消费者权益保护、对公益事业贡献方面的信息

企业的生产经营与所在的社区紧密联系，企业需要利用社区的各种基础设施和其他的资源，如交通、通信、能源、教育和人力等。因此，企业应积极参与社区活动，对社区作出应有的贡献。这方面的信息也是披露内容之一。

消费者权益保护方面的信息包括不断提高产品质量和性能，提供价格合格的产品，做好售后服务，及时更新产品，满足消费者不同层次的需求。

对公益事业贡献方面的信息包括，企业积极支持社会公益事业的情况，如对文化、教育及体育事业的捐赠，对社会福利机构以及慈善事业提供人、财、物的支持，对弱势群体提供服务和方便等。

（六）商业道德

在市场竞争环境中，企业所应遵守的一个共同道德准则就是“诚信”。诚信是一个商业道德问题，可以表现为很多方面。如产品的质量、售后服务情况、企业的贷款信誉度等等。披露这些

① 朱辉：《浅议企业社会责任的披露》，载《会计之友》2003 年第 5 期。

内容，可以使社会公众对于企业的信誉情况有一个综合性的了解，也可以更全面地衡量企业履行社会责任的程度。

三、企业社会责任信息披露的形式

传统的信息披露制度要求公司披露的内容主要是财务方面的信息，即三大会计报表——资产负债表、损益表（利润表及利润分配表）以及现金流动表。随着企业活动对社会的影响日益深入以及不断高涨的社会责任运动，要求公司扩大其披露范围特别是披露其政策和经营活动对社会所产生的影响的呼声越来越大，企业社会责任信息披露应运而生。企业社会责任信息披露的形式，主要是指企业如何以会计报表或财务报告、文件或附注、社会责任报告等形式，将某一时期内企业履行社会责任的情况向政府、社会进行真实有效的反映、报告、说明解释等。

实践中企业社会责任披露的形式，可以有多种选择。如在年度报告中披露社会责任，也可以另行编制单独的社会责任报告。社会责任报告（social responsibility report），又称为可持续发展报告（sustainability report），是与财务报告（financial report）相对应的一个概念。与财务报告从资产、负债、收入、利润、现金流等方面披露公司的财务和经营状况不同，社会责任报告则是公司从经济、环境和社会业绩三个角度来揭示公司政策和经营活动对社会的影响。

在年度报告中披露社会责任信息，可以将信息放在财务报表中，也可以放在报表注释中或文字说明部分。如对环境信息的披露，在实际操作中主要采取两种方式：可以在公布的年度报告中披露，包括在表内增加项目或增加附表（如环境成本明细表）或采取附注的形式，也可以公布一个独立的环境报告。目前国外许多大的上市公司都采取这种形式，如英国电信、联合银行等。

他们的环境报告常见的是用一些非货币性条款，覆盖到以下一些论题，如废料管理、污染、对能源的使用情况以及公司的产品和服务对环境的正面影响。对于产品的性能和安全以及企业的商业道德，则可以使用定性与定量相结合的方式。如在附注中披露产品的合格率、返修率、市场份额以及应收账款周转率等数字化的信息，而产品的特点、产品的售后服务情况等就只能以文字或表格形式披露。[①]

如何计量企业履行社会责任的情况是社会责任信息披露的难点之一。对于社会责任信息的披露，可以是以文字的、定性的方式表示，也可以是以定量的、货币计量的方式表示，不过更多的是这些方式的综合运用。传统会计计量是以交易价格为前提，以货币为统一计量单位，而企业履行社会责任并没有交易价格，且履行形式各异，有些可以量化，有些根本无法量化。[②] 因此，传统的会计计量模式不能完全照搬，一成不变地用于企业社会责任披露。一方面是因为传统计量模式本身所固有的局限性和不完善性，另一方面则是因为社会责任计量的内容在性质上、具体项目上与传统会计已是大相径庭了。迄今为止，世界上尚未形成一套完整有效、可靠的计量体系，但就各国企业社会责任披露实践看，多数采用多元化的计量单位和灵活的计量方法，即定量和定性方式同时使用。概言之，社会责任的计量可以是货币的，也可以是非货币的；可以具有相对的精确性，也可以是性质、特征的描述。社会责任披露所涉及的内容比财务会计内容具有更大的不确定性，因而不可能做到绝对精确，所提供的数据虽然有一定的

① 朱辉：《浅议企业社会责任的披露》，载《会计之友》2003 年第 5 期。

② 史星际、史碧莲：《企业社会责任及其会计揭示问题探析》，载《生产力研究》1998 年第 2 期。

模糊性，但并不排除它对决策的有用性。①

概而言之，社会责任报告的形式经历了由简到繁、由粗到细的发展过程，按照报告的详细程度和复杂程度大致可分为三个级别，即简单形式、中级形式和高级形式。

（一）简单形式

报告企业社会责任最简单的方法就是以叙述性方法描述企业行为的社会影响，其特点是采用非货币性信息或文字来表达企业行为对环境和社会的影响，或采取在现有财务报表中添加新项目或附注方式。尽管简单形式是企业社会责任报告的早期形式，但对于刚刚开始社会责任披露的企业是一个非常有益的尝试，对于今后采用更好的方式计量和揭示企业行为对社会的影响大有帮助。

（二）中级形式

中级形式的报告是指运用一定的独立报表反映企业履行社会责任的报告，如专门编制的“污染报告”、“环境交易报告”、“社会责任年度报告”等。

企业提供污染报告一般的做法是在年度报告中除报告企业在控制污染方面作的努力和发生的费用情况外，还把企业实际造成的污染与其所在行业制定的标准、政府环保部门制定的标准进行比较，提供比较数据的信息，以反映企业污染控制的效果。环境交易报告用以反映企业人力、物资和财务资源相互作用的交易行为，该报告一般分为投入和产出两个大的部分，投入部分是指企业在人力、物力、财力上的投入总量，产出部分是指企业对社会

① 何红渠：《企业社会责任会计初探》，载《中南工业大学学报（社会科学版）》1999 年第 2 期。

各方面作出的贡献或造成的损害，包括支付员工工薪、提供产品劳务、生产过程对环境的污染情况、纳税和公益性捐赠等。环境交易报告是社会责任披露中较为实用和简单的报告模式。① 社会责任年度报告能较完整地反映企业履行社会责任的全面情况，这种报告是从企业、政府的统计资料及其他渠道获取企业在污染控制、员工健康与职业安全、吸纳特殊人群就业和职位提升等方面的情况，并以一组报表反映企业在这些方面所做的工作及成绩。社会责任年度报告提供的企业社会责任信息内容是详细的，部分资料已经数量化，并以货币金额表示，可为使用者提供一定程度比较客观的评估基础，对报告使用者很有参考价值。

（三）高级形式

高级形式的社会责任报告是模拟传统财务报表的形式，以货币单位对企业的社会效益和社会成本进行计量，并编制独立的社会责任报告，报告中所涵括的内容较为全面详细，是企业社会责任较为完整的披露形式，经常编制的报表有“社会资产负债表”、“社会损益表”和“增值表”。“社会资产负债表”是以公司的四大支持者——股东、员工、顾客及公司所在的社区民众为主要对象，以货币金额报告企业最受人关注的社会活动所产生的社会效益和社会成本的价值，其信息有较大的相关性和客观性，易为报告使用者所熟悉和接受。“社会损益表”着重反映社会收益和社会成本，用计算表的形式将社会效益和社会成本用货币表示，易于人们理解和接受，并据此了解企业的社会责任情况。“增值表”是流行于欧洲各国的一种报表，它从社会效益角度，反映企业经济活动的成果及分配状况，评价某一会计主体整体状

① 何红渠：《企业社会责任会计初探》，载《中南工业大学学报（社会科学版）》1999 年第 2 期。

况，从而揭示企业履行社会责任情况。[1]

四、我国企业社会责任信息披露的缺陷及其克服

自20世纪60年代末以来，社会责任信息披露得到了许多国家理论界、职业会计团体和政府的高度重视，各国或运用专门的社会责任报告，或采用附加报告的形式对社会责任信息予以披露。特别是20世纪70年代以来，自觉编制企业社会资产报告和企业社会责任报告的企业在不断地增多，在WTO成员国尤其如此，并形成了一种国际趋势。然而，相比于西方发达国家，我国的企业社会责任信息披露制度尚处于摸索阶段。

第一，由于社会各界对社会责任信息披露认识不够，我国对社会责任会计理论的研究起步较晚，还没有设立专门的研究机构，这方面的专门研究也是近几年才出现的。

第二，对于企业社会责任的信息披露没有相关的立法予以规定。《公司法》、《证券法》中涉及信息披露的规定主要是针对（拟）上市公司财务信息的披露，很少涉及非财务信息，即社会责任信息的披露。在中国证监会所发布的有关招股说明书、年报等指引中，虽然有企业社会责任信息披露的规定，但主要是有关职工情况的披露（如雇员人数，养老保险、医疗保险的缴纳情况等），披露的内容也非常有限，很不全面。[2] 由于没有强制性的法律规定，披露哪些内容，披露到何种程度，完全由企业自己决定，实践中很少有企业将与自己相关的社会责任内容进行全面

---

① 史星际、史碧莲：《企业社会责任及其会计揭示问题探析》，载《生产力研究》1998年第2期。

② 迟德强：《海外企业社会责任披露制度及借鉴》，载《证券市场导报》2007年8月号。

披露，企业提供的社会责任信息相当匮乏，远不能满足有关各方了解企业社会责任情况的需求。

第三，企业缺乏对社会责任信息进行独立报告的意识，很少有企业编制独立的社会责任会计报告。将企业的社会责任事项纳入常规的财务会计事项进行核算，是我国目前企业会计核算过程中的普遍现象，社会责任信息零星地散布在企业所披露的会计信息中，信息使用者只能在企业提供的庞杂的会计信息中“大海捞针”式地筛选所需的社会责任信息。这显然不利于进行社会责任信息的披露，进行独立的社会责任报告是企业社会责任信息披露走向成熟的重要标志，因为企业社会责任信息需求者的覆盖面远比传统会计信息需求者的覆盖面广得多，并且他们更关心和要求的是精练的社会责任信息。

第四，所披露的社会责任信息主要是定性分析，缺乏量化。现有的会计报表体系中缺少社会责任会计科目，已经披露的社会责任信息也主要以文字性的叙述和说明为主。导致这种情况的原因是有关社会责任信息的确认和计量问题没有得到解决，由于社会责任会计其自身的特点导致其产生一些传统会计难以突破的“瓶颈”，现行传统会计报告体系在反映能源环保等社会责任信息时力量十分有限，难以适应可持续发展对现代会计提出的高新要求，这对社会责任信息的真实性会带来一些负面的影响。与传统会计核算内容相比，社会责任会计内容显得更为广泛与复杂，尤其是当这些社会责任事项不以交易形式发生时，要对这些事项的社会成本和效益予以确认和计量就显得格外困难。如要求企业核算三废排放给周边环境造成的损失或要求企业核算某项慈善捐助所创造的社会效益，就需要企业去做相当的社会调查，致使企业提供社会责任信息的成本过高。比如，现行传统会计精确的计量和计价方式往往在反映如环境的污染成本、环境改善收益等此类无法精确地计量社会成本和收益的许多可持续性指标时显得力不从心，由于计量对象的特殊性和复杂性，企业要么不对某些社会成本与社会收益予以计量，要么常常伴有主观的臆测，虚增和虚减社会效益和成本，从而影响会计信息的真实性，企业社会责任信息披露的真实性大打折扣。①

诚然，我国现行法律已有一些信息披露方面的规定，《公司法》、《证券法》等法律法规对上市公司规定了信息披露制度，要求证券发行人、证券承销机构等主体依据法定的条件和要求，向社会公众披露与证券发行、证券交易和上市公司收购等证券行为有关的信息，如上市公告书、定期报告、临时报告和收购要约等。《公司法》对非上市公司也规定了公开法律机制，如公告招股说明书，将公司章程、股东名册、股东大会会议记录以及财务会计报告置备于本公司的义务，股东对于股东大会会议记录以及财务会计报告的查阅权等。但是，《公司法》、《证券法》的此类信息公开披露规定从企业社会责任的角度来看，存在三个根本的缺陷：一是设计公开披露义务的初衷并非出于强化企业社会责任的考虑，其主要目的是为了维护投资者的利益；二是此种信息公开披露的内容主要局限于“财务性公开”，与着重反映企业履行社会责任状况的社会责任信息披露的要求相去甚远；② 三是缺乏统一的披露社会责任信息的准则和监管。

上述缺陷造成我国企业社会责任信息披露整体质量水平不高、决策价值低下。企业披露社会责任信息的目的既不是为了决策有用，也不是对社会压力的反应，有时仅仅是对法律或强势利益相关者的应对。如公众最为关注的社会问题是劳动者权益，但很多企业却没有在报表中表现出足够的关注，企业披露的问题中，环境保护常常是第一位的，原因是与企业有关的环保法律强

---

① 阳秋林、黄珍文、曹钻：《建立有中国特色的社会责任会计势在必行》，载《南华大学学报（社会科学版）》2002 年第 4 期。

② 刘俊海：《公司的社会责任》，法律出版社 1999 年版，第114—115 页。

度超过劳动权益保护。同理，企业对最直接的强势利益相关者的要求也往往会首先反应。①

针对以上问题，笔者认为，我国应借鉴西方发达国家的经验，完善我国的企业社会责任信息披露制度：

第一，在制度构建上。我国《公司法》、《证券法》等应当突破前述三大缺陷，在信息披露内容和信息服务对象两个方面进行改进。我国应在《公司法》、《证券法》或其他有关的法律法规中明确规定企业除披露其财务经营方面的信息外，还应披露其履行社会责任的信息。2006 年 9 月，深圳证券交易所发布了《上市公司社会责任指引》，其中规定了上市公司应承担社会责任并对其社会责任信息予以披露。但是，该指引属于行业自律性质，并非对所有公司构成强制性的法律义务。因此，通过立法规定强制性的社会责任信息披露十分必要。

第二，应完善社会责任信息披露的内容。从目前中国证监会所发布的有关涉及社会责任信息披露的指引看，要求进行社会责任信息披露的内容过于单调，主要是披露职工方面的信息，而对于环境保护、能源耗费、社区活动等方面则很少要求披露。相对于我国，西方发达国家要求企业在社会责任信息披露的内容上要宽泛得多，所披露的内容涵盖了环境、雇员、能源、人力资源、社区活动、社会贡献、产品性能和安全、职工福利、商业道德等多方面，以此满足不同利益相关者对信息的需求。② 在我国，凡是符合某种标准的主体或信息项目的要强制披露，其他可以自愿披露。例如，职工人数超过一定规模的企业必须披露人力资源方面的信息；石油、化工、造纸等行业的企业必须编制环境报告，

① 宋献中、龚明晓：《社会责任信息的质量与决策价值评价——上市公司会计年报的内容分析》，载《会计研究》2007 年第 2 期。

② 刘建红、杨亚娥：《西方国家社会责任会计信息披露及其对我国的启示》，载《西安财经学院学报》2004 年第 2 期。

披露环境保护方面的信息；大中型企业必须披露对社区贡献方面的信息等等。

第三，还需要通过立法规范统一的社会责任报告方法，明确社会责任信息披露的主体范围以及主要方式。应当根据我国经济社会发展现状，借鉴国外的经验和已有的标准，制定适合我国国情的企业社会责任信息披露准则和标准，如不同信息的确认和计量方法等，建立一套完善的准则对信息披露行为进行指导和监管，引导企业建立健全社会责任信息披露机制。

尽管我国社会责任信息披露还处于初级水平，但包括企业在内的方方面面已经意识到社会责任信息披露的重要性，一些企业已开始尝试使用不同的披露工具进行社会责任信息披露。目前常用的披露工具有：招股说明书，上市公告书，基本财务报告，如月度报告、季度报告、年度报告、临时报告等，也有企业利用网站等现代化工具进行披露。

2006 年 3 月，国家电网公司在中央企业中率先发布了企业社会责任报告，成为我国央企的首份社会责任报告，温家宝总理批示："这件事办得好。企业要向社会负责，并自觉接受社会监督。"随后，中国石油、中远集团、华能、大唐等 10 家中央企业纷纷发布社会责任报告或可持续发展报告。

2008 年 1 月 2 日，国内第一个社会责任指数——泰达环保指数正式发布，泰达环保指数是由 A 股市场与环保相关的 10 个行业中选出的 40 家上市公司编制而成，指数的 40 只样本股涉及公用事业、化工、机械设备、建筑与建材、金属与冶炼、耐用消费品、能源、日用消费品、信息技术和综合 10 个行业大类，流通市值总和为 2892 亿元。其中，一半以上的样本分布在机械设备、公用事业和能源三个大类。指数编制专家指出，作为中国资本市场第一只社会责任类指数，泰达环保指数样本股的选择重在考察上市公司所承担的社会责任，通常意味着企业要放弃一些短期利益，导致其业绩增长和股价走势相对滞后。但长远来看，富有社会责任感的企业更受政府和民众的欢迎，更容易获得发展机会，更具有持续成长潜力，因此泰达环保指数的长期走势乐观。①

2008年1月4日，国务院国资委以2008年第一号文形式，发布了《关于中央企业履行社会责任的指导意见》（以下简称《指导意见》），要求中央企业自觉接受社会监督，履行好八项责任，并把社会责任理念和要求融入企业发展战略和经营管理全过程。②

《指导意见》指出，中央企业履行社会责任要重点把握好三项原则：一是坚持履行社会责任与促进企业改革发展相结合，把履行社会责任作为建立现代企业制度和提高综合竞争力的重要内容，深化企业改革，优化布局结构，转变发展方式，实现又好又快发展。二是坚持履行社会责任与企业实际相适应，立足基本国情，立足企业实际，突出重点，分步推进，切实取得企业履行社会责任的成效。三是坚持履行社会责任与创建和谐企业相统一，把保障企业安全生产，维护职工合法权益，帮助职工解决实际问题放在重要位置，营造和谐劳动关系，促进职工全面发展，实现企业与职工、企业与社会的和谐发展。

《指导意见》要求，在今后一段时期内，中央企业履行社会责任要重点把握好八个方面：一是坚持依法经营诚实守信；二是不断提高持续盈利能力；三是切实提高产品质量和服务水平；四是加强资源节约和环境保护；五是推进自主创新和技术进步；六是保障生产安全；七是维护职工合法权益；八是参与社会公益事

① 吴铭：《首个社会责任指数今正式发布》，来源：中国证券报，http：//www. vsatsh. cn/bgu/open. asp？id，2008－3－20访问。

② http：//epaper. bjd. com. cn/sdjsb/20080111/200801/t20080111_411391. htm，2008－3－29访问。

业。这八个方面是立足中央企业整体特点，结合当前中国国情和企业实际，对中央企业履行社会责任提出的具体要求。各个中央企业根据所处的行业特点和企业特色，在履行社会责任方面有着不同的侧重，在执行中按照八个方面的主要内容，结合企业实际，落实各项措施，规范、有序地开展社会责任工作。

中央企业是我国国民经济的骨干力量，在经济社会发展中具有重要地位和作用，中央企业积极履行社会责任具有十分重要的现实意义。《指导意见》顺应国际国内企业履行社会责任的发展趋势，广泛听取、吸收了专家学者和社会各个方面的意见和建议，体现了各利益相关方对中央企业履行社会责任的要求和期望。①

我国的社会主义市场经济还不很完善，需要政府进行监管和调控，企业社会责任的披露将成为政府对企业行为进行约束的一道有利工具。为了克服企业在社会主义市场经济建设中的消极作用，应大力提倡企业社会责任的披露，不但要靠社会公众的舆论监督以及国家的政策引导，还应该把社会责任披露写入法律，以法制来规范企业的社会责任性信息披露行为，以便更好地和国际制度接轨，促进我国企业的国际化。

第三节　引入社会责任公益诉讼机制

——以环境民事公益诉讼为例

企业社会责任涉及众多利益相关者的社会公共利益，不仅需要有实体法的保护，也需要有与自己精神一致的审判程序。在强化企业社会责任的落实措施中，越来越多的学者主张建立公益诉

---

① http：//ccnews. people. com. cn/GB/87320/6735428. html，2008－3－29 访问。

讼制度。公益诉讼制度可以在社会公共利益受到违法悖德行为侵害时，使受害人得到相应的赔偿，社会公共利益得到保护。本节拟以环境民事公益诉讼为例，对在企业社会责任中引入公益诉讼机制问题进行探讨。

一、环境权的概念和性质

环境权理论的提出是基于传统法律理论对解决环境问题的无能为力。传统民法关于所有权的理论认为，非人力所能支配的物（如流水、空气、日光等环境要素）不能作为所有权的客体，属于“取之不尽，用之不竭”的自由财产或无主物，任何人都可以随意无偿使用或实行先占原则。因而向大气、河流排放污染物的行为并不是违法行为。20世纪60年代以后，随着全球性环境危机的出现，有关公民对与他生存密切相关的环境要素是否拥有权利这一问题引起了人们的普遍关注。[①]

环境权首次得到国际上的承认是在1972年6月联合国召开的人类环境会议，会议通过了《人类环境宣言》。该宣言宣布：“人类有权在一种能够过尊严和福利的生活环境中，享有自由、平等和充足的生活条件的基本权利，并且负有保护和改善这一代和将来的世世代代的环境的庄严责任。”欧洲人权委员会经过十多年的讨论，也接受了环境权的主张。在1973年维也纳欧洲环境部长会议上制定的《欧洲自然资源人权草案》中将环境权作为一项新的人权加以肯定，并将其作为《世界人权宣言》的补充。环境权问题在国际社会提出后，特别是《人类环境宣言》对环境权承认以后，有些国家开始在本国宪法上确认这一基本人

① 史玉成：《环境公益诉讼制度建构若干问题探析》，载《现代法学》2004年第3期。

权。到1995年，约有60多个国家的宪法或组织法包括了保护环境和自然资源的特定条款，越来越多的国家特别是发展中国家，处于经济转型时期的国家，正在将环境权或环境资源保护方面的基本权利和义务纳入宪法。[①] 在规定了环境权的国家的宪法或立法文件中，环境权或者是作为人的权利之一，或者是作为国家的职责，或者是二者兼而有之。

在我国，现行法律中尚无明文规定环境权的内容，但其很多内容仍可以在我国现行法律体系的各个层面找到依据。例如，我国《宪法》第9条第2款之一规定："国家保障自然资源的合理利用，保护珍贵的动物和植物"；第26条第1款规定："国家保护和改善生活环境和生态环境，防治污染和其他公害。"1989年12月颁布的《环境保护法》第6条规定："一切单位和个人都有保护环境的义务，并有权对污染和破坏环境的单位和个人进行检举和控告。"这些规定虽然不是对环境权的直接确认，但也可以据此推导出国家环境管理的职责和公民参与环境保护的权利。

为了便于法律对环境权的保护，可将环境权的各项子权利划分为人身权与财产权两类。对于公民以环境资源的美学价值为基础的一类子权利，可归于一般人格权体系。它是现代社会人作为社会成员存在所必需的权利，是对人所享有的具体的环境人格利益的高度抽象，是一定的社会生态意识对人的行为自由和人格利益的确认。如宁静权、日照权（采光权）、通风权、眺望权、风景观赏权等。在一个国家内，所有公民都普遍的享有这种"环境人格权"。对于其损害可运用侵权行为法进行救济。而对于以环境资源的可利用价值为基础的一类子权利，可统称为环境使用权，其目的在于利用市场、经济手段协调对环境资源的使用与保

① 蔡守秋：《论水权转让的范围、原则和条件》，载水利部政策法规司：《水权与水市场》资料选编之二，第296—333页。

护，典型的如美国的排污权交易制度、我国正在试图建立的“水权”制度等。①

站在传统的民事权利体系里观察环境权，就会发现其具有强烈的社会性。权利是其外壳，社会利益是其内核，是具有公共利益属性的“社会性私权”。

因为环境权是环境危机的产物，从某种意义上讲，环境权是“社会性”权利，是一种公益权。② 由于环境权具有“公益性”的特征，使得环境侵害行为具有“公害性”特点，私法手段的运用虽然在环境保护中受到重视，但是此时的私法手段已不是过去完全以个人利益为本位，权利绝对化的手段，环境诉讼因之具有明显的公益理念，在环境诉讼中仅依靠私益性救济远不能达到保障权利的目的。

二、环境民事公益诉讼

由于环境权是一项公益性与私益性相结合的权利，因此，既可私益诉讼，也可公益诉讼。无论英美法系还是大陆法系，许多国家对涉及公益的诉讼都建立了相应的诉讼机制，其中环境公益诉讼在这些规定中往往占重要地位。

公益诉讼起源于古罗马，是和私益诉讼相对而言的为保护社会公共利益而提起的诉讼。现代国家的公益诉讼制度以英美国家最为发达。美国公益诉讼的范围非常宽泛，从 1863 年的《反欺骗政府法》到后来的《谢尔曼反托拉斯法案》、《克莱顿法》以及环境保护法，均规定政府或者个人可以提起规制型民事诉讼。美国的《克莱顿法》第 15 条规定，对违反反托拉斯法造成的威

---

① 叶勇飞：《论环境民事公益诉讼》，载《中国法学》2004 年第 5 期。

② 王蓉等：《创新环境资源法学、共建绿色新千年——中国法学会环境资源法研究会 2000 年年会综述》，载《法学评论》2001 年第 3 期。

胁性损失或者损害，任何人、商号、公司、联合会都可以向法院提起诉讼和获得禁止性救济。美国环境法中规定了公民诉讼，任何公民可对违法排放污染者或者未履行义务的政府机关提起诉讼，要求按照国家规定的排放标准排污，赔偿污染造成的损失或者履行法定义务。在英国，检察长是按照法律唯一在法庭上有权代表公众的人，他或者依职权或因私人的请求允许告发人提起诉讼。检察长在民事诉讼中代表政府起诉或应诉，私人或者私人组织只有在取得检察长同意后才可提起限制干扰公共权利，或者迫使被告遵守公共义务的诉讼。地方政府机关不必得到检察长的同意，也能以自己的名义提起与保护、促进本地区居民利益有关的诉讼。德国的公益诉讼没有英美法系那么广泛，采取的还是比较保守的做法，主要有检察官提起的诉讼和团体诉讼。法国的团体诉讼制度也比较发达，例如工会为了工人的利益可以向劳动法院起诉。此外，某些社团在法国也享有诉讼权，如法国的家庭保护全国联合会、防止酒精中毒委员会、省狩猎联盟、维护著作权的作家协会等。日本于明治政府期间仿效法国建立起了检察制度，也规定了检察机关作为公益代表人参与或者提起民事诉讼的权利。[1]

在我国，环境公益诉讼是指由于行政机关或其他公共权力机构、公司、企业或其他组织及个人的违法作为或不作为，使环境公共利益遭受侵害或有侵害之虞时，法律允许公民或团体为维护环境公共利益而向法院提起诉讼的制度，既可以在行政诉讼中采用，亦可以适用于民事诉讼程序。如被诉的对象是对环境公益造成侵害或有侵害之虞的行政机关或其他公共权力机构，即为适用于行政诉讼程序的环境行政公益诉讼；如被诉对象是公司、企业、其他组织或个人，即为适用民事诉讼程序的环境民事公益诉

① 姜晖：《中外公益诉讼制度的比较与借鉴》，载《商业研究》2004 年第 9 期。

讼。本节主要探讨与企业社会责任有关的问题，故此处仅讨论环境民事公益诉讼。

与企业社会责任有关的环境民事公益诉讼可定义为：为了保护社会公共环境权益，公民个人、社会团体和特定的组织或机构，根据法律的规定对违反法律或社会公德、侵害公共环境的企业，向人民法院提起并要求其承担民事责任，由法院按照民事诉讼程序依法审判的诉讼。

此类诉讼的特征是：第一，诉讼的目的是为了维护社会公共环境权益。从间接或长远角度考虑，企业侵害公共环境权益的行为也有对公民个体的环境权益产生侵害可能性，即诉讼的结果存在着间接维护或有利于个体利益的效能，但其提起诉讼的目的与直接为保护个体本身利益的私益诉讼仍不相同。第二，诉讼的被告是不履行社会责任义务，违反环境法或其他相关法律法规的规定，或者严重违背社会公共道德，对社会公共环境权益造成侵害的企业。第三，诉讼的起诉主体广泛，起诉人可以是任何个人、组织或机构，且无须与案件有直接利害关系。也就是说，原告的资格不仅仅限于其合法环境权利受到损害的人。第四，诉讼成立的条件可以是损害结果已经发生，也可以是损害结果尚未发生但有可能发生。由于环境损害存在着长期性、潜伏性，其损害结果在实施侵害行为时不一定能立即表现出来，而一旦损害结果发生，则可对环境造成极大且不能逆转的损害。鉴于此，相应地在诉讼机制上应允许在损害结果未发生的情况下进行诉讼。

三、建构我国环境民事公益诉讼法律制度的设想

美国公民诉讼制度之所以得到充分发展，在于美国《清洁

空气法》、《清洁水法》等一系列专门立法的规定，再加上判例的进一步解释，使公民诉讼得到完善。我国现行的一些立法也有类似规定，但至今国家并未在任何一部法律中作出明确规定。例如，我国《环境保护法》关于“一切单位和个人都有保护环境的义务，并有权对污染和破坏环境的单位和个人进行检举和控告”的规定，虽然在一定程度上隐含着与公民诉讼相同的内容，但对于“检举、控告”所指向的具体含义不是十分明确。比如，向谁进行检举？向谁控告？控告是否等同于诉讼？立法本身的不明确性大大限制了其作用的发挥。

那么，我国民事诉讼机制中的代表人诉讼制度，能否起到保护社会公共利益的作用呢？近年来，代表人诉讼在环境民事诉讼中也得到了越来越多的应用。但其与环境民事公益诉讼仍存在着很大的区别。首先，虽然代表人诉讼中维护的利益主体人数众多，但毕竟代表的利益与社会公共利益不同。表面上看是维护了一个整体的利益，但他们的共同利益仅是每个个体利益的简单相加，从本质上分析，它仍是全体成员的“私益”，与公益诉讼的保护公共利益的目的迥然不同。其次，代表人诉讼中的每一个成员包括代表人都必须对诉讼之标的具有直接的利害关系，但公益诉讼却是任何人均可提起，不需要与案件具有直接的利害关系。再次，从程序上看，代表人诉讼中设有登记程序，对于没有参加登记的人员，视为不参加诉讼。在代表人的产生上则必须由当事人积极地推选，允许未参加登记的人另行起诉，只要在诉讼时效期间内，法院就可以作出裁定适用原判决。可见，代表人诉讼仅是通过个人的诉讼行为来实现部分人的共同利益，无法与直接实现社会公共利益的公益诉讼相提并论。

因此，运用代表人诉讼制度虽然可以使为数众多的人在其环境权益受到侵害时得到司法救济，但有时实际情况非常复杂，代表人诉讼并不能使所有受损害的社会公共利益得到救济。例如，企业向河流超标排污，受侵害的不是企业所在社区的居民，而是数百公里之外以河水灌溉农田的农户，而且最终的受害者可能波及全国各地食用了被污染河水灌溉的蔬菜或粮食的消费者。这时，代表人诉讼能保护的利益的范围和性质就非常有限了，无法与保护社会公共利益的要求相适应，故代表人诉讼制度并非能够完全适用在保护公共利益的方面。

目前，我国的环境污染与生态破坏已到了非常严峻的地步。由于不合理的开发利用或进行大型工程建设，使自然环境和资源遭到破坏，引起一系列生态环境与自然资源危机，大量的环境污染使环境质量下降，以致危害人体健康，损害生物资源，影响工农业生产。如此严重的环境危机不仅使人民的生命健康和社会生活遭受严重侵害，而且已成为制约我国经济发展、影响社会稳定的一个重要因素。现实在急迫的呼唤环境公益诉讼，因此，我国可借鉴外国立法模式，建构具有中国特色的环境民事公益诉讼法律制度。下面，主要讨论与环境民事公益诉讼有关的几个问题：

（一）关于原告的起诉资格

我国民事诉讼制度对原告起诉资格有较为严格的限制。现行《民事诉讼法》第108条第（1）项规定：“原告是与本案有直接利害关系的公民、法人和其他组织。”也就是说，提起民事诉讼的必须是那些人身或财产权益直接受到他人不法行为侵害的人。这显然对环境民事侵害的受害人十分不利，因为他们所遭受的环境侵害大多是“间接的”和“无形的”。事实上，我国民事公益诉讼遇到的最大法律障碍就是要求原告必须与本案具有直接的利害关系。

社会公共利益不同于个体利益，可能作为公益诉讼的“被告”之行为，虽然损害了社会公共利益，但由于未直接侵犯“原告”个体的合法利益，也未对“原告”个体的权利义务产生实际影响，根据现行法律，普通公民对此无权起诉。这就导致在一些社会公共利益受损的情况下，无人过问、无人关心。例如，污染环境、制假售假、不正当竞争等案件发生后，虽然受害者众多，但根据现行法律，只有直接对公民个体利益造成了损害，公民才能提起诉讼，非直接受害者只能向相关部门举报，无法代表公众对致害人提起诉讼。对此，我国可以借鉴美国公民诉讼制度关于私人检察官的理论，扩大拥有起诉资格主体的范围。应突破传统民事诉讼关于原告必须与案件有直接利害关系的限制，只要具有“事实上的损害”就可以认定原告具有起诉资格。即原告不局限于具体的合法权利受到损害的特定人，任何人只要受到了其所指控的违法行为的“事实上的损害”，就具备原告资格。①

综上所述，首先，原告的资格标准应放宽。既然是公益诉讼，也即为维护社会公共利益而起诉，那么，如再拘泥于陈旧的理念就不能适应新的要求。因此，应当在环境民事公益诉讼中放弃“与诉讼标的具有直接利害关系”这一要求，只要有污染环境和破坏资源的违法行为，已经或即将对社会公共环境资源造成不利影响的，都应允许没有直接利害关系的人提起环境民事公益诉讼。除公民个人外，企事业单位、社会团体等均可为公益而对污染环境和破坏资源的违法者提起民事诉讼。特别要将一些专业团体纳入原告行列中来，比如环境保护团体，这些团体可以在专业知识、资金力量等各方面弥补个人力量的不足，可以造成较大社会影响。尽管我国的环保组织与国外相比还不够成热，但随着我国环境保护事业的发展，环保组织正在发挥着越来越重要的作用。立法上可以考虑对一些环保团体经一定程序认可，赋予专门的起诉权，在公民个人为环境公共利益而提起诉讼尚存在障碍的

---

① 李艳芳：《美国的公民诉讼制度的启示》，载《中国人民大学学报》2003 年第 2 期。

现实国情下，这种方式不失为一种有效选择。环保组织可以以当代人的名义，也可以以后代人的名义，对侵害环境公共利益或潜在的侵害行为提起诉讼。[①]

2005年11月13日，位于吉林省吉林市的中国石油吉林石化公司双苯厂一车间发生连续爆炸。之后，监测发现苯类污染物流入该车间附近的第二松花江（即松花江的上游）造成水质污染。14日，吉化公司东10号线入江口水样有强烈的苦杏仁气味，苯、苯胺、硝基苯、二甲苯等主要污染物指标均超过国家规定标准。随着污染物逐渐向下游移动，这次事件的严重后果开始显现。黑龙江省省会、北方名城哈尔滨市，饮用水多年以来直接取自松花江，为避免造成重大公共卫生问题，市政府决定自2005年11月23日全市停止供应自来水，四天之后松花江水各项指标才恢复正常，成为该市历史上最大的一次停水事故。

松花江污染事件的严重后果，通过媒体的报道，在全国乃至国际上引起了高度关注。由于该河最终注入国际河流黑龙江（俄罗斯称阿穆尔河），这一事件还使我国与相邻国家的关系受到了考验。由于我国政府及时表态并向对方提供多项援助，同时积极向国际组织通报事件进程及我方的处理结果。而且我国政府在事故发生后尽了最大努力，通过水库放水稀释污染物、筑坝拦截污染物等措施将损害限制在本国范围内，履行了国际环境法上的损害预防义务，这些措施使得这次污染事件没有造成太大的国际关系后果。

谁可以成为松花江污染事件的适格原告？依《民事诉讼法》第108条，民事诉讼的原告必须是与本案有直接利害关系的公民、法人和其他组织。《环境保护法》第41条和《水污染防治

---

① 史玉成：《环境公益诉讼制度建构若干问题探析》，载《现代法学》2004年第3期。

法》第55条也将有权获得侵权损害赔偿的人限定为“直接受到损失的单位或者个人”。因此，在这次水污染事件中遭受人身和财产损害的自然人、法人和其他组织，比如因水污染而健康、身体受损的自然人，因江水污染引起的停水造成停业、停产或生活费用增高等财产损失的自然人、法人和其他组织，都有权作为本案的适格原告向法院提起民事诉讼。另外，本案中有权提起诉讼的主体众多且人数不确定，其诉讼标的又是同一种类或至少相近，符合《民事诉讼法》第55条关于代表人诉讼的规定，本案的诸多原告也可以推选诉讼代表人，并且适用《民事诉讼法》中此类诉讼的全部规定。[①] 笔者认为，像松花江污染事件这样的特大环境污染事故，由于受害人数众多，又涉及公共利益和环境资源的破坏，更适合于环境民事公益诉讼，应允许国家检察机关、环境资源行政主管部门、环境社团组织、单位或公民个人提起环境民事公益诉讼，要求停止侵权、恢复环境原生状态、赔偿损失等。

其次，应当将部分主体排除在原告范围之外，如侵害行为企业当地的环境行政主管部门和资源行政主管部门可不作为环境民事诉讼的原告，主要原因是法律上已经赋予了这些部门保护公共环境资源的职责和权力，这些部门有管理权和一定的行政强制权，可以依职权作出具体的行政行为以制止侵害公共环境资源的行为。如果这些行政行为不足以制止不法行为，还可直接申请人民法院强制执行，因此这些部门没有提起环境民事诉讼的必要。[②] 除非这些行政机关本身怠于行使职权，这时可因他们的不作为提起行政环境公益诉讼，但这时已不属于环境民事诉讼包含的范畴。至于非侵害行为实施者企业当地的环境行政主管部门，

---

① 杨继：《公司环境责任之再思考——松花江水污染事件的启示》，载《法学评论（双月刊）》2007年第1期。

② 叶勇飞：《论环境民事公益诉讼》，载《中国法学》2004年第5期。

笔者认为，可以作为环境民事诉讼的原告。例如，松花江苯污染事件造成哈尔滨市全城停水四天，哈尔滨市环境行政主管部门，以及哈尔滨市政府均可代表哈尔滨市人民，向造成污染事故的吉林石化某企业提起环境民事公益诉讼。

（二）拓展环境公益诉讼途径

按照传统理论，检察机关是公共利益代表，那么，当环境公共利益受到侵犯时，检察机关是否可以提起环境民事公益诉讼。借鉴国外的有益经验，我国构建环境公益诉讼制度时可以实行由检察机关或公众提起诉讼的双轨制。检察机关提起的这类诉讼可分为两种情况：一是依职权主动提起；一是因公众（包括公民和团体）申请而提起。在因公众申请而提起的情况下，公众具有选择权，既可以选择检察机关为代表提起诉讼，也可以以自己的名义直接起诉。在公众有选择权的制度设计下，公众会趋向于把比较复杂、专业性比较强的环境公益诉讼案件申请由检察机关起诉，从而更有效地保护公共利益；同时，在申请被驳回的情况下，公众仍可以自己的名义提起诉讼，使公共利益的损害真正享有完整的救济途径。[①]

（三）行政程序先置问题

在我国，法律规定公民有向行政机关控告、举报和申诉的权利，而行政机关必须切实履行其职责。公民一旦越过行政程序直接诉诸法院，可能会造成行政机关执法的懈怠，不利于行政机关依法尽职。所以，在提起环境民事公益诉讼前首先利用行政手段很有必要，只有当行政救济仍无法完成保护社会环境资源公共利

---

① 史玉成：《环境公益诉讼制度建构若干问题探析》，载《现代法学》2004 年第 3 期。

益的目的时，再进入司法救济程序可能会更为合理，因此宜设置行政程序先置。环境民事公益诉讼的本质目的是为了制止侵害公共环境资源的不法行为，以保护公共环境资源免遭破坏，因此，一旦有民众起诉的信息，不法行为者立即停止侵害行为并积极消除不法行为所造成的负面影响，那么应当说其目的达到了，无须再进入诉讼程序。在此可借鉴美国公民诉讼中的告知义务，规定一定的法定期间（美国规定为60天），如果违法企业立即停止侵害行为并积极消除不法行为所造成的负面影响，则无须再进入诉讼程序。同时规定在履行告知义务的同时，向有关行政主管部门请求行政救济。在告知义务的法定期间内，若污染和破坏者未能停止侵害行为和消除负面影响，行政部门也没有采取切实有效措施，公民可选择进行环境行政公益诉讼或环境民事公益诉讼。①

（四）举证责任的合理配置

在环境诉讼中，环境损害的认定具有很强的技术性，让较少有条件获取信息的当事人提供信息，既不经济也不公平。由于原告获取信息的有限性且不具备必要的专业知识与技能，让原告承担举证责任是极为困难的。因此，为了实现原、被告双方力量均衡，许多国家在环境侵害案件中实行无过错责任和举证责任倒置的原则，规定主要证据由被告提供。在我国，最高人民法院的司法解释虽然规定了环境污染损害赔偿案件实行被告举证制，但却没有规定举证的范围和原告是否还有一定的举证责任，从而使得被告承担了太重的举证责任，而原告则忽视了对必要证据的收集。② 为解决这一问题，应明确规定原告、被告举证责任负担的

---

① 叶勇飞：《论环境民事公益诉讼》，载《中国法学》2004年第5期。

② 王灿发：《论环境纠纷处理与环境损害赔偿专门立法》，载《政法论坛》2003年第5期。

范围，让被告对是否排污、能否造成污染、排污与损害之间是否有因果关系、能否依法免责提供证据，让原告对损害的事实和损失的大小负举证责任。

（五）败诉被告承担环境民事责任的形式

对于环境民事公益诉讼被判败诉的被告企业，可以采用以下的民事责任形式：第一，停止侵害。其作用原理相当于美国公民诉讼中对污染源所判发的禁止令；第二，消除违法行为对环境资源的影响。法院可以判令违法企业对其违法行为造成的负面影响进行消除或修补，以使环境资源尽量恢复原先的较好的状态；第三，罚金。法院可以对违法企业采取判罚罚金的做法，使违法者受到惩罚，增加环境民事公益诉讼的威慑力。[①]

（六）诉讼费用的公平负担与奖励

环境民事公益诉讼中，原告的目的并非要求违法行为者对自身进行赔偿，而是为了保护社会公共利益，维护公共的环境安全及资源的合理使用。胜诉后，受益人不仅仅限于本人，而是不特定的多数人，甚至可能是整个社会。如果所有的诉讼费用都让原告承担，显然有违公平原则。因此，为充分鼓励民众的参与，应考虑对于胜诉或虽不是完全胜诉但对公益促进有贡献的原告的合理的律师费用判由被告承担，并对胜诉的原告进行必要的奖励。为此，一些国家在公益诉讼费用的负担上实行有利于原告的原则，并建立了相应的保障和激励机制。如在法国，当事人提起越权之诉时，事先不缴纳诉讼费用，败诉时再按规定标准收费，数额极为低廉。美国的《反欺骗政府法》规定，败诉的被告将被处以一定数额的罚金，原告有权从被告的罚金中提取15%—

① 叶勇飞：《论环境民事公益诉讼》，载《中国法学》2004年第5期。

30%的金额作为奖励。[①] 其实，我国现行许多法律中均有对揭发、检举违法行为有功者进行奖励的规定，如《统计法》、《税收征收管理法》等，并且也取得了一定的经验。那么，将这种制度建立在环境民事公益诉讼中笔者认为也是必要和可行的。为鼓励公众运用环境公益诉讼来维护本人以及公众的环境利益，我国立法可作如下规定：当事人提起环境公益诉讼，诉讼费用在案件审理结束后缴纳；原告胜诉时，诉讼费用由被告承担；败诉的被告将被处以一定数额的罚金，原告有权从被告的罚金中提取一定比例的金额作为奖励。

第四节　以惩罚性赔偿促进企业履行消费者责任

——兼论《消费者权益保护法》第49条

惩罚性赔偿（Punitive Damages）在英美法中通常被定义为："当被告的行为是轻率、恶意、欺诈时，判处的超过实际损害的损害赔偿。"[②]从语源学的角度看，惩罚性赔偿概念的本质乃在于超过实际损害赔偿之外的"附加性"赔偿，它是法官判决由被告给付原告数倍于其实际损害的损害赔偿。

作为一种古老的法律责任制度，惩罚性赔偿有着十分重要的理论价值。17世纪至18世纪，英美法中的惩罚性损害赔偿主要适用于诽谤、诱奸、恶意攻击、私通、诬告、不法侵占住宅、占有私人文件、非法拘禁等使受害人遭受名誉损失及精神痛苦的案

① 史玉成：《环境公益诉讼制度建构若干问题探析》，载《现代法学》2004年第3期。

② Bryan A. Gamer, Black's Law Dictionary, 7th ed.（2000）. West Group.（p. 322）.

件。19 世纪以来，惩罚性损害赔偿转向制裁和威慑不法行为，而主要并不在于弥补受害人的精神痛苦。进入 20 世纪，随着大企业的蓬勃兴起，各种不合格商品导致对消费者损害的案件频繁发生，但由于大公司财大气粗，仅靠对消费者进行补偿性赔偿难以对其非法损害行为起到威慑作用，于是惩罚性损害赔偿逐渐适用于产品责任，同时赔偿的数额也不断提高。

我国《消费者权益保护法》（以下简称《消法》）第 49 条规定："经营者提供商品或者服务有欺诈行为的，应当按照消费者的要求增加赔偿其受到的损失，增加赔偿的金额为消费者购买商品的价款或者接受服务的费用的一倍。"这一规定被简称为"退一赔一"或"双倍赔偿"。《消法》第 49 条所确立的双倍赔偿制度是我国法律确立惩罚性赔偿制度的标志，成为中国适用惩罚性赔偿的首例，也是消费者权益保护领域的热点问题。

一、《消法》第 49 条的主要功能在于保护社会公共利益

在普通的民事责任中，一般不设置惩罚性赔偿的责任形式。而在《消法》中之所以对经营者设定惩罚性赔偿责任，缘于消费者与经营者在交易过程中的地位差异，这种差异要求立法者对作为强者一方的商业企业进行抑制，对作为弱者一方的消费者进行扶持。即给予经营者更多的义务和更重的责任，赋予消费者更多的权利和更便利的权利行使方式，用这种倾斜的权利义务配置方式促使企业履行其对消费者的社会责任，保护消费者权益。惩罚性赔偿一方面是赔偿，目的在于对受害消费者的补偿；另一方面是惩罚，目的在于提高不良经营者的违法成本。对经营企业而言，这种惩罚性赔偿制度实际上使其在传统的行政责任、刑事责

任和民事责任之外，增加了一种新的责任。①

这种惩罚性赔偿，实质上是一种经济法上的责任追究，以保护社会公共利益为首要目的。即通过对主张索赔权利的受害消费者给予惩罚性赔偿，使不法行为者向主张权利者支付等于或大于不法损害的赔偿额，以达到制裁、遏制不法经营者的目的。在无利可图，甚至是负收益的情形下，理性的经营者就会放弃其欺诈行为。因此，在严格条件下适用惩罚性损害赔偿制度的目的，在于一般地遏制不法行为的再次发生。对于恶意侵害他人权利的人来说，惩罚性损害赔偿制度起着威慑侵权行为人的作用，其积极意义是不可否认的。可见，我国《消法》第 49 条规定的惩罚性赔偿制度的功能并不仅在于对受害消费者的赔偿和不法商家的惩罚，更在于通过有效减少不法行为者的利益促使商家履行其对消费者的社会责任，从而维护市场的有序，保护社会公共利益。

二、惩罚性赔偿是促使商家履行消费者责任的重要途径

传统民法学理论认为，损害赔偿的功能在于弥补受害人的损失，“损害—补救”过程是一个受损权利的恢复过程。民事责任通常以采用回复救济手段为原则，难以回复请求时，则采用损害赔偿予以补偿。而作为民事责任重要形式的损害赔偿又以弥补受害人的实际损失为限。显然“退一赔一”中的“退一”是对实际损失的补偿，是对经营者民事责任的追究。但是，经营者在赔偿受害消费者的实际损失之后，所支付的与实际损失无关的等同于货款或接受服务费用的一倍赔偿金，却无法用民事责任来解

① 应飞虎：《知假买假行为适用惩罚性赔偿的思考》，载《中国法学》2004 年第 6 期。

释。可见，惩罚性赔偿是由补偿性赔偿部分加惩罚性赔偿部分组成，因此，它除具有一般赔偿损失的功能外，还有着自己的独特功能，它是对民法的突破和超越。

首先，在民事损害赔偿中，受害人就其损害获得实际补偿有民法上的依据，即公平原则，“损害多少赔偿多少”。所以，作为利益被损害一方的消费者理所当然地应该获取补偿。但双倍赔偿制度使得受害消费者除获取全部损失的补偿之外，还获取了与其相当的另外一倍赔偿金，即消费者由原来的受害者变成了受益者。受害人因受害而获利的这部分赔偿金如说是民事责任，那么则与民法所追求的公平原则相违背。或者说，惩罚性赔偿制度突破了民法的公平原则。其次，既然是平等主体，即消费者与经营者的法律地位是平等的，各具独立的人格，任何人不享有对他人实施惩罚的权利。而双倍赔偿从某种程度上而言，却违背了这一精神。惩罚性赔偿意味着受害的消费者有权对实施欺诈行为的经营者进行惩罚，这种私人惩罚显然违背了民法的平等原则。①

与传统的行政责任、刑事责任和民事责任相比，使经营者承担这种新的惩罚性的责任有赖于消费者的维权行为，即消费者对自己权利的行使。从某种意义上讲，如果消费者积极行使自己的权利，这种惩罚性责任将比其他传统责任形式更容易实现。首先，是因为利益因素，惩罚性责任的实现能直接增加消费者的利益，作为经济人的消费者在符合条件时自然会产生主张权利的动力；其次，是信息因素，由于行政监督机关可能无法及时有效地掌握有关经营者欺诈行为的信息，因而在较多情形下，由公权主导的行政责任和刑事责任的实现难以奏效。而广大消费者因为直接与经营者进行交易，更容易掌握经营者欺诈行为的信息，因而

① 寿厉冰、陈乃新：《略论惩罚性损害赔偿的经济法属性》，载《法商研究》2002 年第 6 期。

拥有行使权利的信息前提。再次，是成本因素，在具有公正司法的前提下，消费者与经营者有可能就《消法》第 49 条进行直接的适用，这种适用的成本要比公权直接介入时低得多，与传统的其他三种法律责任相比，惩罚性赔偿的实现成本可能较低。因此，若把传统的三种责任形式看作是对不良经营者的外在“威慑”的话，惩罚性赔偿这种“威慑”更容易被不良经营者看成是一种真实的、永远都存在的“威慑”。这种“威慑”更有助于促使经营者自律和诚信行为，更有助于督促商家履行对消费者的社会责任。①

市场经济是以追求个人利益最大化为目标的经济形式，市场主体对利益追求的内在冲动难以遏止，他们不惜实施众多的违法经营、违背公认商业道德的行为。根据科斯定理，在补偿性赔偿金低于侵权人非法获利而又不能完全补偿受害人损失情况下，一个潜在侵权人就会从事侵权行为。这显然不符合社会利益的需要。每个人都是消费者，因而任何对消费者权益的侵犯行为都间接地与每一个人有着利害关系。经营者实施欺诈行为侵犯的不仅仅是某个特定消费者的权益，更为重要的是侵犯了其他不特定的众多消费者的利益。经营者的违法悖德行为表面上看，是以个别消费者的不经济为代价来实现其逐利目的，但其本质上是通过全社会的不经济来谋取私利，从而造成整个市场经济运行的无序，严重破坏了社会的整体利益。对这种损害社会整体利益的欺诈行为施以惩罚性赔偿，使不法经营者向主张权利的受害消费者支付大于其受该不法经营者损害应获的赔偿额，可以达到制裁、遏制不法经营者的目的。可见，微观上的惩罚性赔偿在宏观上具有惩罚、遏制不法经营者的效果。

---

① 应飞虎：《知假买假行为适用惩罚性赔偿的思考》，载《中国法学》2004 年第 6 期。

因此，惩罚性损害赔偿这种责任形式在消费者权益保护方面的运用，其目的并不仅仅在于对受害消费者的赔偿和对不法经营者的惩罚，而更多地在于通过减少不良经营者的利益促使商家（企业）履行对消费者的社会责任，从而保障市场的有序，广泛地维护消费者权益，保护社会公共利益。因此，惩罚性损害赔偿具有经济法属性，是促进企业（商家）履行社会责任的重要手段和途径。

三、关于欺诈行为的认定

探讨《消法》第 49 条，必然涉及对“欺诈行为”的界定。我国调整经济关系的法律中的反欺诈制度包括三个层次：首先是《民法通则》第 58 条规定以欺诈的手段订立的民事行为无效；其次是《合同法》第 54 条第 2 款规定以欺诈手段订立的合同可撤销，以及第 52 条之（一）规定以欺诈手段订立的合同损害国家利益的无效；最后才是《消法》第 49 条规定的惩罚性赔偿。[①]这三个层次的反欺诈制度，法律都只是使用了“欺诈行为”这一概念，而未对其进行定义。按照民法解释学，同一法律或不同的法律使用同一概念时，原则上应作同一解释；法律上有定义的，应当严格按照该定义解释，如果没有定义，则应当参考最高人民法院的解释和学说解释。

最高人民法院《关于贯彻执行〈民法通则〉若干问题的意见（试行）》第 68 条对欺诈行为的解释为，一方当事人，故意告知对方虚假情况，或者故意隐瞒真实情况，诱使对方当事人作出错误意思表示的，可以认定为欺诈行为。对于学说解释，不同

① 梁慧星：《消费者权益保护法第 49 条的解释与适用》，载《人民法院报》2001 年 3 月 29 日。

的学者见解各异。有学者认为，“欺诈行为是指当事人一方故意制造虚假或歪曲事实，或者故意隐匿事实真相，使表意人陷入错误而作出意思表示的行为。”①

有学者认为对《民法通则》第58条的“欺诈”概念、《合同法》上的“欺诈”概念和《消法》中的“欺诈”概念，必须采取同样的文义、同样的构成要件。② 据此，构成《消法》中的欺诈行为应当具备以下要件：(1) 经营者有欺诈的故意；(2) 经营者基于该故意实施了欺诈行为；(3) 消费者因经营者的欺诈陷于错误认识；(4) 消费者因受欺诈陷于错误而为意思表示，即消费者的错误意思表示与经营者的欺诈有因果关系。

笔者认为，在民法领域内考察欺诈行为，上述四个要件的表述不存在任何问题。然而，如前所述，消费者与经营者在交易过程中地位的不平等已经使得有关消费者与经营者的法律关系突破了传统民法，在消费者权益保护方面不能简单而机械地套用民法的原则和规定。就《消法》本身而言也早已不属于传统意义上的民法，《消法》是经济法的重要组成部分已是众所周知的事实。因而，并不能要求《消法》上的“欺诈”概念同民法上的“欺诈”概念采取同样的文义、同样的构成要件。有学者根据国家工商行政管理局1996年3月发布的《欺诈消费者行为处罚办法》(以下简称《办法》) 第3条认为，对欺诈行为应当以客观的方法检验和认定，即只要经营者有客观上的欺诈，而无论其主观意志以及消费者的主客观状态，都构成欺诈行为。③ 笔者赞同这一观点。《办法》关于“欺诈行为”的认定，是为行政处罚提

① 佟柔主编：《中国民法学·民法总则》，中国人民公安大学出版社1990年版，第238页。

② 梁慧星：《消费者权益保护法第49条的解释与适用》，载《人民法院报》2001年3月29日。

③ 王卫国：《中国消费者保护法上的欺诈行为与惩罚性赔偿》，载《法学》1998年第3期。

供基础，行政处罚是以维护社会公众的利益为目的，而非仅仅为了维护特定消费者的利益，这与《消法》的目的也是一致的。《消法》虽不属于行政法，但消费者权益保护也不属于传统民事领域的问题。在民事领域，欺诈的认定是为了确认受害人的索赔权，必须考虑当事人的主客观状态。但在《消法》（经济法）领域，更加关注欺诈行为对市场经济秩序和社会公共利益的影响。可见，《消法》上的欺诈行为与民法上的欺诈行为应有不同的界定，不能以民法上的"欺诈行为"来代替《消法》上的"欺诈行为"。笔者认为，只要具备以下要件就可以认定经营者实施了《消法》上的欺诈行为：(1) 经营者有欺诈的主观恶意，包括故意和重大过失；(2) 经营者基于该欺诈恶意实施了欺诈行为；(3) 消费者与经营者之间发生了交易关系，即消费者购买了商品或接受了服务。

惩罚性赔偿的目的在于惩罚过去的过错并"以此作为一个样板遏制未来的过错"，因此"惩罚性"这个词有时也用"示范性（Exemplary）"一词来代替。在某些情况下，不良经营者从其不法行为中所获得的利益是巨大的，而其给受害消费者所造成的损失是难以证明的，或者即使能够证明也并不是太多。受害人可能不愿意为获得并不是太高的赔偿金而提起诉讼，甚至可能因为担心不能举证证明损害的存在而面临败诉的危险，从而不愿意提起诉讼。在此情况下，通过惩罚性赔偿可以鼓励受害人为获得赔偿金而提起诉讼，揭露不法行为并对不法行为予以遏制。[①] 由此，我们说由于经营者给消费者带来的欺诈损害有时是难以证明的，消费者为此提起诉讼有顾虑，因而，在《消法》上，应放宽对经营者"欺诈行为"认定的条件，只要证明经营者基于主观恶意实施了欺诈行为，消费者与实施欺诈行为的经营者之间建

① 王利明：《惩罚性赔偿研究》，载《中国社会科学》2000 年第 4 期。

立了交易关系（消费者购买了商品或接受了服务），就应认定欺诈成立，而不论消费者是否因经营者的欺诈陷于错误认识，并为意思表示而造成损害。只有这样，才能通过惩罚性赔偿对经营者的欺诈行为达到抑制效果。

四、关于《消法》第49条的适用主体

根据上述关于“欺诈行为”的要件，笔者认为，《消法》第49条适用的主体应该是在消费关系中恶意实施欺诈的经营者和与欺诈经营者发生交易关系的消费者。什么是消费者，也是《消法》上争议较大的一个概念，原因在于对《消法》第2条的理解。《消法》第2条规定：“消费者为生活消费需要购买、使用商品或者接受服务，其权益受本法保护；本法未作规定的，受其他法律、法规保护。”实际上第2条并未给出“消费者”的概念，而是对《消法》保护的消费者的权益范围进行了界定，即《消法》保护消费者为生活需要购买、使用商品或接受服务时的权益，消费者超出“生活需要目的”购买、使用商品或接受服务时的权益，由其他有关法律、法规保护。

因此，对于消费者的界定，不应从个体主观状态上认定，而应从商品或服务的客观性质上判断，如商品为生活消费品（包括服务），则购买、使用这些消费品的人可被认定为消费者；与此同时，购买生活消费品不是以经营为目的（不是为了出售），就应认定为消费者。综合上述两个方面，消费者可定义如下：消费者是指不以经营为目的，购买、使用生活消费品或接受服务的社会个体成员。

据此消费者概念，王海一类的“知假买假”或“疑假买假”者应该被视为消费者，享有《消法》第49条所规定的权利。如前所述，我国《消法》第49条规定的惩罚性赔偿制度的功能并

不仅在于对特定受害者的赔偿和致害者的惩罚，而更多地在于通过有效减少不良经营者的利益促使商家履行对消费者的社会责任，从而维护市场的有序，保护社会公共利益。但是，第49条规定的惩罚性赔偿制度功能的发挥有赖于消费者成功的维权行为，如果消费者维权行为缺乏或常常不得成功，则这一制度的功能就难以实现。综合考虑我国目前政府的打假能力、假冒伪劣产品的泛滥程度、市场主体的诚信状况、消费者受欺诈的严重程度等因素，在目前赋予“知假买假”或“疑假买假”者适用《消法》第49条，运用惩罚性赔偿的权利，以发挥其打假功能是必要的。[①]

客观地说，保护消费者的制度和措施多种多样，包括行政、法律等方面的一系列措施，共同构成了保护消费者权益的制度。但其中最具威慑力及最有效的应首推惩罚性损害赔偿制度。因此，应大力加强惩罚性损害赔偿的作用，让不良经营者不敢轻易的以身试法，消费者只有在这些制度的保护下，才能享有作为“上帝”的权利。

2007年3月15日，中国消费者协会联合搜狐网在北京举办“消费和谐与企业社会责任”高层论坛，并发布中国消费者协会《良好企业保护消费者利益社会责任导则》（以下简称《导则》）。《导则》倡导广大企业努力做到：诚实守信依法经营、信息披露真实充分、价格表示清晰明确、合同规范公平竞争、产品可靠使用安全、售后服务方便快捷、化解纠纷及时公正、尊重人格保护隐私、开展教育引导消费、环保节能永续发展。《导则》得到海尔集团、中国人寿、蒙牛乳业、中凯集团等46家企业的积极响应，中国移动等5家面向消费者服务的电信运营商也在首

① 应飞虎：《知假买假行为适用惩罚性赔偿的思考》，载《中国法学》2004年第6期。

批响应企业之列。[①] 我们相信随着《导则》的发布，将会有越来越多的企业注重保护消费者利益，认真履行自己对消费者的社会责任。

第五节 企业慈善捐赠探析

中国自古以来就有乐善好施、扶贫济困、积德行善的传统美德，在中国传统文化中，慈善是仁慈、善良、富有同情心的意思。中文的“慈”代表“慈心”，“善”代表“善举”。慈心是在伦理道德的层面彪炳慈悲和慈爱之心，善举是在社会行动的层面倡导仁义和仁善之举。“慈”与“善”合一标榜了以慈心施善举的行动。

几千年来，中国传统文化一直提倡“与人为善”、“天人合一”、“扶危济贫”，这里面蕴涵着深厚的传统美德和人道主义精神。儒家文化中也包含了对“慈善”思想的理解。儒家的创始人孔子是推崇“博施于民，而能济众”的圣者，自述一生的抱负在“老者安之，少者怀之”，大力倡导“仁学”，主张“仁者爱人”，并认为能行“五者于天下”即为“仁”，“五者”即是“恭、宽、信、敏、惠”。[②] 孟子也提倡“老吾老以及人之老，幼吾幼以及人之幼”。中国历史上还有很多侠骨情肠的义士、儒商，樊鑫在帮助越王勾践后“浮海出齐”，“致产数千万”，却能忧民之痛苦，“尽散其财，以分与知友乡党”，后人称为“陶朱

---

① 乔国栋：中消协发布《良好企业保护消费者利益社会责任导则》；来源：《中国经济时报》，发布时间：2007 年 03 月 16 日，http：//www. p5w. net/news/gncj/200703/t830877. htm，2008 - 3 - 20 访问。

② 《论语·阳货》，杨伯峻译注《论语译注》，中华书局 1962 年版。

公”。[①] 闻名于中国商业史的晋商、徽商等，救百姓于水火之中，捐巨款购买粮食赈济灾民，折射出朴素的企业慈善情怀。如此等等，不胜枚举。慈心、善举早已构成中华民族传统美德的有机组成部分，直到今天，它们仍然是我们民族进步的共同精神财富。

在当代，慈善事业被视为社会第三次分配的一种表现形式，第一次分配是指按照市场经济的规律通过市场实现的财富分配，奉行“效率优先，兼顾公平”；第二次分配指政府通过包括政策、税收、财政等手段调节实现的财富分配，以公平为主，兼顾效率；第三次分配被视为基于道德的分配，即个人和组织（以企业为主）出于道德感自愿将可支配收入的一部分让渡、捐赠给需要关怀的人群和组织。

一般而言，发展社会公益事业的资金有三个来源，政府资助、企业捐赠和社会公众的个人捐赠。其中，政府主要通过宏观税收政策的调节来控制社会资源的利用和管理，投入到公益事业的资金数额有限。社会公众的捐赠能力虽然随着经济的发展和人均收入的增加而有了很大的提高，但一般都是小额捐赠，总额不大。企业作为全球化时代的经济、社会和文化发展的关键因素，作为社会财富的主要创造者，成为了慈善（或公益）捐赠的主力军。企业慈善（或公益）捐赠已成为社会公益事业资金的重要来源，企业对教育、卫生、文化和其他社会公益事业的资助越来越重要。

一、慈善捐赠是企业社会责任的重要方面

企业慈善捐赠是指企业向所在社区和一些需要帮助的领域或

① 《史记·越王勾践世家》，司马迁著、李全华标点《史记》古典名著普及文库，岳麓书社1988年版。

社会群体提供资金、劳务或实物援助的行为，是企业承担社会责任的一个重要方面。[①] 企业慈善捐赠的成立必须具备四个条件：即无条件、非互惠、自愿和非所有权投资。企业慈善捐赠领域一般可以分为两大类：一是公共援助类。包括灾害救助、扶贫济困、社会福利、社会服务等；二是社会发展类。包括医疗卫生、环境保护、体育保健、教育、科学普及、文化事业等领域。

企业的社会责任不仅表现在对内部员工提供良好的工作环境和福利条件，关注企业客户、债权人等利益相关者，还应对整个社会的发展贡献应有的力量，特别是对社会的弱势群体应该给予必要的关怀和帮助。企业慈善责任是企业社会责任的一个重要方面，是企业社会责任的载体，是企业履行社会责任的一种重要的途径和方式。企业慈善捐赠作为有别于政府调节之外的一种社会调节方式，在发达国家普遍存在。企业慈善捐赠行为不但有利于弥补政府调节的不足，而且在缩小社会差距、缓解社会矛盾方面也大有裨益，目前已经成为解决灾难救助与社会救济的一个重要手段，成为发展社会公益事业的一条重要途径。

企业作为市场经济的主体，相对于个体公民在慈善活动中所起到的作用更大，无论是慈善捐款还是组织公益活动，企业更有能力投入，有条件组织人力、物力和财力保证慈善活动的成功举办。因此，企业是现代慈善事业发展的最重要的主体，现代慈善事业的发展和成熟更主要的还是要依靠以企业为主体的广大社会团体的推动和支持。

在经济全球化时代，企业之间的竞争核心已经从过去的设备、厂房以及制度等“硬件”，发展为企业文化、社会责任等“软件”。企业承担慈善责任能够提高企业的市场认同度，从而有利于提高企业的市场竞争力。当今国际市场竞争中，承担包括

---

① 杨团、葛道顺主编：《公司与社会公益》，社会科学文献出版社 2003 年版。

慈善责任在内的社会责任不仅能为企业赢得更好的声誉，得到大众及全社会的认可，而且也可以在市场中更好地体现企业的文化取向和价值观念，从而为企业的长期稳定发展营造更好的社会氛围。事实上，越来越多的企业实践充分说明，在企业慈善责任和企业绩效之间存在正向关联度，企业社会慈善责任可以转化为实实在在的竞争力。①

现代社会慈善的表现形式丰富多彩，企业从事慈善活动的途径也多种多样，不仅包括捐款、资助，还包括创办基金会、参加各种公益活动等，不仅指财物上的给予，也指理念、智慧、信息等方面的支持。与传统慈善不同，在观念形态上，现代慈善活动一般被看作是为社会提供必需的“公共产品”的行为；在组织层面上，现代慈善事业越来越依靠众多的专业化慈善组织尤其是基金会组织进行；在活动领域方面，慈善基金转向对公共生活的关注，如教育、法律、宗教、科研、环保等领域。所有这些变化都直接导致了“慈善”与“公益”二者间界限的模糊化，很多场合二者可以互换。

一般来说，企业慈善捐赠必须符合以下条件：

第一，慈善捐赠的目的是为了社会慈善，以扶贫、帮困、助他、利人为主要内容。企业慈善捐赠不同于企业赞助。赞助是指企业免费向社会公益事业和文化事业提供物质、技术、资金和人力等方面的资助，以达到树立企业形象、扩大市场份额、造就员工信念等目的。第二，慈善捐赠的对象应是具有公益性质的机构或急需救助的人群，如贫困人员、遭受自然灾害、疾病等人员等。第三，慈善捐赠的决策者不能与被捐赠者有利害关系。如果双方有利害关系，则难以保证符合慈善捐赠的目的。如果接受捐

① 赵曙明：《和谐社会构建中的企业慈善责任研究》，载《江海学刊》2007年第1期。

款的非营利组织与企业（公司）的某一个大股东或董事有着特殊的私人关系，慈善捐赠使公益组织中的某些个人或公司中的某些个人得益，这种捐款就有可能属于越权行为。[①]《加拿大商业公司法》第44条规定，对公司或其任何关联公司任何股东、董事、职员或者任何这种人的共事人，以及为购买公司或其关联公司已发股或拟发股的任何人，不得提供资助。对于雇员，只有在特定目的下才可以提供财政资助。[②] 第四，捐赠决策者没有因捐赠获得个人利益。公司慈善捐赠涉及股东、公司和社会三方面的利益，捐赠制度的具体设计是为了平衡股东、公司和社会的利益。公司捐赠决策者不应因此而受益。

二、我国企业慈善捐赠现状和存在的问题

慈善思想在中国虽然源远流长，但慈善作为一种事业在中国则起步较晚。近年来，我国慈善事业取得了很大的成绩，并得到了长足的发展。然而，较长一段时间以来，中国社会在机制、体制上存在一些问题和弊端，慈善机制和企业的慈善文化不够完善，企业从事慈善活动还存在一系列的问题，正如胡润所说，与国外相比，“中国的慈善业还没有真正开始”。[③]

由于企业、公益组织及政府、社会多方面的原因，我国的企业慈善捐赠还处于不成熟阶段，存在不少的问题。缺乏系统捐赠理念的指导，我国企业的慈善捐赠往往是比较被动的，多数企业慈善捐赠并非出于企业的自主意识。企业缺乏系统的慈善捐赠制

① 胡果威：《美国公司法》，法律出版社1999年版，第62页。

② 《加拿大重要商业公司法和证券法》，蔡文海译，中国对外经济贸易出版社1999年版，第14页。

③ 周凯：《胡润富豪榜暗示中国的慈善业还没有真正开始》，载《中国青年报》2006年4月12日。

度及完整的组织体系，慈善捐赠活动或项目的管理不善或工作不当，公益组织管理机制不透明，甚至出现捐赠失信、捐赠腐败等问题；企业慈善捐赠的法律保障机制不健全，这种状况对于企业建立社会责任意识、发掘和配置社会福利资源都产生影响，阻碍了企业捐赠的进一步发展等等。

目前中国企业在慈善捐款上存在的问题主要有：

（一）慈善理念不够成熟

由于长期处于计划经济的体制下，政府掌控所有的资源，慈善事业长期以来都是由政府主导，社会公益事业被理所当然地认为是政府的责任。但是，慈善事业本身是应该由整个社会共同参与的一项事业，并不能由政府来唱独角戏，企业作为特殊的公民，应该承担更大更多的慈善责任。

从抗洪救灾、抗击“非典”、救援印度洋海啸等事件来看，我国的企业慈善捐赠正在逐步兴起，并呈现出持续、全面的发展趋势，虽然我国企业在慈善捐赠方面作出了很大的贡献，但是中国企业的捐赠理念为“回报社会、造福桑梓”，没有将企业慈善活动与企业的发展战略联系起来，也没有形成规范化、制度化的运作机制。国外企业在企业慈善方面有着成熟的理念，它们往往将企业慈善活动与企业的发展战略和商业利益紧密联系在一起，形成了一整套规范化、制度化的运作机制，进而形成了具有自身特色的企业慈善文化。此外，在国内，很多时候企业慈善榜就是企业家慈善榜，企业的捐赠就等于是企业家的捐赠，企业本身并没有专门的慈善计划和意识，慈善捐赠活动在很大程度上取决于企业家的良心，这就使得我国企业的慈善捐助基础十分脆弱和不稳定，慈善事业缺少长久的驱动力。[①] 更有一些企业的社会责任意识淡薄，对慈善捐赠等社会公益活动没有热情，具备捐赠能力的企业“富而不捐”，或者因为企业的慈善理念不正确，以致出现捐赠失信现象。

捐赠失信是指企业丧失信用，在实施捐赠时，趁机倾销过期商品、低质产品、明显不能满足受赠者及受赠机构需要的物品，或者是在大张旗鼓地宣传之后无故不兑现或变更捐赠内容。捐赠失信在我国历次大规模的救灾救济捐赠中都曾出现。一般表现为捐赠企业先给一个“空头支票”，待自己的目的达到、名利双收之后，迟迟不兑现先前的诺言，使得募捐机构的计划屡屡落空。如中国红十字会诉北京齐通康生物科技开发有限公司公益事业捐赠合同纠纷一案。齐通康生物实业集团公司和红十字会总会于2001年签订捐赠协议约定，双方共同开展“中华骨髓库”宣传募捐活动，齐通康集团捐赠1000万元用于活动宣传和总库购置配套设备提供该企业价值1000万元的产品作为义卖品，从中提取公益资金用于“中华骨髓库”的检测费用等等。协议签订后，红十字总会在人民大会堂举行仪式，聘请该公司董事长董占义为中国造血干细胞捐献者资料库“慈善大使”，并授予董占义中国红十字勋章。此活动受到社会广泛关注，多家媒体进行了报道。但此后齐通康公司并未履行协议。红十字总会曾向董占义发出关于履行捐赠协议的函，催促其履行协议，但没有任何回音。2003年，红十字总会诉至法院，要求判令齐通康公司支付捐赠款人民币500万元，判令齐通康公司交回从红十字总会获得的“中国红十字勋章”及“慈善大使”称号的相关证章、证书及牌匾。[②]

---

① 赵曙明：《和谐社会构建中的企业慈善责任研究》，载《江海学刊》2007年第1期。

② 中国红十字会总会一审胜诉公益事业捐款不到位案，http://www.chinacourt.org/public/detail.php，2008年3月20日访问。

（二）慈善捐赠规模较小

说到慈善规模，一个常被引用的数字是，2004 年中国慈善机构获得的捐助总额，仅占当年 GDP 的 0.05%，而美国这一比例为 2.2%，是中国的 40 余倍。据《福布斯》杂志统计，世界首富比尔·盖茨的捐款金额相当于个人资产的 37%，他还重申，“有生之年，我们打算将价值 400 多亿美元的财富全部捐献给社会”。[①] 投资者索罗斯的捐款比例高达其资产的 43%，美国钢铁大王卡耐基去世前更是捐献出了自己的全部财产。[②] 2006 年 4 月，英国人胡润编制的中国慈善榜发布，长江实业（集团）主席李嘉诚基金以 617 亿元的捐赠额，名列中国慈善企业排行榜第一名。[③] 相比之下，中国内地虽然也不乏富豪慈善家，但通过调查《福布斯》、胡润等慈善排名榜，就会发现中国企业的慈善事业还存在缺位。

我国的公益事业在普及性上与国外相比还存在着较大差距。中华慈善总会每年收到的捐赠大约 75% 来自国外，15% 来自中国的富人，10% 来自平民百姓。而美国的慈善捐赠 10% 来自企业，5% 来自大型基金会，85% 来自全国民众。美国的企业或个人当中的富裕阶层，每年都会通过各类基金会做慈善公益捐助，金额多达 6700 多亿美元。而当前国内规模最大的两家慈善公益组织中华慈善总会和中国青少年发展基金会，其一年运作的公益

① 微软：《比尔·盖茨 08 年退休 投身慈善事业》，载《第一财经日报》2006 年 6 月 19 日。

② 顾蔚：《慈善业如何才能更有作为》，载《第一财经日报》2006 年 1 月 23 日。

③ 蒋廷玉：《社会责任是衡量企业优劣的重要标准》，载《新华日报》2006 年 11 月 21 日。

善款分别只有 8000 万元和 6000 万元。[①] 目前我国的慈善机构不仅规模小，而且大多是官办机构。国内现有的大大小小 100 多家慈善公益组织所掌握的资金，总计仅占到国内 GPT 的 0.1%。中国人均 GDP 与美国相比差 38 倍，而人均慈善捐款数差 7300 倍。[②] 根据中华慈善总会的统计数据，截至 2004 年年底，中国慈善机构获得捐助总额约 50 亿元人民币，仅相当于中国 2004 年 GPT 的 0.05%，而美国同类数字为 20.17%，英国为 0.88%，加拿大为 0.77%。[③] 另外，相比而言，中国的企业慈善捐赠也很不发达。2005 年 11 月，国家发展和改革委员会经济研究所流通与消费研究室主任陈新年透露说，国内工商注册登记的企业超过 1000 万家，但有过捐赠记录的不超过 10 万家，99% 的企业从来没有参与过捐赠。

（三）公益机构管理不当，透明度差

公益机构公信力较低、管理机制不健全也是导致企业慈善捐赠问题产生的因素。有的公益机构对所受捐赠的来由和使用情况没有实行完全的“公开管理”，致使捐赠者对捐赠的结果不了解，不清楚捐赠到底有没有救助到确需帮助的人。由于缺乏必要的监督机制或相关管理机制，捐赠腐败时有发生。

缺乏监督、疏于管理很容易导致捐赠腐败。捐赠腐败是由于缺乏必要的监督或疏于管理，导致一部分人利用手中的职权或关系贪污、挪用、截留捐款，甚至致使一些不法分子假借募捐的名义进行诈骗、走私、骗汇、逃税等违法犯罪活动。往往由此致使捐赠者对公益机构或受赠者不信任，严重影响到公益事业的

---

① 新华社：《我国将推动慈善捐赠税收优惠政策的调整和完善》，转引自中国网。

② 周志兴：《慈善事业需要公信力》，载《中国青年报》2006 年 4 月 22 日。

③ 董艳娟：《中国慈善事业发展的新视角》，载《经济观察》2005 年第 11 期。

形象。

一个典型的例子就是“胡曼丽事件”。为了救助1996年和1997年云南丽江大地震之后的孤儿，美国慈善机构“美国妈妈联谊会”在丽江地区创办了孤儿学校，并委托给胡曼丽代理。在12年的时间里，先后收到各类捐款800余万元。但是后来，“美国妈妈联谊会”发现胡曼丽并没有把捐赠的35万多美元全部用在孤儿身上，在2001年将胡曼丽告上了法庭。“美国妈妈联谊会”认为胡曼丽在对善款的使用上存在严重的问题，法院经过几个月的调查，认为胡曼丽将善款挪作他用，违背了捐赠人的意愿，违反了《公共事业捐赠法》有关条例，判决胡曼丽返还“美国妈妈联谊会”捐赠的善款。①

（四）企业慈善捐赠的立法尚不完善

相关的政策、法律法规不健全、不完善，以及对法律法规的执行不力，也在一定程度上制约了企业的慈善捐赠行为。

企业慈善捐赠虽然在国外早已出现并日益成熟，但是真正被引入国内，并加以研究则是近几年的事情。在计划经济体制下，我国企业承担了过多的社会负担，毫无自治可言，企业捐赠行为完全受政府摊派、指令，关于企业慈善捐赠的立法几乎是一片空白。直到经济体制转型，实行市场经济体制，则强调市场主体自主经营、自负盈亏，反映到企业公司法领域，则过分强调公司自治以及企业的赢利性，而忽视企业的社会责任，规范企业慈善捐赠的法律严重不健全。主要体现在：

第一，有关慈善捐赠事业方面的法律法规严重缺乏，现行的法律法规法阶位较低。迄今为止，现行的有关慈善事业方面的法

① 傅剑锋：《官方审计揭示丽江孤儿学校百万捐款去向不明》，http://news.sina.com.cn/c/2007-04-12/101512761510.shtml，2008年3月16日访问。

律仅有《公益事业捐赠法》和《红十字法》，此外，就是一些行政法规和主管部门规章。立法中具体到企业慈善捐赠的规定就更是稀缺了。

第二，现行法律法规对于慈善中介机构的规定缺乏科学性。当前合法的慈善机构都不具备独立的法人地位，登记注册要挂靠一个业务主管单位，而这些主管单位基本上是政府部门或政府授权的组织，政府依旧在慈善事业中扮演着主要角色，政府办慈善、主导慈善捐赠的现象成为一种必然。这不仅大大阻碍了慈善机构的建立和准入，使得慈善机构的数量远远不能满足慈善救助所需，而且造成慈善机构权责不清，效率低下。

第三，我国的法律法规对于慈善捐助机制规定不完善。缺乏普遍的激励机制，目前给予慈善机构捐赠全额免税的，仅限于中华慈善总会与中国红十字会等22家慈善机构，同时对于慈善捐赠免税的额度也很低，申请退税程序烦琐，在一定程度上挫伤了大多数中小慈善机构和公众的捐助热情。此外，缺乏有效的监督机制，善款的来源、运用和去向等捐助信息不透明，导致慈善机构和捐助活动的公信力不足。

三、促进我国企业慈善捐赠的建议

（一）政府应为促进企业慈善责任创造良好的社会环境和条件

首先，政府要加强对发展慈善事业的舆论宣传，进一步增强企业经营者的慈善意识。电视、广播、报刊、网络等多种媒体都要把推动慈善事业的发展当成自己义不容辞的社会责任，要运用灵活多样的形式，吸引更多的企业参与慈善事业、奉献慈善事业，同时在全社会培养健康的财富文化和慈善文化。[①] 大力提倡发展社会公益事业、弘扬公益精神，促使全社会形成一种浓厚的公益氛围，对公益事业、公益组织予以更多的关注，使社会各界全面了解什么是经常性的社会捐赠、专业化的社会救助管理和机构如何运作，了解当今社会弱势群体的现状，能够鼓励更多的企业参与慈善公益活动。

大众媒体应关注企业的社会责任感，并对其进行宣传、监督、评估等等，对企业起到监督和促进作用，对整个社会、整个公益事业的发展起到正确的舆论导向作用。国外一些媒体在这方面做得很突出。例如2002年，享誉世界的《财富》杂志评价全球最受称赞的企业，将企业的社会责任标准列为一项重要指标。美国的《商业道德》杂志每年都对全球最大的跨国企业进行企业社会责任的排名。我国的媒体也在推动公益事业方面发挥着越来越大的作用。如全国第一家“公益慈善”频道——湖南公共频道，频道以“公益为本、慈善为怀”为题，追求的目标是“帮助需要帮助的人”。湖南公共频道联合相关机构每天发布“湖南慈善排行榜”，凭借其日益扩大的社会影响，现已成为湖南慈善活动的权威发布平台，其每年的“十大公益事件年度评选”已经产生了广泛的社会影响。

其次，积极培育和发展公益组织。政府要充分履行对公益组织的监管职责，加强引导，如对公益组织进行政策法规和业务知识的培训，以此来带动这些组织建立健全自律机制，提高公信力和从业人员的整体素质，对这些组织实施动态管理，及时纠正违规现象，坚决取缔非法组织，促使其沿着法制化、规范化的方向健康、有序地发展。

---

① 赵曙明：《和谐社会构建中的企业慈善责任研究》，载《江海学刊》2007年第1期。

目前，我国的大部分公益组织本身宣传不够，工作制度和程序没有公开，一些公益组织的公信度不高，很大的原因就是透明度不高。在我国公益事业中存在一个特殊的现象，公益组织的募捐活动多以项目募捐为主，在这种情况下，公益项目的名气常常大于公益组织的名气。比如，“希望工程”在公众中的知名度远远高于其组织者中国青少年发展基金会，公众对青少年发展基金会了解甚少。要努力提高公益组织本身及其工作制度和程序的透明度刻不容缓。民政部门已经在全国建立起了经常性社会捐赠的公示制度，对公示内容、公示方式、公示时间和公示工作的监督检查等方面都作出了明确规定。通过公示，将捐赠资金的筹措、捐赠项目的管理和资金的投向都如实地向社会公布，这既是对捐赠者义举的尊重和表彰，还可以有效地遏制使用捐款过程中的腐败行为，方便捐赠者进行有效的监督。

（二）健全税收减免政策法规

我国在慈善捐赠领域已逐步建立了一套法制化的规范体系。例如，1999 年通过的《合同法》中，在赠与合同一章，就对具有救灾、扶贫等社会公益、道德义务性质的赠与合同，作出了“不适用赠与人在赠与财产的权利转移之前可以撤销赠与”的规定。《公益事业捐赠法》明确了公益捐赠的性质、捐赠的意义，捐赠双方当事人的权利义务，以及鼓励公益事业捐赠的措施等等，构成了我国公益捐赠的基本法律准则。2001 年还公布了《基金会登记管理办法》等等，这一系列的法律法规颁布表明，我国政府试图通过法律的手段规范和促进公益事业的发展。

政府既要鼓励企业参与社会公益事业，又要保护企业的可持续性发展。对捐赠款项实行一定比例的免税优惠，是各国通行的一项激励企业捐赠的有效政策，即通过税收制度主要是财政税收对公益捐赠减免税。企业慈善捐赠发展的历史表明，税收减免政策能降低企业公益捐赠的成本，促进企业慈善捐赠。

我国企业慈善捐赠不踊跃，一个重要原因是纳税基数减免额度太低，捐赠的成本过高。1993 年的《企业所得税暂行条例》（已废止）规定，纳税人用于公益、救济性的捐赠，在年度应纳税所得额 3% 以内的部分，准予扣除。1994 年的《企业所得税暂行条例实施细则》（已废止）中，曾明确企业捐赠必须通过中国青少年发展基金会、希望工程基金会、宋庆龄基金会、减灾委员会、中国红十字会等公益性组织进行，直接向受赠人的捐赠不允许扣除。3% 的免税额度显然太低，企业捐赠越多，纳税就越多的矛盾在一定程度上抑制了企业捐赠的积极性。

可喜的是，2008 年 1 月 1 日开始实施的《中华人民共和国企业所得税法》（以下简称《企业所得税法》）规定，企业发生的公益性捐赠支出，在年度利润总额 12% 以内的部分，准予在计算应纳税所得额时扣除。从 3% 到 12%，这不可不谓中国公益史上一个大踏步式的前进。然而，慈善组织如何获得税收优惠资格？慈善组织间税收优惠资格是否一致？这些问题不解决，就难以踏上真正的免税之路。2007 年以前，国家财政部和税务总局通过个案审查的方式，逐家授予在民政部门登记注册组织的免税资格。从 2000 年到 2007 年 12 月，总计 69 家国家级的非营利性民间组织获得优惠资格。其中，包括中国红十字总会在内的 22 家公益组织具有捐赠税前全部扣除的资格，其余组织享有 3%。那么，在《企业所得税法》正式实施后，具有捐赠税前全部扣除资格的 22 家公益组织是否能继续拥有这种资格？还是将捐赠扣除比例拉平，所有机构都享有 12% 的资格？在《企业所得税法》和实施条例中，这一点都未明确规定。税收优惠比例不一致，会人为导致公益资源的不公平竞争。鉴于此，相关部门应清理以前的政策规定，以便达到立法的统一。同时应尽快建立配套制度，完成对慈善组织的认定问题，否则新的《企业所得税法》

再好，也只能是空中楼阁。[1]

再者，政府的减税、免税优惠政策没有得到贯彻执行也是抑制企业慈善捐赠行为的一个因素。虽然有免税制度鼓励社会捐赠，但整个制度配套方面仍不健全。公益捐赠免税有十几道程序，由于申请减税免税的手续多、程序繁杂，许多企业因此放弃申请，这在一定程度上影响了企业捐赠的热情。因此，减税免税政策体系中的某些措施还要进一步细化。

在发达国家，与税收相关的捐赠制度，可以归纳为“一疏二堵”。一疏，是企业和个人捐助慈善和公益事业可以获得免税的待遇；二堵，是用高额的遗产税和赠与税，对资产由“私”到“私”的转移进行限制，以促进企业家更好地履行慈善责任。民政部发布的《中国慈善事业发展指导纲要（2006—2010）》指出，未来五年中，民政部将推动制定便利捐赠人办理税收优惠政策的程序，全面落实企业和个人自愿无偿为公益事业捐赠财产应享受的税收优惠政策。这个积极的政策指向，可望在一定意义上解决企业和个人捐赠积极性不足的问题。[2]

（三）完善企业慈善捐赠的法律规制

尽管2006年生效的新《公司法》第5条明确引入了社会责任，为公司（企业）的慈善捐赠提供了理论支持，但是对公司慈善捐赠仍无任何具体的规定，不能为公司慈善捐赠提供一个比较明确的指导。1999年颁布的《公益事业捐赠法》对慈善捐赠行为的主体、客体、原则、方式以及双方的权利义务作出了一些规定，但该法的基本立足点是从受赠人的角度加强对捐赠财产的

---

① 宋扬：《捐赠免税之路还有多远》，http://news.sohu.com/20071225/n254286970.shtml。

② 赵曙明：《和谐社会构建中的企业慈善责任研究》，载《江海学刊》2007年第1期。

监督管理，平衡捐赠人和受赠人之间的利益，而对捐赠人，尤其是对企业慈善捐赠如何进行约束和监督并未规定，无法解决股东和管理层之间内部主体的利益冲突，因此《捐赠法》对于规制公司慈善捐赠显得无能为力。①

企业慈善捐赠是对企业财产的处分，作为一种非交易行为，其决策权限归属至关重要。然而，在我国企业慈善捐赠的实践中，捐赠权限的归属极为混乱、随便。根据一份上海企业捐赠的调研报告，大多数企业都没有严格的捐赠决策权限的安排。被调查企业中61%的企业由企业下属部门处理捐赠事务，如办公室、工会等；37%的企业由公关部门来处理捐赠事务。②

一般而言，股东大会是公司（企业）的权力机构，捐赠决策权应由其行使。然而，股东大会作为非常设机构，其捐赠决策权难以行使，特别是股权分散的大型股份有限公司，决策成本必定较高，且影响公司效率。因此，公司捐赠的一般决策权不宜由股东大会行使，应授予董事会和经理。股东大会对重要的、大额捐赠享有决定权，并对董事会、经理的一般捐赠权拥有监督权。

尽管公司具有独立的法律人格，但几乎所有公司制度的规则设计都是以股东利益为中心的，运用公司财产从事慈善捐赠的也不例外。公司（企业）慈善捐赠毕竟会直接带来公司资产的减少，捐赠数额上的限制便一定是必要的。“公司捐赠之合理数额，是使公司捐赠适法的一项前提，也是公司恪尽社会责任与顾及公司股东权益的一项平衡点设计。”③ 捐赠的合理数额，应从公司资本规模、经营实绩、社会地位等方面权衡股东和社会利益而予以确定，量力而行，切不可图一时虚名，损害股东利益，损害公

① 李领臣：《公司慈善捐赠的法律规制》，载《法学杂志》2007年第1期。

② 企业与公司捐赠研究课题组：《上海企业捐赠社会公益性研究报告》，载马伊里、杨团：《公司与社会公益》，华夏出版社2002年版，第52页。

③ 刘连煜：《公司捐赠之法律问题》，载《月旦法学杂志》1995年第8期。

司的健康发展。对捐赠数额进行限制有两种方式：一是定额上限，即明确规定每年捐赠的数额和每笔捐赠的限额；二是比例上限，即在确定一个浮动的基数标准数额后取其中确定比例的资金为捐赠限额。[①] 定额上限或比例上限由公司章程予以规定，还是由《公司法》进行宏观规制，是一个值得讨论的问题。

一般认为，符合以下条件，慈善捐赠才为适当：（1）作出捐赠决策的主体必须是善意的，决策者与被捐赠者无利害关系；（2）决策者没有因此捐赠获得个人利益；（3）捐赠数额在合理范围之内；（4）有理由相信如此捐赠将使社会福利得以相应增进，公司知名度得以相应提高，符合公司的长远利益。[②]

在允许公司董事和经理进行慈善捐赠的同时，也要进行一定的制度设计，为股东提供监督机制和利益救济机制，保证慈善捐赠的合法合理进行。对公司慈善捐赠进行限制，确保利益的平衡，首先应是发挥公司内部制衡机制的作用。只有当公司内部救济机制运用无效后，才应通过司法手段提供救济。可将经营判断原则引入公司慈善捐赠中，以判别公司慈善捐赠是否适当，董事、经理是否尽到了忠实和勤勉义务。为防止大股东、董事等人滥用职权，挥霍公司财产，谋取个人利益，建立相应的诉讼救济机制，明确赋予股东诉讼救济权利实为必要。我国现行的《公司法》第152条对股东的诉讼权利已进行了相应完善，确立了股东代表诉讼制度，在一定程度上赋予了股东相应的诉讼救济权利。

企业参与慈善事业是市场经济进入成熟阶段，企业和社会进一步发展相结合的必然产物。我国目前企业参与慈善事业的观念和水平还较低，社会环境也不很理想，这与我国市场经济体制的

---

① 孙鹏程、沈华勤：《论公司捐赠中的社会责任》，载《法学》2003年第4期。
② 李领臣：《公司慈善捐赠的法律规制》，载《法学杂志》2007年第1期。

不完善是密切相关的。中国慈善事业真正的发展才十年左右，历史还很短，增强企业的社会责任感、支持公益事业的发展、为人民造福，需要政府的大力支持，需要相关法律及各项制度的配合，只有这样才能营造一个有爱心、有责任感的全面发展的和谐社会。

第六节　企业社会责任的监督、滥用及其防御

一、建立健全企业社会责任监督机制

法律的目的在于实现，企业社会责任的关键在于落实，建立健全企业社会责任的监督机制是落实企业社会责任的重要保障。所谓企业社会责任监督，是指法律、法规所授权的国家机关、社会组织和公民，依据法律规定和企业应当奉行的社会政策，对企业在履行社会责任、追求社会目标方面的表现所实施的监查、督促、制约与评价的制度。[①] 一个比较健全的企业社会责任监督制度或体系，对于保障企业社会责任的落实，意义是非常重大的，不仅能保证企业自觉地履行法律意义上的社会责任，对企业履行道德意义上的社会责任也有一定的强制和促进作用。

以监督主体为标准，可将企业社会责任监督分为企业自身的内部监督和外部监督。企业社会责任的内部监督有赖于以社会责任为导向的企业内部治理结构的建立（关于以社会责任为导向的企业内部治理结构已在本章第一节进行了讨论，此处不再赘述）。企业社会责任的外部监督则由国家监督和社会监督两个方

① 刘俊海：《公司的社会责任》，法律出版社 1999 年版，第 117 页。

面构成。其中国家监督是指国家行政机关和司法机关的监督；社会监督是指社会组织如工会、消费者协会、新闻媒体，以及公民个人对企业社会责任的监督。

健全企业社会责任外部监督机制要从政府和社会两个方面着手。从政府方面看，应从维护社会利益和保证社会主义市场经济秩序的需要出发，以社会公众利益代表和社会公众管理者的身份通过国家立法的形式和行使政府权力的形式，建立规范而明确的企业承担社会责任的有关法律、法规约束体系，同时大力加强执法力度。从社会方面看，应充分发挥舆论媒介和消费者协会、工会等社会群众团体组织的作用，加强社会对企业承担社会责任的监督，形成多层次、多渠道的监督体系，以形成企业承担社会责任的社会氛围。

企业社会责任的社会监督已为我国许多经济立法所确认。如《反不正当竞争法》第 4 条规定："国家鼓励、支持和保护一切组织和个人对不正当竞争行为进行社会监督。"《消费者权益保护法》第 6 条规定："国家鼓励、支持一切组织和个人对损害消费者合法权益的行为进行社会监督。"第 15 条规定："消费者享有对商品和服务以及保护消费者权益工作进行监督的权利。消费者有权检举、控告侵害消费者权益的行为。"但是，由于我国仍处于市场经济的初期发展阶段，社会公众对企业社会责任的认知还不够深入，社会监督总的来说还处在自发和分散的阶段，公民个人的监督在现实生活中并不十分普遍，为数不多的个人监督由于力量的薄弱难以对抗经济实力强大的企业或公司。在西方，消费者的权益要求是企业实施社会责任的直接动力之一。随着经济、社会和科技的高速发展以及人们的生活质量、受教育水平与文明程度的不断提高，作为消费者，人们已经不再仅关心自己需求的满足，还进一步关心整个人类社会的进步、发展和长远利益。他们要求企业在追逐利润的同时不仅要考虑到自身的眼前效益，还应承担一定的社会责任。如果企业无视消费者的呼声，就必然会受到来自于全社会的舆论上的谴责和行动上的“惩罚”。然而，在我国，由于收入水平、生活质量和思维观念所限，消费者群体对企业社会责任还知之甚少，消费者关注的还多是商品的价格和质量，对生产过程不够关注，产品生产和使用过程中的环境保护、劳工权益保护的问题还没有进入大多数消费者的视野。

近些年来，一些社会组织如消费者协会、环保组织在企业社会责任监督中正发挥着越来越大的作用，但这些社会组织对企业的监督仍然受到起诉资格等因素的限制。我们相信随着公益诉讼制度的建立，消费者协会等社会组织在企业社会责任监督方面的功能将会充分地发挥出来。新闻媒体作为社会监督的主力表现不凡，如近年来频频曝光的黑心棉、毒大米、劣质奶粉、苏丹红事件以及山西黑砖窑、煤矿安全事故等，对遏制企业不尽社会责任的现象起到了一定的作用。但是，社会监督（包括新闻媒体的监督）大多是事后监督，即使受害人通过法律救济获得部分赔偿，社会也已因此付出了高昂的代价，且有些是不可逆转的，如环境和人的生命。对此，这些都是我们要亟待解决的问题。

目前，我国企业社会责任的外部监督主要依靠国家机关的监督，尤其是行政机关的监督。当前要注重强化政府各职能部门对企业社会责任的监督，政府是社会公共利益的总代表，应当在促进企业履行社会责任中发挥重要作用，工商、税务、环保以及质监等部门负有维护社会公共利益、对企业行为进行监管和引导的法定义务和职责，政府部门不作为或监管不力也要承担相应的法律责任。如今，一些地方政府对企业社会责任的监督薄弱，很多地方政府官员对企业社会责任了解甚少，或者根本没有概念，对企业不履行其社会责任的危害也没有清醒的认识。政府管理部门只注重企业的利润和税收，对企业履行法定社会责任情况的监督力度不够。地方政府之所以会这样，与地方政府的 GDP 目标和目前所倡导的服务型政府的定位有关。企业是发展地方经济的主体，也是地方政府服务的主要对象，也就是说，地方政府与企业的利益是共同的。地方政府仅仅看到了与企业目前的经济利益关系，而没有看到企业发展与地方经济长期发展的关系。一些企业向地方政府要求更为宽松的条件，甚至提出如果政府管得太严，他们就搬走工厂。地方政府从发展地方经济的利益出发，以至于一些恶性事件出现才去治理。尊重企业自主权是尊重企业自主经营权，不等于对企业放任不管。地方政府既然与企业是利益共同体，那么就应当从企业和地方经济发展的长远利益着想，而不是只看到企业创造的产值、利润和税收。[①] 企业的社会责任并不完全是企业自身的事情，维持一个经济体系的正常秩序，不能只依赖企业自觉性，而应当建立在法律和规则的基础上。当前我国很多企业的社会责任意识淡薄，不仅与企业家的素质有关系，更重要的是相关职能部门没有承担起相应的监管责任，核心问题在于没有形成和建立完善的法律监管机制，使得政府立法与企业守法之间缺乏有效的衔接和制衡机制，企业社会责任的履行自然就成了一句空话。

当然，强调政府及其职能部门监督的重要性，并不是要把它绝对化，否定社会监督的意义。政府监督也受到一系列条件的制约，政府直接监管面临着监管者与监管对象存在信息不对称所造成的监管成本居高不下、甚至监管失效的问题。当企业以利润最大化为唯一目标，而政府强调社会利益时，两者目标的差异可能导致冲突。比如，企业随意排放污水，政府则通过制定排污标准进行控制，这时监管的效率就取决于政府掌握的排污信息以及监控的成本。由于企业千方百计逃避政府的监控，政府要完成监管

---

① 赵琼：《关于企业社会责任的对话》，北京大学经济观察研究中心网址：www. dajun. com. cn，2006 年 5 月 22 日访问。

任务犹如“猫捉老鼠”，需要付出很大的成本。总之，政府监督不能完全解决和落实企业社会责任的所有问题，但随着经济社会的发展，人们法律意识和道德水准的提高，社会监督必将发挥越来越重要的作用。

二、企业社会责任的滥用及其防御

在西方发达国家，企业社会责任并不完全是靠企业家自身的觉醒形成的，而是靠市民社会的基础和各种社会运动的推动发展起来的。目前在中国，企业社会责任主要是通过跨国公司的审核和评估在供应商中推进，政府基本上没有介入。在计划经济向市场经济的过渡阶段，政府在领导市场经济发展方面仍然应当发挥主导作用。在中国当前既缺少市民社会的基础，又缺乏社会运动的推动的状况下，政府对企业社会责任的推动就显得尤为重要。然而，政府主导推进企业社会责任存在着两个可能导致滥用企业社会责任的危险，一是以强化企业社会责任为由，回到计划经济“企业办社会”的老路上去；二是借企业社会责任强化国家对企业的干预，如借企业社会责任加重企业负担，以企业社会责任为名干涉或限制企业经营自主权。

从理论上讲，企业和政府都存在滥用社会责任的可能。对企业来说，公用企业可能以社会责任为由凭借垄断地位控制某些社会公共事务，影响政府公共政策；大型企业可能借信息优势和经济实力迫使政府制定有利于自身的法律、政策、规则或标准；企业也可能通过向政府公职人员进行贿赂，使政府在实施现有法律、政策和规则时变通执行；企业本身还可能借社会责任规避法律，如借捐赠规避国家税收等等。但是，相比较而言，政府滥用企业社会责任的可能性更大，也更危险。中国传统上是一个崇拜行政权力的国家，更因为我国的企业刚刚从计划经济中解放出来，许多国企迄今为止还没有完全摆脱“企业办社会”的影响。因此，防御滥用企业社会责任，主要是防御政府及其部门的滥用行为。

（一）首先需要澄清对企业社会责任认识上的一些误区

对于企业社会责任的一个最大认识误区，就是认为推行企业社会责任是要回到“企业办社会”的模式中去。在计划经济模式下，企业福利与包括社会保障在内的法定福利是合一的。一方面，企业是国家这个大工厂的一个车间，它必须完成上级交给它的生产任务，盈亏由国家统负；另一方面，企业又是一个小社会，它担负着保障职工生活等一系列非生产性任务。传统模式下国有企业目标是多元的，任务是多项的，职能是多重的，它涵盖了政治经济社会等各方面。政府与企业的职能是交错的，目标和任务有诸多重合之处。于是，企业员工在低工资待遇条件下，享受着全社会的福利。企业大力兴办福利事业，从食堂、浴室到幼儿园、子弟学校、职工医院，企业建起了一个包办了员工“从摇篮到坟墓”一切福利的企业社会。

“企业办社会”的现象造成了经营资源的分散，影响了企业的发展。随着我国传统经济模式向社会主义市场经济模式转换，必须实现政企分开，使国有企业真正成为“自主经营、自负盈亏、自我约束”的商品生产者，这就要求净化企业的职能，明确政府和企业各自的活动范围和目标。企业必须以盈利最大化和资产保值增值为目标，其所行使承担的社会职能任务应交给政府和其他社会组织，这样才能保证企业轻装上阵，否则多元化的目标和任务必然互相干扰，消耗企业的精力。于是就会出现了我国企业改革中的“剥离”现象，而且成为改革中的一块“硬骨头”。经过艰辛的阵痛，企业办社会职能被逐步剥离，国有企业全方位福利体系开始解体。然而，“剥离”是否意味着企业对社会责任的彻底放弃，政企分开是不是意味着企业不需再履行任何社会责任，所有的社会责任都由国家或政府来承担？解决企业办社会问题是国有企业走向自立与自律、成为现代企业的必由之路。然而，我们的企业在分离办社会职能的过程中也出现了许多“矫枉过正”的现象，如国营企业老职工的廉价一次性买断问题，很值得我们深思。

事实上，企业社会责任与“企业办社会”是完全不同的两个概念。所谓“企业办社会”是指在计划经济体制下，国家将企业看成是一个行政单位，企业对每一个员工承担了本来应该由政府和社会承担的福利功能，其结果是企业用于支付员工福利的社会成本不断增加，企业效率低下。而企业社会责任则是指在市场经济条件下，企业的经济功能与社会功能相剥离的前提下，企业有目的、有计划地主动承担对员工、对消费者和对社区的社会责任，其结果是企业在创造利润的同时，获得了良好的品牌形象和社会赞誉，实现了企业与社会的共同可持续发展，实现企业发展与社会利益的“双赢”。

因此，分离企业办社会职能并不意味着免除企业的社会责任。一方面，企业办社会造成经营资源的分散，影响企业的效率，危及企业生存。如果不解决企业办社会问题，企业（特别是国企）就无法实现自立，其结果是不仅不能尽到社会责任，反而会给社会带来更大的负担。另一方面，分离企业办社会职能也并不意味着企业可以不承担任何社会责任，而是为了让企业能够在继续生存的前提下更好地承担社会责任。认为强调和推行企业社会责任是要回到“企业办社会”的模式中去，是对企业社会责任的一种误解。政府部门尤其要认清这个问题，否则就难免会出现借倡导企业社会责任强化国家对企业的干预，滥用企业社会责任。

另一个需要认真研讨的认识上的问题，是国有企业的社会责任。

2007年年初，美国《财富》杂志对入选“世界500强”企业榜单的中国企业，搞了一个“2006年企业社会责任评估”排名，在这个有关企业社会责任的排名中，中石化集团名列第57位，而中石油及国家电网公司分列63位和64位，是榜单的最后两名，与两者在《财富》500强排名中第39位和第32位，显现出不小的落差。它们无一例外地都是国有企业，中石油们如何会在这样的排名中垫底呢？也许我们会想起一个事件，2005年，中石油吉化公司一家工厂爆炸引起“松花江水污染”，在那一事件中，中石油带来的是对环境的大面积严重破坏，是给数以千万计的居民生活带来严重的困扰。①

国有企业在社会经济发展中具有重要的战略地位，对于我国经济社会的全面、协调和可持续发展具有极其重要的保障作用。近些年来，随着国有经济结构的调整，国有资产的总量和质量有了明显的变化，国有企业的数量减少了，但国有经济结构不断优化，国有资产不断增加，国有资产质量不断好转，国有经济的控制力、影响力和带动力不断增强。目前，在一些涉及国家安全和国民经济命脉的行业和领域，国有企业仍处于支配地位，对于整个经济发展起着决定性的作用。②

与一般企业相比，国有企业不仅是政府干预经济的重要手段，还是政府参与经济的重要工具，这一性质决定了国有企业的社会责任问题要更加复杂。这种复杂最突出地表现在国有企业是应该奉行“股东利益至上”，还是把社会责任放在首位。对于民

① 池若：《为企业社会责任排名垫底而耻的不仅仅是中石油们》，载《经济导刊》2007年1月。

② 袁素芳：《国有企业在构建和谐社会中的责任》，载《包钢科技》2007年第2期。

营企业和跨国公司来说，社会的期望是比较清晰的，就是在追逐利润的同时，希望它们承担一定范围的社会责任。而国企应该承担怎样的社会责任呢？一种观点认为，应把国有企业等同于一般企业，以一般企业是否履行社会责任的标准来判断国有企业，比如人们会因为一个国有企业积极参与慈善事业而把它称为有社会责任感的国有企业。而更多人则认为，国企的社会责任不是捐钱捐物那么简单，国企有着不同于其他类型企业的“特殊责任”，国企的名称本身就意味着首先要承担社会责任。有学者认为，在社会主义市场经济条件下，国有企业是企业组织中的特殊组织，非经济的、出于政治或意识形态的力量和经济的、出于实用主义考虑的力量共同作用于国有企业。国有企业的目的是在一个更为长远的时间里实现国家、大众的“大经济”，实现国家社会经济发展战略、改变经济结构失衡的状况。即国有企业是国家参与和干预经济的工具和手段，它是政府针对出现或可能出现的市场失效问题所采取的诸多经济政策中的一种。它的社会责任主要是为公众利益参与经济和干预经济而存在的，其内容既有经济目标的又有非经济目标的。①

从自由市场经济发展到现代市场经济，最重要的变化就是让“市场之手”和“政府之手”同时对经济生活进行调节。我国国企既是“市场之手”又是“政府之手”，地位非常特殊。国有企业作为我国社会主义社会的重要经济组织，是社会资源的主要占有者和使用者，更是社会财富的主要创造者，国有企业积极主动承担社会责任，对促进经济发展和社会进步具有极大的示范和导向作用，其责任重大、意义深远。然而，一个显而易见的问题是，经过30年的改革，国有企业逐步和政府划清界限，社会职能逐渐剥离，逐利性日渐鲜明，如果国企承担了不同于其他类型

① 常红：《国有企业社会责任的探讨》，载《管理》2007年第2期。

企业的“特殊社会责任”，必然影响到企业利益和股东价值的充分实现，这是否又回到了计划经济时代的老路?

作为从事经济活动的主要部门，企业首先具有经济属性，必须通过生产产品或提供社会服务取得利润，求得自身的发展。国企是经济组织，是国民经济的支柱，必须承担经济责任。我国国有企业为社会提供着越来越多的产品和服务，为市场繁荣、经济增长和人民生活显著改善作出了贡献，国企在这个过程中尽到了自己的经济责任。与此同时，国企还必须履行和实现相应的社会责任。对中国的国有企业而言，其经济属性要求它不断提高经济效益和劳动生产力，实现国有资产的保值增值；其特殊的政治属性和社会属性要求它承担起扩大就业、维护稳定、支持公益等方面的社会责任。因此，不能将国企等同于一般企业，以利润最大化作为生存理念，也不能延续计划经济时期把国企塑造成全能社会主体的做法。①

我国的国有企业承担着经济和社会的双重职能，企业的社会责任和经济责任之间必然存在着一定的矛盾，这使得国企在经济、社会生活中无所不在却又力不从心，企业行为常常与社会期望产生矛盾，最突出的表现就是为了逐利背离社会责任，出现了只讲经济责任不讲社会责任的倾向，为追求自身利益忽视甚至牺牲公众和社会利益。一个典型的案例就是华南地区 2005 年的“油荒”事件。

2005 年 8 月前后，华南地区出现了以广州为代表的“油荒”事件。“油荒”的背景是国际市场原油价格的飞涨，国内炼油业纷纷减产，市场对成品油需求增加，供需缺口不断扩大，广州、深圳等地的加油站开始出现限量供油和无油可供的现象。在

---

① 袁素芳:《国有企业在构建和谐社会中的责任》，载《包钢科技》2007 年第 2 期。

“油荒”中，中石化和中石油两大石油公司被很多人批评为“未承担应尽的社会责任”。一是在国内成品油零售价低于国际市场价格的情况下，两家公司控制成品油资源投放，引起整个经销环节的惜售、囤油，加剧了市场供需矛盾；二是在国内成品油供应紧张而国内外油品价格差距进一步拉大的情况下，两家公司加快出口成品油，来获取更多的收益；三是两家公司为保证自有加油站的供应，限制对民营成品油批发零售企业的供应，陷民营企业于经营困境。两大石油公司是石油产品的垄断供应商，承担保证国家成品油良好市场供应的责任，两大石油公司却在追求自身价值最大化的过程中放弃了自身作为国有企业的稳定社会供求的社会责任。将原本应该用于非经济目标的有限国家战略性资源用于实现企业自身的利益。① 这个案例反映出的问题是，本应社会责任优于利润目标的国有企业，却南辕北辙受资本追逐利益的天性牵引而追逐利润，可见其追求经济目标的冲动何其强烈。这一方面说明国企的企业制度尚不健全，另一方面也说明国企的社会责任意识还有待加强。

总之，在计划经济的年代，企业办社会是非常普遍的一种社会现象，其结果是使企业背上了沉重的社会包袱，影响了企业经济效益的实现。建立社会主义市场经济，就是要改变政企不分，使企业从不堪重负的“社会责任”中摆脱出来。在社会主义市场经济的条件下，企业摆脱了办社会的格局，就能够轻装上阵，增加盈利能力。今天提出企业应该承担的社会责任和过去企业办社会完全是两个不同的概念。企业应该承担其相应的社会责任，并不是要像计划经济时代那样，使企业成为小社会。而是说，企业应该承担它在社会主义市场经济条件下应该承担的那些责任。但是这并不等于说企业与社会毫无关系了，那种认为社会责任与

① 常红：《国有企业社会责任的探讨》，载《管理》2007 年第 2 期。

企业（包括国企）无关只是政府部门的事情的观点是完全错误的。

然而，国企终究是经济组织，它的功能主要是通过协调生产关系，发展生产力，为社会提供必需的产品和服务（大多是公共产品），同时追求合理的利润空间，对于原本就不该是企业所办的教育、医疗等“社会”，应该还给政府。某些国企办社会情况至今仍未从根本上解决，仍然需要一个过程。同时，企业的社会责任要与自身的产业相适应，有些社会责任由于产业的限制无法履行，就不必超越能力担当责任，企业之间的互补应该可以使宏观国企的社会责任做到有序到位。社会责任的承担还要与国企的改革相适应，权衡好自身改革与社会责任的关系，充分考虑员工的承受度，尽管多年来改革改制，但国有企业仍然存在 5000 万产业工人，要避免通过社会责任要政绩而使企业职工权利受损，结果形成新的社会问题。[①]

（二）明确企业社会责任和政府社会责任的边界

倡导和强化企业社会责任不是要用企业社会责任代替政府社会责任，也不是要混淆二者。企业社会责任和政府社会责任有没有边界，边界在哪里？笔者认为，答案是肯定的，而且这个边界应该是动态的，与经济社会的发展状况密切相关。

从宪法角度看，我国是一个福利色彩非常突出的国家。如我国《宪法》第 14 条规定，国家通过提高劳动者的积极性和技术水平，推广先进的科学技术，完善经济管理体制和企业经营管理制度，实行各种形式的社会主义责任制，改进劳动组织，以不断提高劳动生产率和经济效益，发展社会生产力。国家合理安排积

① 何振刚：《关于国有企业社会责任问题的思考》，来源：《辽河石油报》，发布时间 2007 年 4 月 11 日，http：//hi. baidu. com/50889809/blog/item/ad39932a64fcbb2fd52af10c. html，2008 年 3 月 20 日访问。

累和消费，兼顾国家集体和个人利益，逐步改善人民的物质生活和文化生活。国家建立健全同经济发展水平相适应的社会保障制度；第19条至第22条规定，国家发展社会主义的教育事业、科学事业、医疗卫生事业、文学艺术事业；第26条规定，国家保护和改善生活环境和生态环境，防治污染和其他公害。

以上规定明确地宣示了国家（政府）应该承担的社会责任。由于我国经济发展水平、人们的观念以及配套制度的限制，国家职能在很大程度上发挥得还不完全，但《宪法》对国家履行社会责任的要求是客观存在的，国家无疑是社会责任的法定履行主体。

国家虽是履行社会责任的法定主体，但国家（政府）很难对社会生活的方方面面及时作出反应，所推行的诸如社会保障、福利制度、环境治理等履行社会责任的举措也未必准确到位并适合社会生活中各个环节的需求。因此，就我国目前的经济发展水平来看，国家履行的社会责任只能满足社会生活中的基本要求。随着社会经济的发展，企业规模的扩大，企业公司作为营利性的经济实体，其运行涉足了市场经济的多个领域，企业在社会经济生活中所起的作用越来越大，所以企业承担一定的社会责任是社会发展之使然。简言之，企业必须要承担一定的社会责任，但不会承担“无限的”社会责任，企业承担社会责任是有“限度”的。同时，国家和社会在要求企业履行社会责任时还要注重其权利、义务的对等性，不能侵犯企业合法权益，滥用社会责任。目前，企业的社会责任应仅限于对企业的非股东利益相关者的责任，包括员工、债权人、消费者、环境受益人和所在社区等。而社会保障、文化教育、公共物品的提供等，显然主要是政府的社会责任。

此外，要求企业承担社会责任还应该考虑企业本身的性质、能力以及行业的不同，在内容、形式、范围等方面有所区别。国有企业和民营企业所承担的社会责任应有所不同，公用企业和一般企业的社会责任也应不同，大型上市公司和中小企业所能承担的社会责任更是要有所区别。这就涉及社会责任的限度问题。没有任何一个企业可以解决所有的社会问题，企业只能在一定的限度和范围内承担它应当和能够承担的社会责任。有学者将企业社会责任归纳为三个限度：一是使命限度。任何一个企业的首要责任都是执行其职能、完成其使命、实现其关键领域的各项目标。如果做不到这一点，它就不可能做其他任何事情。二是能力限度。任何一个企业都必须获得承担它自己造成的影响所需要的能力，但在那些不是由它自己造成的影响产生的社会责任的领域，其责任的承担要受其自身能力的限制。因此，企业应承担自己力所能及的社会责任。三是职权限度。权力和责任历来就是密不可分的，任何人要求职权就意味着承担责任，而承担责任就要有相应的职权，因此承担社会责任就必须有一定的职权作保证。如果企业没有某项职权，它就无法承担与此相适应的社会责任。[①] 因此，对于那些因企业自身活动而对社会产生影响的责任，企业必须设法承担；对于那些因社会机能失调而产生的社会问题的责任，应由政府来承担。

总之，企业履行社会责任要与企业自身的承受能力相结合。对于企业来说，其首要的社会责任就是怎样为社会创造好的产品或服务。如果企业连这最基本的都做不到，它根本就不能在社会中生存下去，那更谈不上履行其他的社会责任了。目前，我国的很多企业为社会提供好的产品与服务的责任还没有完全履行好，还处在力争在激烈的竞争中站稳脚跟这样一个阶段。对有些中小企业来说，本来就市场竞争力较弱，如果让它们去为社会福利事

---

① 梁喜书、张洁：《构建和谐社会与企业社会责任》，载《石油大学学报（社会科学版）》2005 年第 3 期。

业多作贡献的话，事实上不太可能。然而，如果企业已经经营到一定阶段，能够在市场中稳步发展，就应当要求企业考虑到自己的责任，以优秀的表现来改善自己的形象，提升自己的地位，自觉履行法律上和道德上的社会责任。此外，我国目前还处在社会主义初级阶段，经济水平还相对落后，在全国范围内推广企业社会责任运动时，必须与我国社会主义初级阶段的国情相结合起来，认识到处于不同发展阶段在实施社会责任标准时具有的特殊性和达到标准的阶段性。

企业要不要承担社会责任，承担多少社会责任，还取决于体制因素。我国企业社会责任的承担以政府变革的程度而定。如果在经济体制上仍然实行计划经济，那么企业的社会责任既是无限的又是有限的；如果中国社会仍然是一个“大政府、小社会”的模式，那么企业的确不需要承担多少社会责任；如果政府向着“小政府、大社会”的方向变革，那么企业所承担的社会责任必然加大。因此，我国企业社会责任发展前景在很大程度上取决于政府的改革方向。

（三）明确政府在企业社会责任中的职责

所谓政府职责，是指行政主体在对国家事务和社会公共事务进行行政立法、执法及监督与救济时所承担的具体责任和作用，是政府运用公共权力来调整权利（力）之间的冲突与矛盾时所应尽的一种义务。

前已述及，政府负有对企业履行社会责任的监管职责，是企业社会责任监督的重要主体。也就是说，对企业履行社会责任进行监管是政府的职责，政府不作为或监管不到位要承担一定的法律责任。以矿难为例，长期以来，中国的煤矿生产，特别是中小型煤矿，陷入了一个难以逾越的“矿难综合征”怪圈。煤矿事故频繁发生，伤亡数量触目惊心，经济损失巨大，社会心理严重恐慌，直接责任人和间接责任人被追究责任，矿山企业被勒令停产或整顿，然后是事过境迁一切又恢复原状。中国的煤炭产量约占全球的35%，事故死亡人数则占世界煤矿事故死亡总数80%。从2001年—2004年10月底，全国煤矿共发生一次死亡10人以上的特大事故188起，其中一次死亡30人以上的特别重大事故28起。2004年中国煤炭行业发生事故3853起，死亡6027人。另据卫生部统计，截至2004年年底，中国矿山矽肺病存量为5万人，约占世界的一半。这些数据触目惊心。

政府是公共权力组织，必须面对公共问题，保证公共利益的实现。矿难一旦发生即已超出单个矿山的范围而成为社会公共安全事件，因此，矿山安全管理对于政府来说不仅仅是一般的生产管理活动，而且也是社会公共安全管理问题。在社会主义市场经济条件下，政府在弱势群体社会支持和社会保护网络中处于核心地位，政府有责任给强者以发展权，给弱者以生存权，以有效地防止“弱肉强食，适者生存”的纯生物式的市场竞争。矿工作为社会弱势群体，在矿难发生时一般无力争取合理合法的生命财产损失赔偿，只能被动接受矿山企业不平等的善后处理模式，任由煤矿企业通过非法经济赎买将具有基本人权保护意义的矿难伤害转换为民事赔偿关系。在市场机制尚不完善的状态下，政府应当避免在矿山安全管理领域的权力缺位，对煤矿生产进行必要的行政干预。可以说，政府有责任对矿山安全管理事务进行行政立法、执法及监督，并在矿难救济中承担具体的责任，以此调整各利益主体之间的冲突与矛盾。只有政府明确自身的责任，并切实履行自己的职责，才能逐步解决煤矿企业的社会责任问题。[1]

然而，政府的监管必须依法进行，为了防止政府及其部门滥

---

① 吴丽：《煤矿安全管理中政府责任研究》，载《交流与思考》2006年5月下半月刊。

用企业社会责任，还必须明确政府在企业社会责任中的职责，以法律明确政府在推进企业社会责任中的职责，规范政府的权力范围、界限以及行使权力的程序，才能使政府及其部门和工作人员依法行政，避免行政权力对企业的过度干预。

根据我国目前企业社会责任的发展趋势，政府在推进企业社会责任中主要有以下几个方面的职责：

一是推进企业社会责任法制化，健全完善配套法律法规，将企业社会责任纳入制度化、规范化的管理体系中，为企业履行社会责任提供良好的法律和政策环境。强化企业社会责任主要是强化企业的守法行为，使企业在生产经营的过程中严格遵守劳动法、生产安全法、产品质量法、反不正当竞争法、环境保护法等法律法规，在遵守国家各项法律的前提下创造利润，为社会作贡献。

二是建立企业社会责任评价体系。在西方发达国家，对任何一个企业的评价都是从经济、社会和环境三个方面进行的，经济指标仅仅被认为是企业最基本的评价指标。关于企业社会责任的评价有多种多样，如道琼斯可持续发展指数、多米尼道德指数，《商业道德》、《财富》等杂志都将企业社会责任纳入评价体系。许多跨国公司也都把履行企业社会责任作为一个制度化、规范化的管理体系，有明确的计划、有专门的负责部门、有一定的经费保障，有可操作的规范化的管理程序。在我国，对企业的评价仍然停留在经济指标上，这样的评价体系不仅不利于落实科学发展观，也不能适应经济全球化的趋势和要求。因此，建立企业社会责任评价体系，是政府当前一项较为紧迫的职责。

三是加强对企业社会责任的宣传、培训和指导。首先，要对地方政府管理部门的工作人员和企业经营者、管理者进行企业社会责任培训，让他们理解企业社会责任对企业发展和地方经济发展的重要意义，帮助企业树立社会责任的理念。其次，要帮助企业建立企业社会责任的管理体系，使企业社会责任管理制度化、规范化，尽快与国际接轨。最后，要加大对企业社会责任的宣传，让全社会都来关注企业社会责任，参与到推动企业社会责任的运动中来，营造推进企业社会责任的社会氛围。

四是加强对企业社会责任的监督，加强执法力度。企业社会责任的一些内容在我国《公司法》、《劳动法》、《环境保护法》等法律法规中已有规定，甚至有些内容比 SA8000 还要严格。问题的关键是我们的法律法规在执行上不尽如人意，执法不严是目前落实企业社会责任的关键环节。因此，应大力加强执法力度，真正做到“有法可依，有法必依，执法必严，违法必究”。不仅要追究违法企业的相关责任，也要追究相关执法部门执法不力或不作为的责任。对在社会责任方面表现良好的企业，要定期作出评估，建立表彰机制，从而引导企业转变观念，朝着积极履行社会责任的方向发展。与此同时，地方政府要依照科学发展观的要求转变政绩观，不能一味单纯追求经济指标的增长，默认甚至“保护”那些不履行社会责任的违法悖德企业。[①]

总之，尽管我们倡导企业社会责任，但也不能从一个极端走到另一个极端。企业、政府，甚至社会公众都存在企业滥用社会责任的可能。中国目前既缺少市民社会的基础，又缺乏社会运动的推动，政府在推进企业社会责任方面仍然发挥着主导的作用。加之中国传统上是一个崇拜行政权力的国家，我国的企业又刚刚从计划经济中解放出来，许多国企迄今为止还没有完全摆脱“企业办社会”的影响。因而防止政府对企业社会责任的滥用很有必要。因此，必须明确政府在推进企业社会责任中的职责，以法律规范政府的权力范围、限度和程序，使政府及其部门和工作

---

① 卞爱琴：《论落实科学发展观与企业社会责任运动》，载《桂海论丛》2004 年第 6 期；赵琼：《关于企业社会责任的对话》，北京大学经济观察研究中心网址：www. dajun. com. cn，2005 年 12 月 11 日访问。

人员依法行政，避免行政权力对企业的过度干预，防止以企业社会责任为名干涉或限制企业经营自主权，防止回到计划经济“企业办社会”的老路上去。

结　语

社会主义市场经济体制的建立和完善是一项庞大的系统工程，建立现代企业制度，重塑适应社会主义市场经济要求的微观基础，是其中的一项重要工作。企业社会责任是一种建构现代企业与社会和谐关系的基本思想和制度，特别是在实行社会主义市场经济的中国，对企业社会责任的研究和探讨具有不可忽视的理论和实践意义。

企业社会责任不仅仅是企业和社会双方的互动，也是一个涉及国家、企业和社会三方关系的论题。企业社会责任与经济法之间具有内在的密切联系，企业社会责任与经济法具有共同的法益追求、一致的价值取向，企业社会责任体现了经济法的基本原则和精神。企业社会责任不是纯粹的道德义务，强化和落实企业社会责任不能仅靠企业家的社会良知，而要寄希望于一种基于法律权威之上的正式制度安排。此种制度安排一方面要以社会公共利益为本位，内蕴社会责任的伦理要求；另一方面能够为企业提供具体化的、明示的行为规范。经济法是社会本位法。经济法强调平衡协调，兼顾国家、社会、个人各方利益，倡导企业社会责任，从立法和具体制度上进行科学的设计和安排，是经济法题中应有之义。尽管企业社会责任关系到多方利益，涉及企业组织、劳工、契约、环境等多方法律机制，但经济法与企业社会责任关系最为密切。经济法是倡导企业社会责任观的法理基础，是研究企业社会责任的基本理论和全新理念，也是实现和落实企业社会责任的主要法律机制和途径。

市场经济是法治经济。企业是社会经济的重要主体，又是在市场经济的环境下生存和发展，尽管理论上人们对企业社会责任的性质看法不一，但随着世界性企业社会责任问题的日益重要，将会有越来越多的国内立法涉及企业社会责任。笔者并不主张单独的企业社会责任立法，笔者建议建构一个以企业公司法为核心，经济法为主干，其他社会法（劳动法、环境法等）相配合的有实效的企业社会责任法律制度体系；建议充分挖掘现行法律体系尤其是经济法体系中的企业社会责任法律资源，对现行相关法律规定进行以企业社会责任为导向的解释、修改和完善，从执法和司法等多个方面建立企业社会责任的落实机制和监督机制，在非常必要的领域进行适当的社会责任专门立法。

企业社会责任是一个实践中非常复杂，理论上尚存争议的问题，但企业在追求利润最大化之外应当履行社会责任的理念已深深根植于人们的思想中。企业履行社会责任的状况受到多方因素的影响，我们应该深入研究企业社会责任的有关问题，借鉴成熟市场经济国家的经验，早日建构出适合中国经济社会发展的企业社会责任法律制度，为企业履行社会责任创造良好的法制环境，为建设社会主义和谐社会作出贡献。

参考文献

著作类

1. 刘文华:《中国经济法基础理论》，学苑出版社 2002 年版。

2. 潘静成、刘文华主编:《经济法》(第二版)，中国人民大学出版社 2005 年版。

3. 史际春、邓峰:《经济法总论》，法律出版社 1998 年版。

4. 史际春:《国有企业法论》，中国法制出版社 1997 年版。

5. 史际春:《探究经济和法互动的真谛》，法律出版社 2002 年版。

6. 卢代富:《企业社会责任的经济学与法学分析》，法律出版社 2002 年版。

7. 刘俊海:《公司的社会责任》，法律出版社 1999 年版。

8. 赵旭东主编:《新公司法制度设计》，法律出版社 2006 年版。

9. 陈婉玲等著:《经济法责任论》，中国法制出版社 2005 年版。

10. 杨瑞龙、周业安:《企业的利益相关者理论及其应用》，经济科学出版社 2000 年版。

11. 李立清、李燕凌著:《企业社会责任研究》，人民出版社 2005 年版。

12. 张维迎:《企业理论与中国企业改革》，北京大学出版社

1999 年版。

13. 刘连煜著:《公司治理与公司社会责任》,中国政法大学出版社 2001 年版。

14. 邹进文著:《公司理论变迁研究》,湖南人民出版社 2000 年版。

15. 〔日〕金泽良雄著:《经济法概论》,满达人译,甘肃人民出版社 1985 年版。

16. 董保华:《社会法原论》,中国政法大学出版社 2001 年版。

17. 邱本:《经济法原论》,高等教育出版社 2001 年版。

18. 〔美〕罗伯特·考特、托马斯·尤伦著:《法和经济学》,张军等译,上海三联书店 1995 年版。

19. 〔美〕E. 博登海默著:《法理学——法律哲学与法律方法》,邓正来译,中国政法大学出版社 1999 年版。

20. 〔美〕大卫·D. 弗里德曼著:《经济学语境下的法律规则》,杨欣欣译,法律出版社 2004 年版。

21. 周祖城编著:《企业伦理学》,清华大学出版社 2005 年版。

22. 万君宝、袁红林编著:《管理伦理》,上海财经大学出版社 2005 年版。

23. 王文钦著:《公司治理结构之研究》,中国人民大学出版社 2005 年版。

24. 〔韩〕李哲松著:《韩国公司法》,吴日焕译,中国政法大学出版社 2000 年版。

25. 杨瑞龙主编:《企业共同治理的经济学分析》,经济科学出版社 2001 年版。

26. 王红一著:《公司法功能与结构法社会学分析——公司立法问题研究》,北京大学出版社 2002 年版。

27. 李维安:《中国公司治理原则与国际比较》，中国财政经济出版社 2001 年版。

28. 刘丹:《利益相关者与公司治理法律制度研究》，中国人民公安大学出版社 2005 年版。

29. 邓辉著:《论公司法中的国家强制》，中国政法大学出版社 2004 年版。

30. 张民安著:《公司法上的利益平衡》，北京大学出版社 2003 年版。

31. 吴冬梅著:《公司治理结构运行与模式》，经济管理出版社 2001 年版。

32. 李苹莉著:《经营者业绩评价——利益相关者模式》，浙江人民出版社 2001 年版。

33. 周枏:《罗马法原论》(上册)，商务印书馆 1998 年版。

34. 张文显主编:《法理学》，法律出版社 1997 年版。

35. 陈泉生:《可持续发展与法律变革》，法律出版社 2000 年版。

36. 梁慧星著:《民法总论》，法律出版社 1996 年版。

37. 〔英〕凯恩斯著:《就业、利息和货币通论》，商务印书馆 1977 年版。

38. 王锦瑭、钟文范、李世洞著:《美国现代大企业和美国社会》，武汉大学出版社 1995 年版。

39. 孙立平:《断裂——20 世纪 90 年代以来的中国社会》，社会科学文献出版社 2004 年版。

40. 谭深、刘开明著:《跨国公司的社会责任与中国社会》，社会科学文献出版社 2003 年版。

41. 中国企业联合会:《共享和谐》，企业管理出版社 2004 年版。

42. 〔德〕拉德布鲁赫:《法学导论》，中国大百科全书出版社 1997 年版。

43. 王保树主编:《经济法原理》, 社会科学文献出版社 1999 年版。

44. 李昌麒:《经济法——国家干预经济的基本法律形式》, 四川人民出版社 1995 年版。

45. 谢晖:《价值重建与规范选择——中国法制现代化沉思》, 山东人民出版社 1998 年版。

46. 刘海年主编:《经济、社会和文化权利国际公约研究》, 中国法制出版社 2000 年版。

47. 谢晖:《法学范畴的矛盾辨思》, 山东人民出版社 1999 年版。

48. 卓泽渊:《法的价值论》, 法律出版社 1999 年版。

49. 李道军:《法的应然与实然》, 山东人民出版社 2001 年版。

50. 〔美〕布莱尔:《所有权与控制: 面向 21 世纪的公司治理探索》, 中国社会科学出版社 1999 年版。

51. 谢鹏程:《基本法律价值》, 山东人民出版社 1998 年版。

52. 佟柔主编:《中国民法学、民法总则》, 中国人民公安大学出版社 1990 年版。

53. 公丕祥主编:《当代中国的法律革命》, 法律出版社 1999 年版。

54. 眭鸿明:《法治实现论》, 南京师范大学出版社 1999 年版。

55. 孙笑侠:《法的现象与观念》, 山东人民出版社 2001 年版。

56. 张文显:《法的一般理论》, 辽宁大学出版社 1988 年版。

57. 孙笑侠:《法律对行政的控制》, 山东人民出版社 1999 年版。

58. 黄建武:《法的实现》,中国人民大学出版社 1997 年版。

59. 姜军、孙镇平:《中国伦理化法律的思考》,华文出版社 1999 年版。

60. 江山:《中国法理念》(增订版),山东人民出版社 2000 年版。

61. 杨团、葛道顺主编:《公司与社会公益》,社会科学文献出版社 2003 年版。

62. 胡果威:《美国公司法》,法律出版社 1999 年版。

63.《加拿大重要商业公司法和证券法》,蔡文海译,中国对外经济贸易出版社 1999 年版。

64.〔美〕罗·庞德著:《通过法律的社会控制——法律的任务》,沈宗灵、董世忠译,商务印书馆 1984 年版。

论文类

1. 田成有:《歧义与沟通——法律语境论》,载《法律科学》2001 年第 2 期。

2. 苏力:《语境论——一种法律制度研究的进路和方法》,载《中外法学》2001 年第 1 期。

3. 单飞跃、李莉:《语境中的经济法》,载《南京大学学报(哲学、人文科学、社会科学版)》2005 年第 3 期。

4. 田祖海:《美国现代企业社会责任理论的形成与发展》,载《武汉理工大学学报(社会科学版)》2005 年第 3 期。

5. 刘俊海:《强化公司的社会责任——建立我国现代企业制度的一项重要内容》,载王保树主编:《商事法论集》(第 2 卷),法律出版社 1997 年版。

6. 劳动科学研究所课题组:《企业社会责任运动应对策略研究》,载《新华文摘》2004 年第 24 期。

7. 崔之元:《美国二十九个州公司法变革的理论背景及对我

国的启发》，载《中国与世界》1997年第4期。

8. 汤春来：《公司正义的制度认证与创新》，载《法律科学（西北政法学院学报）》2003年第3期。

9. 张利国：《论公司的社会责任》，载《贵州财经学院学报》2003年第2期。

10. 王洁明：《瑞典企业的“社会责任”》，载《绿叶》2005年第6期。

11. 梁喜书、张洁：《构建和谐社会与企业社会责任》，载《石油大学学报（社会科学版）》2005年第3期。

12. 常凯：《经济全球化与企业社会责任运动》，载《工会理论与实践》2003年第4期。

13. 赵连荣：《我国企业社会责任的演变与趋势》，载《企业改革与管理》2005年第2期。

14. 宁凌：《企业社会责任的经济、社会学分析及我国企业的社会责任》，载《南方经济》2000年第6期。

15. 中国可持续发展工商委员会秘书处：《履行企业社会责任，维护社会可持续发展》，载《劳动保护》2005年第6期。

16. 顾功耘、王丹：《略论现代企业的社会责任》，载《上海商业》2005年第3期。

17. 王大超、张丽莉：《中国企业社会责任现状与提升措施》，载《北方论丛》2005年第2期。

18. 李平龙：《超越道德教化：公司社会责任法律内涵解读》，载《社会科学家》2005年第1期。

19. 周勇：《论责任、企业责任与企业社会责任》，载《武汉科技大学学报（社会科学版）》2003年第4期。

20. 王保树、邱本：《经济法与社会公共性论纲》，载《法律科学》2000年第3期。

21. 邓冬梅：《我国企业的社会责任》，载《集团经济研究》

2005年第2期。

22. 范满泓、姜继英：《企业社会责任论》，载《决策探索》1996年第10期。

23. 王利明：《惩罚性赔偿研究》，载《中国社会科学》2000年第4期。

24. 李桂花、续丽君：《略论中国企业的社会责任》，载《内蒙古财经学院学报》2000年第4期。

25. 孙爱萍：《公司治理结构与公司利益相关者理论问题研究》，载《北京联合大学学报》2003年第2期。

26. 王志平：《现代企业的社会责任》，载《上海经济研究》1996年第5期。

27. 曾新明、廖斌：《论所有权的限制》，载《河北法学》2003年第9期。

28. 翟国涛、李小君：《所有权社会化之思考》，载《理论界》2005年第1期。

29. 熊元斌、张丽华：《论企业社会责任及其道德调控》，载《中州学刊》2000年第5期。

30. 程文晋：《经济精神：之于自由竞争、国家干预的深层谋划》，载《广西社会科学》2005年第7期。

31. 安凡所：《自由主义与国家干预主义经济思潮的演变》，载《广东财经职业学院学报》2005年第4期。

32. 范爱国：《西方国家干预主义思想的演进及对我国的政策启示》，载《重庆工业高等专科学校学报》2003年第3期。

33. 熊俊：《企业社会责任的法理分析》，载《武汉工程职业技术学院学报》2005年第6期。

34. 王鲜萍：《解读“企业公民”》，载《上海企业》2004年第4期。

35. 王利中：《树立“企业公民”价值理念　促进社会健康

和谐发展》，载《北京石油管理干部学院学报》2005 年第 3 期。

36. 刘藏岩：《刍议企业社会责任与竞争力》，载《商业时代》2005 年第 23 期。

37. 楚金桥：《企业社会责任与企业竞争力》，载《企业活力》2005 年第 6 期。

38. 曹素璋：《企业社会责任与公司治理》，载《贵州工业大学学报（社会科学版）》2004 年第 6 期。

39. 聂益南、张瑞军：《我国有望成为全球第二大贸易国增速超世界水平》，载《中华工商时报》2002 年 10 月 23 日。

40. 刘文华、王长河：《经济法的本质：协调主义及其经济学基础》，载《法学杂志》2000 年第 3 期。

41. 刘文华：《中国经济法的基本理论纲要》，载《江西财经大学学报》2001 年第 2 期。

42. 赵杰：《矿难之泪与发展模式之累》，载《文汇报》2004 年 12 月 1 日。

43. 金乐琴：《企业社会责任与可持续发展：理论及对策》，载《绿色中国》2003 年第 2 期。

44. 卞爱琴：《论落实科学发展观与企业社会责任运动》，载《桂海论丛》2004 年第 6 期。

45. 李殿钦：《和谐社会：企业社会责任急需提高》，载《中国律师》2005 年第 10 期。

46. 陈冬林、李燕凌：《和谐社会理念下的企业社会责任》，载《企业改革与管理》2005 年。

47. 朱贵平：《关于企业社会责任运动的科学发展观透视》，载《经济问题》2005 年第 7 期。

48. 梁喜书、张洁：《构建和谐社会与企业社会责任》，载《石油大学学报（社会科学版）》2005 年第 3 期。

49. 宋爱苏：《构建和谐社会：企业的社会责任》，载《探索》2005 年第 2 期。

50. 赵琼：《以人为本：是企业社会责任的核心理念》，载《WTO 经济导刊》2004 年第 5 期。

51. 梁慧星：《消费者权益保护法第 49 条的解释与适用》，载《人民法院报》2001 年 3 月 29 日。

52. 贾海燕：《经济法价值分析》，载《法学论坛》2002 年第 6 期。

53. 张英：《论经济法的基本价值取向》，载《法律科学（西北政法学院学报）》2004 年第 4 期。

54. 何平：《论民法与经济法价值定位的二元互补律》，载《山东法学》1999 年第 4 期。

55. 赵琼：《企业社会责任和政府职责》，载《企业文化》2004 年第 8—9 期。

56. 沈艺峰、林志扬：《利益相关者理论评析》，载《经济管理》2001 年第 8 期。

57. 吴凡：《企业社会责任法律化范畴的思考》，载《煤炭经济研究》2002 年第 3 期。

58. 于新循：《我国企业社会责任及其立法初探》，载《贵州大学学报（社会科学版）》2001 年第 5 期。

59. 任慧：《从税法角度看公司的社会责任》，载《北方工业大学学报》2005 年第 6 期。

60. 于培伟：《实行企业社会责任标准对我国的正面影响》，载《科学决策》2005 年第 6 期。

61. 陈元桥：《国际社会责任运动与中国对策》，载《参考消息特刊》2004 年 7 月 29 日。

62. 付志刚、许永盛：《SA8000：中国走向世界的第三张门票》，载《经贸世界》2004 年第 7 期。

63. 张立君：《企业利益相关者共同治理机制设计》，载《中南财经政法大学学报》2002年第3期。

64. 陈少晖：《共同治理机制——国有公司制企业治理结构的创新方向》，载《学习与探索》2003年第2期。

65. 张爱国、段云：《基于利益相关者理论的公司治理模式》，载《特区经济》2004年第10期。

66. 赵成：《从“股东至上”到“共同治理”》，载《经济论坛》2004年第6期。

67. 王卫国：《中国消费者保护法上的欺诈行为与惩罚性赔偿》，载《法学》1998年第3期。

68. 胡寒军、郭亚娟：《企业员工参与公司治理：国外的实践与我们的对策》，载《中州大学学报》2005年第3期。

69. 苏晓红、张淑萍：《利益相关者理论与现代企业的共同治理之路》，载《河南师范大学学报（哲学社会科学版）》2003年第4期。

70. 寿厉冰、陈乃新：《略论惩罚性损害赔偿的经济法属性》，载《法商研究》2002年第6期。

71. 刘丹：《公司治理结构的构建与完善》，载《司法研究》2002年第2期。

72. 王满四等：《关于银行介入企业治理的探讨》，载《社会科学战线》2001年第5期。

73. 尹焕三：《论中国特色的“共同治理机制”》，载《经济学家》2000年第1期。

74. 季晓东：《企业社会责任信息披露初探》，载《江苏商论》2005年第1期。

75. 史星际、史碧莲：《企业社会责任及其会计揭示问题探析》，载《生产力研究》1998年第2期。

76. 朱辉：《浅议企业社会责任的披露》，载《会计之友》2003年第5期。

77. 何红渠:《企业社会责任会计初探》,载《中南工业大学学报(社会科学版)》1999 年第 2 期。

78. 史玉成:《环境公益诉讼制度建构若干问题探析》,载《现代法学》2004 年第 3 期。

79. 蔡守秋:《论水权转让的范围、原则和条件》,载水利部政策法规司:《水权与水市场》资料选编之二。

80. 叶勇飞: 《论环境民事公益诉讼》,载《中国法学》2004 年第 5 期。

81. 王蓉等:《创新环境资源法学、共建绿色新千年——中国法学会环境资源法研究会 2000 年年会综述》,载《法学评论》2001 年第 3 期。

82. 姜晖:《中外公益诉讼制度的比较与借鉴》,载《商业研究》2004 年第 9 期。

83. 李艳芳:《美国的公民诉讼制度的启示》,载《中国人民大学学报》2003 年第 2 期。

84. 王灿发:《论环境纠纷处理与环境损害赔偿专门立法》,载《政法论坛》2003 年第 5 期。

85. 应飞虎:《知假买假行为适用惩罚性赔偿的思考》,载《中国法学》2004 年第 6 期。

86. 阳秋林、黄珍文、曹钻:《建立有中国特色的社会责任会计势在必行》,载《南华大学学报(社会科学版)》2002 年第 4 期。

87. 宋献中、龚明晓:《社会责任信息的质量与决策价值评价——上市公司会计年报的内容分析》,载《会计研究》2007 年第 2 期。

88. 池若:《为企业社会责任排名垫底而耻的不仅仅是中石油们》,载《经济导刊》2007 年第 1 期。

89. 常红:《国有企业社会责任的探讨》,载《管理》2007

年第2期。

90. 袁素芳:《国有企业在构建和谐社会中的责任》,载《包钢科技》2007年第2期。

91. 杨继:《公司环境责任之再思考——松花江水污染事件的启示》,载《法学评论(双月刊)》2007年第1期。

92. 赵曙明:《和谐社会构建中的企业慈善责任研究》,载《江海学刊》2007年第1期。

93. 周凯:《胡润富豪榜暗示中国的慈善业还没有真正开始》,载《中国青年报》2006年4月12日。

94. 周志兴:《慈善事业需要公信力》,载《中国青年报》2006年4月22日。

95. 董艳娟:《中国慈善事业发展的新视角》,载《经济观察》2005年第11期。

96. 顾蔚:《慈善业如何才能更有作为》,载《第一财经日报》2006年1月23日。

97. 蒋廷玉:《社会责任是衡量企业优劣的重要标准》,载《新华日报》2006年11月21日。

98. 李领臣:《公司慈善捐赠的法律规制》,载《法学杂志》2007年第1期。

99. 孙鹏程、沈华勤:《论公司捐赠中的社会责任》,载《法学》2003年第4期。

英文类

1. A. A. Berle, Corporate Powers as Powers in Trust, 44 Harvard Law Review1049 (1931).

2. E. Merrick Dodd, For Whom are Corporate Managers Trustees 45 Harvard Law Review 1145 (1932).

3. Dodd, Book Review, 9 U, Chi. Law Review (1942).

4. A. A. Berle, For Whom are Corporate Managers Trustees: A Note, 45 Harvard Law Review, 1365, 1367 - 1368 (1932).

5. Adolph Berle, The 20th Century Capitalist Revolution, 169, New York: Harcount Brace (1954).

6. Howard Bowen, Social Responsibilities of the Businessman (1953).

7. Social Responsibility of Business Corporations, A Statement on National Policy by the Research and Policy Committee of the Committee for Economic Development, June 1971.

8. A. P. Smith Manufacturing Co. v. Barlow, 13N. J. 145, 98 A. 2d 581, appeal dismissed 346 US. 86 (1953).

9. Theodore Levitt. "The Dangers of Social Responsibility" Harvard Business Review, 1958, (9 - 10).

10. Epstein, The Social Role of Business Enterprise in Britain: An American Perspective (1977), The Journal of Management Studies.

11. Working With the Community - A Guide to Corporate Social Responsibility, in D Clutter buck and Snow (eds) (1990).

12. Catherine Barnard, EC Employment Law, John Wiley and Sons, England (1995).

13. James J Drummer, Corporate Responsibility and Legitimacy, Greenwood Press, 1991.

14. James E. Post, William C. Frederick, Anne T. Lawrence and James Weber, Business and Society: Corporate Strategy Public Policy, Ethics (Eighth Edition), Mc Graw - Hill, 1996.

15. Michael Hoffman. Jennifer Moore. Business Ethics: Readings and Cases in Corporate Morality . New York: Mc Graw - hill, 1990.

16. Clarkson, Max B. E, "A Stakeholder Framework for Analy-

zing and Evaluating Corporate Social Performance. " The Academy of Management 20 (1995).

17. Freeman, R. E. : Strategic Management: A Stakeholder Approach , Boston, Pitman Press, 1984.

18. Clarkson, Max B. E, "A Stakeholder Framework for Analyzing and Evaluating Corporate Social Performance. " The Academy of Management 20 (1995).

19. The U. S. Equal Employment Opportunity Commission: Standard Form 100, Rev. 3 - 97, Employer Information Report EEO - 1, Instruction Booklet.

20. KPMG International Surveyof Corporate Responsibility Reporting, 2005, p. 42.

21. Global Reporting In itiative: Sustainability Reporting Guidelines 2002.

22. " what are these guidelines are about", ASIC Section 1013DA disclosure guidelines December 2003.

后 记

终于到了最终定稿的时刻，有种尘埃落定的感觉，然而，在书稿完成的同时心中也掠起几分遗憾，若有所失。

企业社会责任是一个非常复杂的论题，涉及法学、经济学、企业管理学、伦理学等众多学科，其法律问题横贯民法、经济法、社会法、行政法等多个法律部门，即使在经济法领域内，企业社会责任所涉及的课题也是非常宽泛和复杂的。由于水平和精力所限，作者仅对当前凸显的、亟待解决的主要问题展开了讨论，有关企业社会责任涉及的很多其他问题，尚未涉及，如改革股东本位的传统企业治理结构在中国现阶段的可行性和利弊如何；如何把握企业社会责任强行性规范的程度和范围；非股东利益相关者的范围是由法律作出明确界定，还是交由企业自主决定；在倡导企业社会责任的同时，如何为企业和股东利益的保障提供充分的救济手段，防止企业社会责任的滥用；如何解决强化企业社会责任与国企改革的矛盾；如何防止垄断性大企业借经济实力控制某些社会公共事务，甚至影响政府的公共政策，等等；都是需要进一步认真研讨的问题。遗憾无法弥补，在学术的路上，我还是个蹒跚学步的孩童，衷心地寄希望于后来者，将此论题的研究不断推向深入和完善。

还是要说感谢的话，因为不知道还可以用什么其他的方式来表示我的感激。对在本书写作过程中所有鼓励、帮助过我的人说声谢谢，谢谢你们！

感谢所有教授过我的老师们，特别是我的博士导师刘文华教授，他的言传身教不仅给了我学业上耐心细致的指导，给了我很多的启发和建议，而且给了我深刻的人生启迪，给了我很多的信心，使我受益匪浅。

本书是在我的博士论文的基础上完成的，非常感谢北京政法职业学院的领导给予我的支持，使我有机会申报并得到北京市优秀人才培养资助项目的出版资助。本书能够得以出版，也使我非常感谢中国检察出版社许睿编辑对于学术事业的大力支持。

感谢家人，陪伴我每一天并督促我写作。感谢我的女儿，她一天天的成长让我感到光阴如梭，必须抓紧每一分钟时间来努力学习和工作，不断向前。

感谢各方面的关心和帮助，我将一并铭刻在心，并把它们化为前行的鼓舞和动力。

王　玲

二〇〇八年五月于北京